四朝柱石文彦博

武增祥 著

中国文史出版社
CHINA CULTURAL AND HISTORICAL PRESS

山 西 凯 嘉 能 源 集 团

山西凯嘉古堡文化研究院

荣誉出品

图书在版编目（CIP）数据

四朝柱石文彦博 / 武增祥著. –– 北京：中国文史
出版社，2023.12

ISBN 978-7-5205-4295-1

Ⅰ.①四… Ⅱ.①武… Ⅲ.①文彦博（1006–1097）
–传记 Ⅳ.①K827=441

中国国家版本馆CIP数据核字(2023)第177100号

责任编辑：刘华夏

出版发行： 中国文史出版社

社　　址： 北京市海淀区西八里庄路69号　邮编：100142

电　　话： 010 - 81136602　81136603　81136606（发行部）

传　　真： 010 - 81136655

印　　装： 山西基因包装印刷科技股份有限公司

经　　销： 全国新华书店

开　　本： 787mm × 1092mm　　1/16

印　　张： 20.25

字　　数： 329千字

版　　次： 2024年1月北京第1版

印　　次： 2024年1月第1次印刷

定　　价： 88.00元

文彦博画像（台湾故宫博物院藏）

彦博逮事四朝，任将相五十年，名闻四夷……彦博虽穷贵极富，而平居接物谦下，尊德乐善，如恐不及……文彦博立朝端重，顾盼有威，远人来朝，仰望风采，其德望固足以折冲御侮于千里之表矣。至于公忠直亮，临事果断，皆有大臣之风，又皆享高寿于承平之秋。至和以来，共定大计，功成退居，朝野待重。熙、丰而降，弼、彦博相继以老，憸人无忌，善类沦胥，而宋业衰矣！《书》曰："番番良士，膂力既愆，我尚有之。"岂不信然哉！①

①（元）脱脱等：《宋史》卷三一三《文彦博传》，中华书局1977年版，第29册，第10264页。

柚常谓"文行无二道，知行惟一理"。其知真者，其行至；其行高者，其文实。公方儿时，已有取毯之智；及令翼日，即用李本之策，报在不言，德如丙吉；祈宿殿庑，勇若樊哙。为相贤于梦卜，上企傅说；知军敏于钱谷，下陋周勃。唐介一劾，不惟与之同升，其子亦至集贤；李稷一侮，不惟使之八拜，其父亦且死感。沮汪辅之以出御批，真卧护北门之体；抑夏竦以助明镐，得讨伐贝州之策。即更张而讽安石，或结社而请司马。故契丹北狄，亦称天下之异人；洛阳士庶，乃立资圣之生祠。盖公天性忠诚，器度宏深。即略且果，亦重而安。是以临事风生，即物有方，故其所著典册章奏，辞赋、歌诗，凡以发所行耳。观者就其为人求之，斯刻者之意也。

嘉靖五年秋七月
赐进士及第平阳府解州判官前翰林院修撰
经筵讲官高陵吕柟序[1]

①（明）吕柟：《刊文潞公集略序》，文彦博《文潞公集》，山西人民出版社2008年版。

目　录

序一

文 / 路斗恒

　　介休，一座有着2600多年历史的文化古城，春秋时期功不言禄的介之推，东汉时期博通典籍的郭泰，北宋时期出将入相五十载的文彦博，如同三颗璀璨之星闪耀在历史天空，彰显出介休地域文化强大鲜明的文化底蕴。三贤文化如传世佳酿，历久弥醇。

　　武增祥老师年近古稀，仍笔耕不辍，在《张壁史话》之后，又花两年多时间完成《四朝柱石文彦博》，还原了千古贤相文彦博的鲜活形象，为我们这个文化自信民族复兴的伟大时代，献上自己的一份心血和能量。我想他的内心一定是喜悦的、幸福的，这样的信念和行动也一定是高尚的、值得钦佩的。

　　武老师曾在凯嘉古堡文化研究院任职并长期担任研究员。我作为研究院的首任院长，对他的学识与文笔并不陌生，当拿到厚厚的《四朝柱石文彦博》样书时，我还是被深深地感动了。

　　此书的主人公文彦博是北宋名相，儿童故事书中"灌水取球"说的就是他小时候的故事，他与春秋晋国介子推、东汉名士郭林宗并称介休"三贤"。我稍微查阅了一下史料和媒体上对文彦博的评价：政治家、军事家、书法家、贤相先贤。作为历仕北宋仁宗、英宗、神宗、哲宗四朝，出将入相五十年的柱石元老，他秉公执法，平雪冤狱，安定危局；他精兵简政，重民生、减民负，身居高位却谦逊下士，家道富裕却尊德乐善，朝野倚重却功成退居；他德隆寿昌，学问声名久远，明万历年间入先贤从祀孔庙，明嘉靖年间又从祀历代帝王庙。

武老师还通过查阅史料，尽力描摹还原了文彦博的"朋友圈"：节操盖世，先天下之忧而忧，后天下之乐而乐的范仲淹；满腹经纶、革固鼎新的一代名相、经学大家王安石；铁面无私、世不贰出的名相包拯；究天人之际，通古今之变的史学巨擘司马光；处变不惊、独领风骚的文坛泰斗苏东坡；孝悌楷模、开山立派的一代文宗黄庭坚……他们互为师友，和而不同。他们彼此提携，相互砥砺。或君子隐逸，或贤达名广，或功高盖世，或著作等身。性格各异又德誉比肩，各领风骚又浑然一体。

今天，曾创造过辉煌文化，也饱受过苦难屈辱的中华民族，经过百余年的革命和建设，特别是通过改革开放，终于迎来了民族复兴的伟大时代。从古今中外一切古圣先贤的人生经历和思想智慧中汲取有益养分，提升我们的认知水平和科学素养，是我们这代人的必修课程。

一代名相文彦博是位可爱的先贤。他寿高九十二，为政七十年，著书立说，有《文潞公集》四十卷。他能文能武，为将为相，在书法、诗词，乃至禅宗净土等多方面都有极高的造诣和修为，值得我们亲近和敬佩。更让我们敬仰的是，他始终不渝地坚守"以天下为己任"的人生信条，重气节，轻名利，守正道，舍生死，堪为人生之楷模、大成就之典范，给予我们深刻的生命启示。

我由衷地赞叹武老师，写书是件极其不易、极其辛苦的事，何况有二十万字之多。但行为作用与反作用的规律告诉我们，现在的武老师一定是成就感满满，未来的武老师还会幸福感满满。因为，在农田里播种，收获的是果实；在心田里播种，收获的是福德。我相信，本书付印后，在读者的心田里，也会收获到属于自己的感悟、自己的福流。

谨此为序，与武老师和读者同人共勉。

二〇二三年谷雨

（作者为山西省盂县人，经济学硕士，山西凯嘉能源集团名誉董事长，山西中华文化促进会副主席）

序二

文／侯小宝

武增祥老师是一位令人敬仰的前辈。谋面之前，便拜读了其著作《张壁史话》，祖脉渊源、桑梓变迁、风土人情等，跃然纸上，彰显学识功底。后来有幸晤面，方知武老师曾掌舵《介休报》，退休后更以满腔热情，或钩沉稽古、发微抉隐，或跋山涉水、考古觅今，或伏案疾书、胪列明析，执着于乡土历史文化的挖掘传承，甚是钦服。

作为北宋政坛、文坛的耆宿大儒，文彦博居官近七十年，出将入相五十余载，留有大量"因事辄见，操笔立成"的诗文，其书法亦为世人赞叹。退居洛阳后，他更以耆宿诗会为纽带，集聚诸多耆老弦歌互答，展现了深厚的文化底蕴、高雅的思想情趣、不凡的精神气质和士大夫强烈的社会使命感。

《四朝柱石文彦博》，是一部洋洋洒洒三百余页的皇皇巨著，作者凭着缜密的构思、娴熟的文笔、生动的插图和娓娓道来的叙事风格，使这部书的受众从局限于历史文化的钟情者，扩大到更加广阔的读者群体，做到了雅俗共赏、老幼咸宜，为弘扬传统历史文化、人物思想精神和介休乃至三晋历史地理文化等，开启了一扇别具一格的全新视窗。

更为可贵的是，在作者的生花妙笔下，往往能够化平淡为绚烂，综合寥寥数语的史书记载和历代笔记丛谈，生动乐道地演绎为一幅幅精彩纷呈的社会历史长卷，在波谲云诡的大时代背景下，一位位历史人物形象饱满鲜活、栩栩如生，一个个历史故事引人入胜、妙趣横生，更亲切、更洒脱、更富有创造性，更能激发读者的想象，使人捧卷而读，爱不释手。

介休，一座历史文化名城，千百年来，乡土文化自然交融、多元文化浸润滋养，在地处三晋腹地的这片热土上形成了兼容并蓄、特色鲜明的地域文化。郝继文兄在所著《行余简史》中，用"生生不息、不甘沉湎、自省奋发"十二个字精辟概括了代代传承的介休文化群体的典型精神气质，这也正是像武增祥老师这样一批乡土文化守望者的生动写照。带着对故乡的满腔热爱，他们执着探求、不懈努力，介休绵延两千多年的地域文脉得以更好地传承，更加熠熠生辉！

我相信，这部书付梓后，一定能够拨动读者的心弦，带给读者不一样的惊喜，一定会在历史文化长河中留下浓墨重彩的一笔。

爱书数语，以为序言。

壬寅仲春于山医中都校区

（作者为山西省介休市人，四川大学文学博士，著有《文潞公诗校注》《文彦博评传》等）

引言

文彦博的故乡山西介休，也是我出生成长生活的地方。

在城东五里的顺城关，有一古老民宅的小街，古玩、字画、玉石大小店铺鳞次栉比，给人一种古色古香之感。淘宝的客人经常光顾此地。小街中端有文彦博灌水浮球的古槐，尽头便是文忠烈公祠。这一片是文彦博出生成长的文家庄。司马光称其文彦博"起家从此始"的风水宝地。

我居住的地方，拐进小街，便是文家庄。这里世代居住着文彦博的后裔，后裔中有我的亲戚，也有同学和朋友。

二十世纪六十年代初，我就读的小学校便紧挨着文家庄。那里有文公祠、祆神楼、文家小庙、龙王庙，是当时介休最热闹的地方。

那时候，经常有一群老人坐在祠堂前高谈阔论，讲述他们所知道的文彦博的故事和传说。

毕竟，在中国封建社会，任何一个名人，都会被配上一些神奇美好的故事。有的说文彦博是二十八星宿下凡，有的说是玉皇大帝派到人间的圣人。不过，也有一位老人会笑着反驳说："你们说得都不对。《平妖传》里说，文彦博能飞沙走石，除魔镇妖，是九天玄女娘娘的童子转世，来人间救苦救难的。"为此，老人们争论不休。

也就是在那里，我听到了文彦博宿古庙巧逢玄女娘娘、千里眼驿馆求食、多目神义救恩公、鲁班巧修祆神楼等很多故事。

这里说两个故事，与大家分享。

有一夜，文彦博住在驿馆，正在自斟自饮。一阵狂风过后，有一人披头散发站在面前，叫他相公，向他要饭。原来玄女娘娘左右有顺风耳、千里眼二神侍候，这人就是千里眼。因喝酒误事，受罚挨饿三个月。他面目丑陋，又是八只眼睛，向人讨饭，被讨者不是被吓走，就是被惊死。文彦博却毫无惧色，问明情况，让他吃了个酒足饭饱。

到了初一，文彦博叩拜玄女娘娘时，特为千里眼求情。当晚梦见千里眼前来谢恩："日后相公有难，必定舍身相救。"

文彦博贝州平乱，一日正和众将商议攻城事宜，突然狂风骤起，遮天蔽日，接着帐篷撕裂，空中落下一块大磨盘，猛向文彦博头顶砸下。千钧一发之时，端坐在帅椅上的文彦博突然被人拦腰搂住，抱过一边，刚离三五步远，那磨盘轰的一声盖了下来，把交椅砸个粉碎，平地陷了几尺深的一个大坑。文彦博吃惊不小，忙问左右："刚才抱我的是谁？"话音未了，只见一人站到面前行礼，从容说道："妖人胡永儿飞来磨盘，要压死相公，我特来相救，以报昔日之恩。"问他姓名，只写下"多目神"三个字，忽然不见人影。这时文彦博恍然大悟，才想起千里眼的往事。

老人们用美好的民间故事述说文彦博，表达的是一种崇拜的心情。故事很美好，只不过零零散散而已。

文彦博少年时灌水浮球的那棵老槐树，至今仍坚挺直立，只是干枯而已。

二十世纪九十年代，因整理地方文化，专门去开封、洛阳考察。洛阳学者对我说："文彦博就是一座高山、一片大海，洛阳人民对文彦博有着美好的记忆。"这句话令我热血翻滚。

介休历史上出了文彦博这样一位名声显赫的先贤，我确实感到荣幸，很是自豪。而一次安徽合肥之旅，更加激发了我的创作热情。

应朋友之邀去合肥旅游，信手翻开有关包拯的资料，那上面《由文氏墓志的发现——看包拯与文彦博之交谊》的文章，使我眼睛一亮。

安徽省合肥市文物管理处副研究员程如峰文中写道：

"1973年，合肥发掘包拯家族墓群，出土了包拯及其夫人董氏、长媳崔氏、次子包绶、次媳文氏、长孙包永年6人的墓志，揭示出包、文两家姻眷关系的全部秘密。"

"宋仁宗派宰相文彦博的儿子包公女婿文效扶棺将灵柩送回故土，建墓安葬合肥大兴集。"

"《包绶墓志》里有再娶故相太师潞国公之女文氏。"

"《文氏墓志》：文氏，为汾州人，河东节度使守太师潞国公之女，公朝奉郎包公名媛之夫人也。"

碑文记载可靠，文彦博与包拯真的是儿女亲家。

以前对文彦博，只知一些小事小情，故事片段，不知其政治、经济、军事、文学上的大事、要情，只是粗略肤浅地读过有关他的一些文章，留下一些浮光掠影的印象，并没有系统完整地了解他的传奇人生。如果不是研究宋史的爱好者，相信很多人对他都是一知半解。好奇心使我不由得开始重新阅读文彦博的史籍，去了解一个真正的活生生的宰相人生。

对一个千年人物评价，总是有多种多样的解释。从他的祖先到他的出生成长，从他童年少年读书到进入仕途，从七品县令到朝廷宰相，再从宰相到致仕又复出宰相，一直到高于宰相的平章军国重事，他的一生多彩多姿，跌宕起伏。

有关文彦博一生政治生涯的史料，存在于他自己的著作中，也存在于各种历史笔记丛谈中。范仲淹、韩琦、富弼、包拯、司马光、王安石、黄庭坚、苏轼、狄青等人的传记中，没有一本不曾提到他。

纵观其一生，文彦博是具有儒家思想智慧的政治家，是具有战略思想的杰出军事家。对于政治、经济、军事和社会的各个领域，他都具有抱负和韬略。他是四朝皇帝信赖和倚重的宰相，是四朝皇后的真挚友人，是政治上坚持正义己见者，是同僚眼中仁厚睿智的长者，是黎民百姓的好朋友，堪称四朝柱石。同时他又是伟大的诗人和书法家，是中医药业余研究的爱好者，是热爱生活的老者，是懂得养生之道的健康长寿老人。他的一生一直卷在政治旋涡之中，起起落落，或升或降，或浮或沉，他都光明磊落，坦然面对，一笑置之。

说到文彦博，总会有人将他和王安石相提并论，认为王安石是变法派改革家，而文彦博则是反对变法的保守派。其实，这样的认识并不正确。文彦博也是真正主张倡导改革的，只不过他所主张和倡导的是稳健改革，是循序渐进改革，而不是激进改革。

王安石变法最终失败，有着方方面面的原因，文彦博坚持的稳健改革也受到种种限制和打压。历史就是历史，即使有四朝皇帝、皇后的信任和倚重，身处激烈动荡的政治旋涡中，文彦博有时也无法改变现状，只好顺势而为，洁身自好，做最好的自己。

文彦博一生推崇儒家《中庸》里的中和思想，体现在他不偏不倚、持中不党、立朝端正的为政作风。有些人认为他明哲保身，竭尽观望之能事。实践表明，他始终坚持自己的政治信仰，为国守正。

文彦博一直卷在政治旋涡中，却光风霁月，一片忠心。他对朝廷腐败疾恶如仇，对那些独断专行、培植党羽、为所欲为、玩忽国事的人毫不留情，针锋相对。就是对皇帝，他也不看脸色行事，实事求是，犯颜直谏，敢于坚持。

他深知百姓之苦，一直强调民为邦本，认为老百姓永远是第一位，任何政权都要靠百姓来支撑，压榨百姓，就是自毁邦本。他的目光始终在老百姓身上，无论遇到何种灾难，他想到的都是百姓疾苦，不加隐讳，直言朝廷，为民请命。兵民犹水，水可载舟亦可覆舟的思想，是他一生的实践与奋斗方向。

他对那些贪赃枉法、虚伪龌龊、阿谀奉承、阳奉阴违、明哲保身的人深恶痛绝。他一生胸怀"致君尧舜上，再使风俗淳"的政治抱负，在"唯图救主重围内，不惮焚身烈焰中"这首诗中表达得淋漓尽致。他的忧民忧国思想，高高超越于肮脏的政治勾当之中，是混浊中长出的一朵清莲。

文彦博任枢相九年，有知边郡、掌军政的经历。他慎择将，专将权，严军法。在边事上，主张睦邻安边，反对轻举妄动，体现了他安邦治国的军事思想。

他独具慧眼，为国惜才，认为治国的最高境界是"治天下者，必先任人"。他劳于求贤，为朝廷举荐了一批正直有为的年轻人。始终按照唯才是举、任人唯贤的原则选拔人才。实践证明，他举荐的人才都延伸了像他一样为民为国的情怀，成为北宋王朝的栋梁之材。

孔子曰："益者三友，损者三友。"文彦博有一帮"所守者道义，所行者忠信，所惜者名节"的好朋友，如富弼、韩琦、欧阳修、司马光、苏轼、包拯、范仲淹、黄庭坚等，虽然性格各异，有时政见不同，行事风格不同，但有一个共同的特点：内心强大，坚挺刚毅，特立独行，不畏权势，磅礴正气，忠心报国，是一条战壕里生死与共亲密无间的战友。他们有共同的信仰和追求，是一批为北宋王朝做出特殊贡献的政治精英。

用立德、立功、立言"三不朽"的标准来衡量文彦博的一生，不但全部符合，而且达到了极高的境界。

北宋时期，儒释道三教相融，是北宋文人安身立命的思想武器。文彦博不是虔诚的佛道信徒，但他却是一位热衷释典、道教学说的人。他认为宗教其实是哲学、文学、艺术、政治、人生修养的一种总体。儒家主张自强不息，佛家强调慈悲，道家重视无为，都具有博大、宽容、无私、利他、和谐的积极作用。在险恶的政治环境中，求得一份心灵的宁静，解除一些挫折与烦恼，让生活多一些闲适情趣，使精神得以充实，是人生的一种理想诉求，所以他与一些高僧大德、道长仙师也是朋友，与他们共同创作带有佛道色彩的诗歌，借诗谈佛经、道义理，抒发人生感悟。

文彦博政治地位显赫，一生忙于政务，没有像范仲淹那样留下千古名篇《岳阳楼记》，也没有像欧阳修、苏轼那样被列为唐宋八大家，却也写下了大量"因诗辄见，操笔立成"的诗文。他与范仲淹、司马光、韩琦、包拯等名臣，邵雍、程颐、程颢等宗师，苏轼、苏辙、黄庭坚、梅尧臣等文坛宿将都有着大量的诗歌答赠。文彦博的诗歌创作风格，对苏轼、黄庭坚等都产生了积极影响。

《四库提要·文潞公集提要》载："彦博不以诗名，而风格秀逸，情文相生。"他的诗歌，继承了杜甫和白居易的创作风格，意趣清旷高远，形象玲珑婉丽，风神摇曳多姿。

文彦博传世作品集为《文潞公集》四十卷，其中有《潞公私记》一卷、《显忠集》二卷、《大飨明堂纪要》二卷、医药书籍《药准》一卷和《节要本草图》等。与高若讷合著《大飨明堂记》二十卷。

《文潞公集》是宋代最早的文集版本，遗憾的是尚未来得及正式刊行于世，就遭遇宋金战乱。后幸亏文彦博第七子文维申重新编录整理，才得以结集刊行，但其内容已远不及原藏本完备。

流传到现在的《文潞公文集》，主要有明代嘉靖本、清代四库本和民国年间的《山右丛书初编》三个版本。其嘉靖本四十卷，现藏于中国国家图书馆，日本东京大学、静嘉堂文库、尊经阁文库亦有藏本。这部巨著是文彦博留给后世的宝贵精神财富。

他的书法，笔法清劲，风格英爽，蕴藉凝重，颇有唐人风致，深得后人称誉。

周必大《益公题跋》赞其书法："公年过七十，笔力犹清壮如此，非独见所养深厚，亦足占寿考之祥矣。"文彦博的书法影响绵及千年，如今藏台北故宫博物院的《得报帖》，今藏北京故宫博物院的《护葬帖》《定将帖》《汴河帖》，无不被书法爱好者视为圭臬。

明朝开国皇帝朱元璋一次会见大臣，见到辛彦德，一问是山西平遥人，便说，北宋贤臣文彦博与你同乡，朕希望你像他那样为国尽忠，今后就改叫辛彦博吧！可见义彦博在社会上的影响之大之远。

明嘉靖皇帝将介之推、郭泰、文彦博并列为三晋三贤，因而介休被称为"三贤故里"。始建于明嘉靖年间的历代帝王庙，配祀者中即有文彦博，文彦博成为后代借鉴和效法的榜样。

《孟子·尽心上》云："古人之得志，泽加于民；不得志，修身见于世。穷则独善其身，达则兼济天下。"在中国历史上，有的官员遭到打击挫折后，人生观由"兼济天下"变为"独善其身"，从此以闲适知足为乐，而文彦博终身服膺于"做人要兼济天下而不可只独善其身"的思想。他在政治主张得不到实施后，无奈多次退出中央政权，然而执政地方时，其"兼济天下"的思想没有丝毫改变。他真情为老百姓办实事、办好事，因而洛阳老百姓回报给他的是自发为他建立生祠，瞻仰奉祀。千百年来，无论是在朝野还是民间，文彦博的故事广为流传，甚至成为罗贯中所作的《平妖传》的一号主角。

文彦博的一生，过得并不轻松。他是庸俗奸佞官僚的仇敌，屡遭贬降，初心不改；受到侮辱，坦然面对。

从他的诗文中，我们能感受到他情感的流动，有激情，有喜悦，有快乐，也有无奈。他享受生活，爱书、爱诗、爱酒、爱花、爱茶，参禅礼佛，优游山水，宴请朋友，吟诗赋词，享受人生的每一刻时光。

文彦博是长寿宰相，高寿 92 岁，真是奇迹，应该说是寿比南山了。他留下的是一种闪亮光明的精神，一种滋润营养的精神。这种精神永恒。

对于文彦博，不同的人有不同的评价，有的学者称他"老好人"，有的称他"保守派"，还有的说他喜欢奢侈的生活。这些仅仅是个人片面的认知，只见树木，不见森林，缺乏对文彦博真正的深入研究。

文彦博在中国历史上留下浓墨重彩的一页。分析其原因，那就是文彦博自有独特的精神与品德，有强大的道德力量。他在七十年的政治生涯中，无论顺逆，无论社会政治环境如何变化，他都一如既往地坚守自己的道德理想和独立人格，始终矢志不渝践行"以天下为己任"的政治理念，重气节，轻名利，舍生死，为富国强民而不懈奋斗。

关于这一点，可以看看同时代人，同朝为官的苏轼对文彦博的评价。熙宁九年（1076），苏轼作《和潞公超然台次韵》，他满怀推崇和仰慕之情在诗中写道："我公厌富贵，常苦勋业寻"，盛赞文彦博积极高扬的政治品格和精神风貌。

我写的文彦博，虽为故事，却与戏说无关，只是想借助通俗的文字记录这段历史。全篇尽量选取具有代表性或深具普遍意义的若干事件加以叙述，反映文彦博一生的全景脉络。写作过程中，尽力着眼于每一重大历史事件缘起、过程、结局、时间、地点、人物，抓住点滴和些许小事，力求展现文彦博真正的人生。

　　历史是一面镜子，鉴古知今，学史明智。以铜为鉴，可以正衣冠；以古为鉴，可以知兴替；以人为鉴，可以明得失。文彦博的一生，是一部北宋中期真实生动而富有重大历史意义的清明上河图，是一部经典的人生教科书，让我们展开这幅图，阅读这部书，悠悠地回到一千年前，慢慢地仔细地品味吧！

　　文彦博的故事，先从他的先祖改姓开始讲起。

第一章 改姓

古往今来,人皆有姓。姓系血缘,终生不变,世代相传。古人讲究行不更名,坐不改姓。

然而,事实并不完全是这样,历史上改名换姓的大有人在。

有功勋卓著赏赐国姓的。唐朝名将徐茂公、杜伏威等十八位开国元勋就被李唐王朝赐予国姓李姓。

有避祸避难隐姓埋名的。三国名将关羽,本姓为"冯",仗义杀死当地恶霸,避难外逃,路经关口时遭到盘查,遂指关为姓。

有少数民族姓氏汉化的。北魏孝文帝深受汉文化影响,将拓跋氏改为元氏,将鲜卑族的一百四十个姓氏,全部改为汉姓。

有重新改回少数民族姓氏的。西夏党项族首领唐朝时归唐,赐姓李姓。宋朝时又臣服于宋,被赐予赵姓。后来势力强大后,取消李姓和赵姓,改为嵬名氏,自称"兀卒"(西夏语,皇帝)。

总之,很多现在的姓未必就是最原始的姓氏。因避讳皇帝而改姓的,也有不少。文姓本自敬姓,由文姓而改为敬姓——就是为了避讳。

一切都要从文彦博的远祖说起。

文彦博的远祖并不是普通人，而是位了不得的大人物，大家应该都熟悉，他就是功业显赫的五帝之一，被奉为"华夏至圣"的舜帝。文彦博即舜的后裔。

穿越历史时空，"敬"姓的来历，可以追溯到上古时期的妫氏。舜，妫姓，名重华，号有虞氏，是远古时代父系氏族社会部落联盟首领。

据说，舜娶了尧帝的两个女儿，是尧帝的女婿。尧去世后，大伙推荐贤能的舜继承尧位，当部落联盟首领。

根据《尚书》《舜典》，舜为政时，除继承尧农业立国的施政方针外，还整理天文与历法，创建礼、乐、文教、刑政，规范制定器物的律、度、量、衡，建立政治体制，为后世以孔子为代表的儒家学术思想奠定了思想文化基础。

舜曾巡狩四方，选用贤人治理国家，兴修水利，消除水患。

舜曾征讨共工、观兜、三苗和鲧，为民众除去了四个罪恶之人。

舜在位三十九年。他当政期间，天下太平，人民安乐。

舜居住在妫汭——山西永济南面，后人以妫为姓。

舜的后裔中有个人叫妫满，因为是前代圣王的后人，周武王封他为诸侯国陈国第一任君主——陈胡公，并将长女大姬嫁给他为妻。

妫满在今河南省淮阳市建立陈国，奉祀舜帝。由此，后人改姓陈。

陈胡公在位期间，修筑城墙，抵御外患，以周朝礼仪德行教化百姓，使陈国成为礼仪之邦。

陈国第十二任君主陈桓公即位后，天下并不太平，群雄争霸，征战不休，相互侵轧，都想扩大自己的势力范围。

蔡国多年来和陈国不和，听说陈桓公患病，趁机派人杀了陈桓公及太子妫免，立妫佗为陈厉公。

齐桓公十四年（前672），是一个灾难之年。陈国发生内乱，国君陈厉公及太子御寇被杀。

太子御寇敬重公子完的道德才华，平日与公子完往来频繁。听说御寇被杀，公子完预感到大祸临头，三十六计，走为上策，连夜举家逃到齐国，历史上称之为"完公奔齐"。

齐桓公热情接纳公子完，他很欣赏公子完的品德和才干，想封他为上卿。

逃难避祸的公子完自知自明，坚辞不受，说您能接受我寄居，就是大恩大德。我现在得到的已经够多了，哪里还敢再接受这样的高位。齐桓公只好委任其"工正"官职，让他负责营建制造及工匠事务。

他一丝不苟执行为臣之道，处处以礼仪规范做事，得到齐桓公的认同与赞扬，赠给大片田地。

公子完去世，谥号为"敬"，后代中有一支改姓敬姓。另一支将陈姓改为田姓（陈和田在古音里都读"殿"）。这两支后来都成为齐国显赫的望族。

东汉泰山太守应劭辑录的民俗著作《风俗通义》记载："春秋时期齐国有敬君，原陈厉公之子仲，谥为敬，其支孙以谥号为氏。"

文彦博《赠尚书祠部员外郎文府君墓志铭》：

府君讳锐，字挺之，本姓敬。当晋室，以犯高祖御名，改赐今姓，取文之象也。至圣朝，以避翼祖庙讳，遂不复旧。有妫之裔，迁育于姜，子完之孙，以谥为姓。自时厥后，胄绪益蕃。或占数于平阳，或派居于蒲坂。①

为避先祖之讳，文彦博在墓志铭中，没有出现"敬"字。

敬姓血脉一直由此延续传承。然而，一千年后意想不到的事情发生了。

更加不可思议的，居然与三位皇帝有关。

这事首先发生在文彦博的曾祖父敬崇远身上。

第一个皇帝，后晋石敬瑭。

唐朝末年，少数民族自北方侵入中原。沙陀人石敬瑭向契丹霸主效忠，

---

① （宋）文彦博：《赠尚书祠部员外郎文府君墓志铭》，文彦博《文潞公集》卷十二《碑记墓志》，山西人民出版社 2008 年版，第 136 页。

很得赏识。

契丹国王耶律德光进军中原，协助石敬瑭推翻后唐。耶律德光装模作样，把自己的袍服脱下来，把自己头上戴的冠冕摘下来，替石敬瑭穿戴起来，封他为"大晋皇帝"。

在契丹卵翼之下，石敬瑭成立朝廷，对抗中原。石敬瑭梦寐以求的皇位到手后，改国号"后晋"。

他向契丹王以儿子自称，自称"儿皇帝"，称契丹王为"父皇帝"。

契丹王恩重如山，石敬瑭慷慨报答，将中国北方以北京、大同为中心的十六个州作为厚礼，拱手奉送给契丹。

石敬瑭的做法，无疑加剧了民族矛盾和冲突，是他从此使中国形成了分裂割据的复杂局面。可以说，宋朝亡国他有不可推卸的责任。

尽管是个"儿皇帝"，在被统治者眼中仍然是至高无上的。他的名字中有"敬"字，朝中大小官员是要避讳的，否则就是大逆不道。仅凭这一条，足以治你死罪。

文彦博曾祖父敬崇远，后唐时任辽州平城（今山西省和顺县境内）主簿，后晋时先后任代州崞县（原平）县令和太谷县令。

石敬瑭单独召见敬崇远，夸奖敬崇远处理政事有方，尽职尽责，最后他说出了自己想说的话：按祖宗的老规矩，你改个姓吧。敬字左边为苟，右边为文，苟不大好听，卿改文姓吧。

敬崇远心情很复杂，也很无奈。小小的七品官县令，哪能担得起对皇帝大不敬的罪名。敬姓自此改成了文姓。

第二个皇帝，后汉刘知远。

石敬瑭死后，后晋灭亡，后晋河东节度使、沙陀人刘知远当上皇帝，改国号"后汉"。

刘知远采用怀柔政策，对后晋任命的各级官吏均留任原职，将宫中财物赏赐给各级官员，笼络人心。

刘知远挑选官员时，发现文崇远很有才干，重用他出任政务繁重的县郡，提拔担任岚州（治所在今山西省岚县西北）录事参军。

他希望文崇远成为自己安插在县郡的亲信，在认真询问文崇远名字来历后，送给他一件意想不到的礼物、一件价值连城的礼物。这件礼物就是：爱卿是圣人的后代，敬天敬地敬祖宗，敬姓好，还是姓敬吧！

文崇远心中充满兴奋，他十分清楚，这一切不过是皇帝对他的勉励，于是更加勤勉任事，恪尽职守为朝廷效力。他去世后，刘知远赠封他为燕国公，赠封他的夫人燕国太夫人。

然而，事情并未就此结束，又一位皇帝的出现，刚刚得到的敬姓，又失去了。世界上最可怕的，就是得到后再失去。

在权力游戏中，你没有选择的权利，一切由皇帝说了算。

第三个皇帝，北宋开国皇帝赵匡胤。

文彦博的祖父敬锐，荫补郊社署丞，赵匡胤召他当石州（今山西省石楼县）军事推官。

赵匡胤黄袍加身当了皇帝，如同历代帝王一样，自然要慎终追远，光祖耀宗。他建造了规模宏大的宗庙奉祀列祖列宗。

赵匡胤祖父赵敬，曾任三个州的刺史。宋史称其"慷慨有大志"。

赵匡胤贵为天子，追尊祖父赵敬为"简恭皇帝"，庙号"翼祖"。简恭皇帝的"敬"字，当然是神圣不可侵犯。

赵匡胤为了维护自己的尊严，下发一道圣旨，禁止大小官员名字中有"敬"字，凡是"敬"姓一律改为"文"姓。

从此，人们开始畏惧这个字，连敬奉神佛也不敢用，只能用恭奉取代。

文彦博的好友范仲淹、司马光也同样有改姓的经历。

范仲淹出生第二年，父亲去世，家道中落，母亲贫无所依，抱着襁褓中的他改嫁朱家，他改姓朱。长大后，知其世家，范仲淹才恢复了范姓。

司马光的远祖姓程，叫程休父，周宣王时官至大司马，封地在陕西咸阳程邑。周宣王允许以官职为姓，后代便改为司马姓。司马光经常戏称自己是"程秀才"。

或许有人认为，皇帝赐姓，是至高无上的荣耀，至少可以到处显摆。其实，避讳改姓，实属无奈，被迫而已。只能说，它是一种扭曲的文化怪胎。

但庆幸的是，文氏与此后的元、明、清历代皇帝再没有碰到"敬"的忌讳，不然还得继续改来改去。

文彦博两度宰相，九年枢相，名震四夷，文姓成为显赫的名门望族。文彦博逝后，他八个儿子，三十九个孙子散居山西、河南、江西、山东、福建、湖南、陕西、云南、湖北等地，繁衍生息，枝繁叶茂。这是后话。

文彦博先祖一直居住在蒲坂（今山西省永济市）。唐文宗大和年间，敬家有一位子弟被朝廷录用为参军，分配在汾州介休县工作，因而将全家迁到介休。他就是文彦博的五世祖——敬毵。

第二章　迁徙

公元 705 年，一位威风凛凛的年轻将军，挥舞宝剑，率领五百御林军冲进长安玄武门，诛杀武则天男宠张易之、张昌宗兄弟，然后包围长生殿，逼迫一代女皇武则天退位。

这个画面，不是电视剧，而是真实的历史画卷。

这个将军，就是唐代杰出的军事家、政治家、为恢复李唐社稷立下不朽功勋的敬晖。

他是文彦博的十一世祖。

文彦博青年时期博览群书，他从《旧唐书·敬晖传》中了解到十一世祖敬晖的一生。敬晖的壮举，为后人敬仰，名留千古，也给文彦博留下深刻印象。

敬晖出生于绛州太平县（今山西省临汾市），唐代以明经中第。

明经是隋炀帝时设置的选举官员科目，主要考帖经和墨义。

帖经指从经书中抽出一句，考生默写上下文；墨义是对经文字句简要作答。以经义录取的为明经，以诗赋录取的为进士。

敬晖年纪轻轻便担任过卫州、泰州、洛州刺史，成了同年们羡慕的对象。

这当然与朝中有人赏识是分不开的，而赏识他的正是女皇武则天。武则天看到敬晖相貌奇伟，便对宰相说："此人是个奇才，将来必成栋梁！"

沐浴浩荡皇恩，敬晖没有辜负武则天的信任，忠心任事。

武则天离开洛阳去长安，特意提拔他为东京副留守。其间，敬晖治军有方，秩序井然，受到武则天嘉奖，赏赐百匹绸缎。

公元703年，敬晖升为中台右丞，加封银青光禄大夫。

在国家危难之时，总有一些人挺身而出，为国效力，敬晖就是这样的人。

公元704年，武则天病重，避居深宫。朝中大事全部由张易之、张昌宗兄弟二人入宫传话。文武大臣十分担心二张趁机弄权发动政变。

在决定大唐命运的关键时刻，敬晖慷慨激昂：国家兴亡，我们担当！

他们以宰相张柬之、敬晖为首，决定先下手为强，力挽狂澜。

他们胸怀报国壮志，满腔热血，迫武则天退位，拥中宗复位，恢复李唐社稷。

敬晖为李唐政权建立功勋，唐中宗加封他为金紫光禄大夫，升任侍中，赐爵平阳郡公。不久又进封齐国公。

这样的祖先，足够强大，值得自豪。

文彦博立下志向，要像十一世祖那样建功立业。

他在《赠尚书祠部员外郎文府君墓志铭》中写道："十一代祖太尉平阳王有大勋，力于中宗，载于国书，可以复视。"

他还在书斋中墙上写下一句话，作为自己的承诺：忘身徇国，丹心尽忠！

实践证明，文彦博一生都在努力实现自己的承诺。

敬晖之后繁枝散叶，有的迁往宝鼎（今山西省万荣县西南），有的迁往蒲坂（今山西省永济县）。

还记得汉武帝那首千古绝调《秋风辞》吗？

秋风起兮白云飞，

草木黄落兮雁南归。

兰有秀兮菊有芳，

怀佳人兮不能忘。

泛楼船兮济汾河，

横中流兮扬素波。

箫鼓鸣兮发棹歌，

欢乐极兮哀情多。

少壮几时兮奈老何！①

公元前 113 年，汉武帝刘彻率领群臣，到河东郡汾阴县祭祀后土娘娘，泛舟黄河，饮宴中流，写诗的地方就是宝鼎。

▲ 明清《山西省介休县境图》

_____

① （汉）刘彻：《秋风辞》，转引自陈君慧《古诗三百首》，北方文学出版社 2016 年版，第 46 页。

9

《汉书》记载，汉武帝在短短的 14 年中，曾五次临宝鼎亲祀后土。

蒲坂历史悠久，唐代诗人王之涣脍炙人口的《登鹳雀楼》一诗所言的鹳雀楼就在蒲坂。

文彦博五世祖敬毯就是迁往蒲坂这一支的。

敬毯明经中第，分配到汾州西河郡介休县任参军，主管司法、诉讼事务。

介休地处黄土高原东部，太原盆地中部南端。西有吕梁山，绵亘环绕，沟壑纵横，蜿蜒而来。东有太行山，巍峨挺拔，峰峦叠嶂，奔突而去。两山夹峙，自北向南，其间绵延起伏，簇拥着众多的黄土梁峁。东南有太岳山高耸兀立。支脉有天峻山、绵山、牛角鞍、石膏山等，是一道天然屏障。

介休这种天然的地理形势，具有重要的军事战略地位。

介休是个历史悠久的古邑。春秋时期，介休称邬县。邬姓、隋姓的始祖都出自这里。这里土厚水清，民风淳朴，好义忠勇，钟灵毓秀，贤士辈出。

自古以来，介休就以浓郁的文化氛围而闻名。春秋介之推、晋文公，东汉郭泰，北魏郦道元、斛律金、斛律光，唐太宗李世民，名将尉迟恭、程咬金，书法家虞世南、褚遂良，唐玄宗李隆基，诗人贺知章、王维、王昌龄、杜甫、白居易、李商隐、温庭筠等，都在这里留下了不朽的文化足迹。

介休历史上彪炳青史的介之推和郭泰，给敬毯留下了深刻的印象。绵山脚下约五里许，有一个叫张壁的神秘村庄，是十六国后赵时期营造的一处坞壁。北魏后期南朔州军人在这里挖掘上、中、下三层立体万米地道，是敕勒大将军斛律金、斛律光驻守的军事壁垒，建有供奉草原游牧民族首领的可汗庙。唐太宗李世民也在这块土地上大败宋金刚，收降尉迟恭。

敬毯是位喜欢历史文化的官员，很快他就熟悉了介休的地理环境和人文历史。

他先后考察了绵山、度索原、雀鼠谷、张南堡、张壁以及宋壁、遐壁、石屯等地。

敬毯的足迹遍布了介休的山山水水，很快成了"活地图"，军事要地、山川河流、集镇村落、历代先贤、户口钱粮，无不烂熟于心。

介休古邑，商贾云集，舟车络绎，商业文化比较发达，拥有品种丰富的各种面食小吃、醇香的陈醋、精美的陶瓷、晶莹的琉璃、华贵的寺庙……

更重要的是，这里的文化氛围浓厚，好学之风蔚然成风，隋唐时期已经出了不少官员学者。

公元840年的春天，阳光明媚，几辆马车缓缓离开河东同果里（今山西省永济市），车上坐着敬慸全家老少，拉着全部家当。一路上欢声笑语，敬慸给大家讲述着介休的美丽风光和名人故事。

敬慸父亲敬晤，唐文宗大和年间任鸿胪丞辟北都留守判官，辅理政事。到了晚年，他辞去官职，与儿子同往介休。

介之推、郭泰两位先贤的高风亮节，深深震撼着敬家人的心灵。这次看似普通的迁居，却是敬氏家族发展史上最重要的转折点。也正是介休这片人杰地灵的沃土，先贤遗风潜移默化的影响，造就了日后名震天下的文彦博。

▲ 清代山西省介休县《绵山图》

诚然，文彦博成才，有多种多样的因素，良好的文化氛围也是不可缺少的。

文彦博担任宰相后这样描述家乡介休：

嘉是山水，乐其风土。

绵山南峙，汾流东弥。①

介休城是凤凰展翅的形状，城内是凤凰身，城外是凤凰翅膀，西面是凤凰头，城门是凤凰嘴。

县城四周护城河环绕，河阔八尺，深五尺，当地人称之为"城壕"。每当夕阳西下，满天彩霞伴随着巍巍城墙，让人恍如有一种穿透历史的厚重感。

敬毯在介休城东五里修建了一座中等结构的四合宅院，院中有一棵高大的槐树，一个池塘，一片菜畦，四周麦田、果园、菜圃，构成一派田园风光。宅院不远处是东汉名士郭泰曾经讲学的林宗书院和故地郭家村。

宋真宗景德三年（1006）十月初二，在这栋房子里，一个婴儿呱呱落地，发出了响亮的啼哭声。敬毯的四世孙文泊一直盼望生个儿子，现在终于如愿以偿。

敬氏家族，也就是后来的文氏家族自此在介休繁衍生息，成为名显当地的大户人家。

这一年出生的属马，据说生于马年的人性格开朗，思维敏捷，才华出众。这当然是文泊求之不得的。他请当地有名的儒学大师给孩子起名字。大师说："起名字，要有美好的寓意，更要在命理学上有吉利的预兆。孩子取名彦博吧。彦指才学、文采，博指才华横溢、自强不息、品格高尚。这孩子将来会平步青云、一展抱负的。"

根据古俗，读书人有几个名字，除去姓外，一个正式名字，在书信里签名，在官家文书上签名，都要有此名字。另外有一个字，供友人口头与文字上称呼。对一个人礼貌相称时，是称字而不提姓。

---

① （宋）文彦博：《赠尚书祠部员外郎文府君墓志铭》，文彦博《文潞公集》，山西人民出版社 2008 年版，第 136 页。

文洎为儿子取的字是"宽夫"。唯宽可以容人，唯厚可以载物。文洎期望儿子有宽容的心态，有厚重的品德，有容载万物的胸怀，成为一个刚毅坚卓、宽厚美德、能担大任的人。

文彦博青年时期，也像学者文人一样，给自己起了个雅号"伊叟"，作为书斋名称，也常在书法印章上使用。进入仕途后，和同僚友人书信往来，往往以此名相称。

几十年后，文彦博家庙在洛阳落成，他将伊南积庆坟院改为伊叟庵。

文彦博后来脱颖而出，成为北宋政坛上一颗耀眼的明星，载入史册。那么，影响他一生的又有哪些人呢？

第三章 家风的力量

文彦博出生在官宦世家，父亲文洎，担任河东转运使，是封疆大吏。

北汉政权割据太原时，文彦博祖父文锐先担任郊社署丞（掌管祭祀天地的官员），后征召为石州（今山西省离石区）军事推官。

文锐是个有正义感的人，他看不惯那些官吏贪污腐化、勒索百姓，有意辞职归田。

文锐以疾病为由，毅然辞去官职，退隐介休，清闲度日，过起自由自在的田园生活。

文锐去世后，朝廷赠封他为尚书祠曹员外郎、太师、中书令兼尚书令、周国公。原配夫人王氏，赠封周国太夫人。夫人郭氏，赠封沂国太夫人。不过，这些都是文彦博显贵后追封的。

文锐有四个儿子，长子文洎，次子文淳，三子文渊，四子文渭。文淳担任过郊社斋郎，主要负责郊祀、祠祀、祭祀一类事务。文彦博《赠尚书祠部员外郎文府君墓志铭》，这样记述未曾谋面的祖父：

以颐养为怀，无复出处之意……常以杖履浮沉于乡里，颇用文酒燕乐于友朋……局量闳深，性资端厚，信行著于乡党，仁爱洽于族姻……唯以清白传家，不以业产为事。识者以府君为林宗、干木，西河之后出也。[①]

文家北屋客厅墙正中，挂着一幅祖父的画像，这是文彦博父亲请京城一位画家画的。在文彦博记忆中，父亲、叔父站在画像前，多次为他讲述祖父为人处世的往事。

祖父年轻时，高大英俊，性格豪爽，学识渊博，且喜饮酒。他为人正直，慷慨大方，又见过大世面，是一个"为善不倦""扶人之危"的好义之人。

夏季的夜晚，他时常邀亲朋好友在青草地上席地而坐，滔滔不绝地讲外面世界的见闻，讲介之推、郭泰、段干木的故事，听者都很入迷。

文家有朝廷俸禄，自己有田产，算是个小康之家。但他粗茶淡饭，住简陋的房子，教人们识字，解决纷争，大家都称他为"文父"。

每逢遇到荒年歉收，他不惜银两从外地购回粮食，赈济灾民。

贫苦人平时有人借粮食，他都一一接济，而且不用再还。

遇到贫苦人婚丧嫁娶，经常给予帮助。周围邻居中孤寡老人患病，他热心奉送一些药品。

至于修桥筑路，更是出手大方，从不落后于人。

在人们心中，他称得上是各项义举带头人。

以至老人去世后，人们自发前来吊祭，其中不乏高官巨贾，也不乏名士豪绅。

临终前，他叮嘱几个儿子，要广为善举。

文锐还有一个奇怪的举动，每年清明节，他都要换上整洁衣服，去介公祠（介之推庙）和林宗祠（郭泰庙）敬香磕头。

[①]（宋）文彦博：《赠尚书祠部员外郎文府君墓志铭》，文彦博《文潞公集》，山西人民出版社 2008 年版，第 137 页。

他没有对家人说过为什么要这样做，但是这种极普通的行为，竟然真使文家后世增加了一位名满天下的乡贤——文潞公。

祖父与人为善、修身齐家的精神，过人的精力，开阔的胸襟，淳厚的性格，在文彦博脑海里留下深深烙印。这位先祖的智慧、豁达，在文彦博一生中都得到延续和极致发挥。他深为有这样的祖父感到自豪。

文彦博的父亲文洎是个清官。

文洎曾经担任阆州监征、司勋员外郎、荆湖南路转运使、三门白波发运使（掌管黄河三门至汴河水运的官名）、判三司开拆磨勘司、终主客郎中、河东转运使等职。

北宋时转运使权力很大，除掌管一路或数路财政赋税外，还兼管考察地方官员、维持社会治安、清点刑狱、举贤荐能等职责。

文洎任三门白波发运使，掌管三门至汴河的水路运输。这是一个肥缺，治理黄河使用的砂石、木料、铁器等物料全部由他管理。

当时，黄河决口的各堤岸，物料堆积如山，来回调拨，浪费大量人力。他向朝廷建言，物料改由各沿岸百姓就地供应，节省了大量民力和运输费用。同时，他对一些致使治河物料"损烂不堪"的官员，上奏将其罢免。

河东转运使任上，文洎发现偷卖盐货猖獗，贩卖者多凶恶之辈，当地官员隐瞒不言。文洎张榜悬赏捉拿，依法严判。

但就是这样一位忠于职守的官员，他的举动惹怒了一帮人，因为他们得不到任何好处了。

捞不到好处，被砸了饭碗，骂他的人不在少数。

公道自在人心。文洎的功劳和业绩，并没有被抹杀。仁宗对他赞赏有加，加以重用。司马光称其"强直勤敏、振利攘害，名闻达不可掩"。

文洎任四川阆州监征时，十三岁的文彦博也随父前往。

要说少年文彦博是个奇才，一点也不过分。

南宋祝穆编撰的地理书《方舆胜览》记载，文彦博在阆州遇到一位叫何守真的道士。当他出现在这位神秘相士面前的时候，何守真立即做出了判断，预言文彦博"公南极之精降，为国之申甫"。[①]

古人认为，天上的南极星斗辅佑着国家太平。他预见文彦博将来必为治国安邦的栋梁之材。

这样的事情在古代很常见，人们普遍相信这种说辞。

预言也好，鼓励也罢，对于外界这些评价，文洎始终保持着清醒头脑。他见过很多像儿子这样天资聪明、才华横溢的少年，却因年少出名被人捧而得意忘形，最终成为一个平庸之人。

他决定不让这一悲剧在儿子身上上演。他觉得儿子就是一个普通的孩子，外人眼中的儿子，仅仅是外人眼中的儿子而已。

随父亲在阆州住了些日子，文彦博要回介休了。父亲语重心长地对他说："别人夸奖你聪明，是对你的鼓励，千万不要放在心里。比聪明更重要的是如何做人。记住，回去后要发奋读书，学会独立思考，立志做大事，修身齐家治国平天下，做一个对社稷有用的人。"

文彦博小小年纪便目睹了百姓疾苦，了解了最底层弱势群体的真实生活状态。百姓的苦难生活，深深印入他的脑海，并在幼小心灵留下一个"报效国家，体恤百姓"的烙印。

文彦博亲眼看到父亲如何处理各种政务，大大拓宽了视野，增长了才干，磨砺了意志，受益匪浅。此时，他有了自己的奋斗方向——以父亲为榜样。

文洎一生为官，心忧天下，勤于政事，积劳成疾，于景祐四年（1037）在任上病故。

文洎去世后，赠封太师、魏国公。仁宗御赐"教忠积庆"寺额，意思是，教子有方，忠于国家，积德行善，家有余庆，用现在的话说就是鞠躬尽瘁，死而后已。

文洎的事迹被记录在《宋史》《宋会要辑稿》等历史文献中。能被载入史册，可见文洎是一个名副其实的好官。

---

①（宋）祝穆：《方舆胜览》，转引自（清）嘉庆版《介休县志》卷一四《杂志》，第 11 页。

文洎为政清廉，又不收礼受贿，没有积攒下多少遗产，也没有成为宰相级别的高官，他留给文彦博弟兄最珍贵的遗产就是如何做人。他没有想到，日后大任会落到儿子身上，并在历史上留下传奇。

文洎原配夫人耿氏，即文彦博生母。耿氏去世后，因文彦博而得到恩例，追封为"扶风县君"。文洎后来再娶的申氏，被封为"永乐县君""鲁国太夫人"；再娶的王氏，被封为"永乐县君""魏国太夫人"。

申氏所生的儿子，名彦若，为文彦博同父异母兄弟。

彦若"幼聪警博学，有辞章"。20岁考中进士丙科，任陇州吴山县知事。

宋朝时，吴山为西北重镇，处于对抗西夏的前沿。只有相当资历的官员，才能担任这种重要地区的主政官。文彦若这个年轻人，能获得如此重要的官职，可见朝廷对他的器重。

后文彦博为秦凤路经略使，陇州属文彦博管辖。为了避嫌，文彦博决定让彦若改知乾州奉天县。

在寒冷的北风中，文彦若怀着报效国家、守卫国土的火热理想，准备启程。但他还未来得及到任，不幸病故在秦凤路府上，时年三十一岁。

文彦若和文彦博一起长大，一起拜在孙复门下读书，与他关系最为密切。读书时二人互相讨论，互相修改诗词文章。

进入仕途后，二人异地为官，互赠诗词，互相勉励。官场上彦若没有哥哥那么得意，但他勤于政事，口碑极佳。

文彦博得到弟弟病逝的消息，十分悲痛，亲自安排后事，在洛阳主持了葬礼。

天下之本在家。文洎笃行"齐家"而后"治国"，良好的家风家教，如同随风潜入夜、润物细无声的春雨，滋润着文彦博一天天健康成长，为他日后修身齐家治国平天下奠定了坚实基础。

文彦博秉持着坚实而厚重的家风传统，在历史上留下了自己不朽的名字。

第四章　父母与恩师

北宋时期，读书风气浓厚，无论官宦家庭还是贫民家庭都特别注重教育。有条件的都选择河南商丘的应天府书院、江西庐山的白鹿洞书院、湖南长沙的岳麓书院、河南嵩山的嵩阳书院去读书。四大书院是当时最高等级的学府。

北宋著名的政治家、文学家、军事家范仲淹，就是在应天府书院接受教育的。读书期间，他作了一首经典的励志诗。《全宋诗》卷一六六《睢阳学舍书怀》记载：

白云无赖帝乡遥，汉范谁人奏洞箫。

多难未应歌凤鸟，薄才犹可赋鹪鹩。

瓢思颜子心还乐，琴遇钟君恨即销。

但使斯文天未丧，涧松何必怨山苗。

范仲淹不到三岁丧父，母亲被范家扫地出门。为求生计，母亲带着小小年纪的他改嫁朱家。从此范仲淹改姓朱，取名朱悦，过着寄人篱下的生活。

清贫算什么！范仲淹有自己的梦想，毫不畏惧。想必大家都记得他"划粥割齑"的故事。

范仲淹认为，在这个不公平但天道还在的世界里，只要自己是一棵注定高耸入云的松树，即使身处山沟，又何必怨恨那些山顶上的"小山苗"！

受这种读书风气盛行的影响，北宋出现了许许多多的杰出人物。

范仲淹出身贫寒，受尽磨难。文彦博的情况恰好完全相反。他家庭条件好，生活无忧无虑，可以专心致志读书。

历史告诉我们，出身不能选择，无论贫穷还是富有，勤奋读书是必需的，从小立志是必需的，这就是人生的起点。

介休静林书院，是唐代宰相令狐楚青少年时读书的学堂。

北宋时，介休有一所比四大书院建立得还早的学堂，称为林宗书院。这是东汉名士郭泰教书育人的学堂，是一所"远近学者皆归之"的著名学堂。学生在这里寒窗苦读，博览群书，学习深造。

文彦博还未到读书年龄，就喜欢和小伙伴去附近的林宗书院，站在窗外听里边琅琅的读书声。学生们经常跟着先生念的，是真宗皇帝赵恒写的《劝学诗》。宋代黄坚《古文真宝》记载：

富家不用买良田，书中自有千种粟。
安居不用架高堂，书中自有黄金屋。
出门莫恨无人随，书中车马多如簇。
娶妻莫恨无良媒，书中自有颜如玉。
男儿欲遂平生志，六经勤向窗前读。

在那个时代，许多青少年就是在这首《劝学诗》的激励下寒窗苦读，最终金榜题名，走上仕途。

文彦博虽然似懂非懂，但他觉得读书很快乐。

直到今天，人们仍津津乐道文彦博"灌水浮球"的故事。

《邵氏闻见录》卷九："文潞公幼时，与群儿击球，入柱穴中不能取，公以水灌之，球浮出。"[1]

《文彦博年谱》作者申利考证，时文彦博当为五六岁。

文彦博的故事流传千年，至今仍为青少年励志的经典。中国邮政2010年6月1日发行《文彦博灌水浮球》特种邮票和小本票。

也许人们好奇，一千年前的球是个什么模样？文彦博小时候玩的球，

▲ 宋代文彦博"灌水浮球"的老槐树

宋代称为鞠，也就是现代的足球。鞠，用牛或猪的膀胱吹足气作为内胆，然后在外面用牛皮缝成球壳。

宋代从皇室到民间，上至王公大臣，下至平民百姓，蹴鞠运动全民普及，十分流行。

那位历史上官运亨通的奸臣高俅，就是因为踢球技术高超，被当时的端王也就是后来的宋徽宗赏识并得到重用。

宋人有诗称赞蹴鞠："巧匠圆缝异样花，身轻体健实堪夸。能令公子精神爽，善诱王孙礼义加。"

① （宋）邵伯温：《邵氏闻见录》卷九，中华书局1983年版，第97页。

文彦博少年时期也有过一段顽皮的生活，他和小伙伴爬城墙，差点掉到护城河里，受到父母严责。

自那以后，他思想发生了重大转变，认识到：时光在不停息地前进，少年时不选择一个正确的努力方向，必将终身无所成就。

他在家中放了两个罐子，每次做了好事，就在一个罐中放一颗红豆，做错了事情，就在另一个罐中放一颗黑豆。每晚他都要检查红豆和黑豆的数量，以此自省和自我鞭策。日积月累，文彦博德行品性一步步得到提高。

母亲耿氏受过良好教育，文化素养深厚。她常常用古代圣贤的故事，对儿子进行人格培养。

文彦博十岁到十二岁，他父亲在外地为官，母亲在家管教孩子。这段时间，母亲正教文彦博《后汉书》。书上记载后汉时朝政不修，外戚专权，幼小的桓帝稍微年长后，不甘心做傀儡，利用宦官的力量清除外戚势力，政权落入宦官之手。宦官统治，贪婪、纳贿、勒索、滥捕无辜，社会更加动荡不安，国家处于风雨飘摇的境地。忠贞廉正之士和太学生，不惜冒生命之险，口诛笔伐抗议。宦官统治集团残暴镇压，学者与太学生辈或遭皮肉之苦，或遭谋杀丧命，这就是震惊天下的"党锢之祸"。

在这群志士仁人中，有个二十三岁的太学生领袖，领导了这场轰轰烈烈的反宦官集团斗争，他就是名冠天下的介休人郭泰。而文洎的妻子教儿子读的正是《郭泰传》。南朝范晔《后汉书》卷六八《郭泰传》记载：

郭太字林宗，太原介休人也。家世贫贱。早孤，母欲使给事县廷。林宗曰："大丈夫焉能处斗筲之役乎？"遂辞。就成皋屈伯彦学，三年业毕，博通坟籍。善谈论，美音制。乃游于洛阳。始见河南尹李膺，膺大奇之，遂相友善，于是名震京师。后归乡里，衣冠诸儒送至河上，车数千辆。林宗唯与李膺同舟共济，众宾望之，以为神仙焉。

司徒黄琼辟，太常赵典举有道。或劝林宗仕进者，对曰："吾夜观乾象，昼察人事，天之所废，不可支也。"遂并不应。性明知人，好奖训士类。身长八尺，容貌魁伟，褒衣博带，周游郡国。尝于陈梁间行遇雨，巾一角垫，时人乃故折巾一角，以为"林宗巾"。其见慕皆如此。或问汝南范滂曰："郭林宗何如人？"滂曰："隐不违亲，贞不绝俗，天子不得臣，诸侯不得友，吾不知其它。"后遭母忧，有至孝称。林宗虽善人伦，而不为危言核论，故宦官擅政而不能伤也。乃党事起，知名之士多被其害，唯林宗及汝南袁闳得免焉。遂闭门教授，弟子以千数。

▲ 东汉"郭泰石刻像"

小彦博听得很入迷，对郭林宗这样杰出的人物，非常景仰，心向往之。他抬头望着母亲，说道："今后我要做郭林宗这样的人。"

母亲听了，欣慰地说："东面就是郭林宗祠堂，等你父亲休假回来，让他领你去拜谒这位先贤。"

兴家之本在于育人。文洎遵循"尊贤尚礼，明辨笃实，治学修身，胸怀天下"祖训，始终注重儿子读书习儒，家教很严。文彦博虽不像淘气的孩子那样上树逮鸟、下河摸鱼，但喜欢四处游玩。史书记载："少年好游，文洎责怪之，彦博不敢回家，读书于张望家。"张望是三馆书院的孔目官，学识丰富，育人有方，文彦博从此勤苦读书，不再贪玩。文洎看到文彦博写的数百篇文章后，才转怒为喜。

文洎回来，领着儿子去了郭林宗祠，又领着他去了城西的介之推祠。站在介之推塑像前，文洎给儿子讲述介之推的故事。

春秋时期，晋国大臣介之推追随重耳流亡十九年，割股啖君，辅佐重耳取得王位后，功不言禄，与母归隐绵山。

晋文公率文武大臣寻找不得，奸佞居心叵测，放火焚山迫其出山。介之推与老母抱树而亡。介之推忠国亲孝，事迹记载在《左传》《史记》中。

唐朝著名诗人卢象留下脍炙人口的千古绝句。全唐诗卷一二二记载其《寒食》诗：

——四朝柱石文彦博——

子推言避世，山火遂焚身。

四海同寒食，千秋为一人。

深冤何用道，峻迹古无邻。

魂魄山河气，风雷御宇神。

光烟榆柳火，怨曲龙蛇新。

可叹文公霸，平生负此臣。

介公祠立着一块碑，文洎告诉儿子，这是真宗皇帝为介之推立的，真宗称赞他"忠廉自信之士"，赐封他为"洁惠侯"。

文彦博不解介之推为何肯割自己的肉给重耳吃，为何宁可被烧死也不愿出来做官。

父亲笑着告诉他，介之推不是普通人，他有独立的人格，对名利看得很透，只要是他认准的事，生命都可以抛弃。这就是做人的骨气。

文彦博似乎明白了，做人就应像介之推一样有骨气。

▲ 介之推母子塑像

如同现在的追星族一样，文彦博把介之推、郭泰的画像挂在自己的书斋里，当作偶像。

有一次，母亲发现他经常看那两幅像，便好奇地问他为什么。文彦博回答："二位先贤，人之楷模，将来我要做像他们那样的人！"

介之推、郭泰两位先贤的品格，如同烙印一般对文彦博产生了影响。这或许就是文彦博日后达则兼善天下，也不肯穷则独善其身的力量源泉。也成为他之后被列入"介休三贤"的重要因素。

青年时期的文彦博很幸运，因为他遇到两位顶级的老师。毫无疑问，这对他而言，是人生一个重大转折。

史炤是北宋时期著名的经学家。一天，他的书院来了一位相貌俊朗、举止儒雅的少年，这便是前来求学的文彦博。

文彦博聪慧颖悟，博闻强识，学习认真刻苦，读书从不偷懒。

史炤治学，要求门生对所学的经典古籍必须能背诵。古籍不加标点，需学习者自己标点，所以背诵记忆是艰难而费力的苦事。文彦博学习刻苦，将老师指定的整篇背诵得滚瓜烂熟。放学后，学生们自由活动，文彦博还自觉将经书和正史再抄写一遍，每天如此。

这种读书方法很苦很累，但好处也很多，不仅可以加深对文章内容的理解，而且可以牢记文字措辞。

在文彦博的著作和诗歌中，有很多引用名言、典故的表达，精准缜密，显示出其渊博学识。这些都是靠这种方法日积月累获得的。苏轼对文彦博的学问佩服至极，他评价："无一字无考据，世犹未知其工妙如此。"

史炤母亲善于识人。她见到文彦博，不由得称赞："这位少年，贵人也！"

得到老师母亲的夸奖，文彦博更加勤奋努力。

北宋时期，学术界有三位名人，他们是石介、孙复、胡瑗，被誉为"宋初三先生"。名人效应满天下，无数人向往在他们门下求学问道。

为了获得更多的知识，文彦博告别家人，师从孙复门下，继续深造，开始一段崭新的求学之旅。

孙复，字明复，号富春，是北宋卓越的理学先驱、教育家，专门从事经学研究与讲学。他毕生以弘扬道统、复兴儒学为己任，为文注重明道致用。

他认为"明道"之外，还包括"写下民之愤叹""述国家之安危"等具体内容。孙复提倡"文为道用"，突破了前人旧说，开创了后世宋学先河，成为泰山学派之祖。

孙复治学突出儒学之道，他将孔孟的道德理论学说进行了深刻的论述，"为政以德""以德治政"的思想主张，在社会上影响极大。

孙复认为教化是提升人的文明素质的最有效的手段，"没有教化，人便混同于禽兽，天下就不成为人的天下"。

　　他的学说，用一句话概括：是包括帝王在内的万众遵行的根本原则。

　　文彦博成为当代大儒门生后，更加发奋读书，孜孜以求。孙复满屋的先圣书籍，在这里博览群书，同学间相互切磋，为他开启了更加广阔的思想知识大门。孙复"做人要兼善天下而不可独善其身"的儒家思想深刻影响着他。日积月累，他逐渐入进宋代理学"泰山学派"的思想体系。

　　文彦博阅读儒家经典，不拘守前代传注，而是通过自己的思考去理解。同时，他还受到李白、杜甫、白居易、韩愈等著名学者的启迪，逐渐形成了自己学术上的见解。这样的学习方法，使他对现实社会有了更加深刻的认识，远远超出同时代的读书人和士大夫。

　　光阴有限，学问无穷。青少年时期是文彦博一生中最重要的学习阶段，他穷委究源，勤学不懈，使书中的知识真正变作丰富自己智慧的营养，也为他人生哲学重大转变奠定了坚实基础。

　　文彦博的成功之道告诉我们，人生应该像一株大树，向下把根扎得越深，越能枝繁叶茂，最终才能长成参天大树。

　　如饥似渴的学习结束，文彦博怀着深深的敬意，向这个给他一生重要启迪的老师鞠躬告辞，踏上新的征程。

　　宋天圣四年（1026）秋，文彦博参加州郡乡试中举人，初现风华。小荷才露尖尖角，他踌躇满志，准备迎接省试。

第五章　进士及第

宋天圣五年（1027）春。

京都汴梁（今河南省开封市）正是"风吹新绿草芽折，雨洒轻黄柳条湿"的季节。汴河两岸杨柳一片翠绿，城墙内外草色青青，百花竞放，鸟儿呢喃，燕子衔泥，一派令人陶醉的春光。游春的人们，熙来攘往，坐车坐轿的、骑马骑驴的、扶老携幼的，纷纷出现在街头。

文彦博来到京城，无心欣赏大都市的繁华，他向往的是自己心中梦寐以求的春天。在决定一生命运的紧要关头，他心中既紧张又激动。

在这里，文彦博结识了一位面目清秀、仪表堂堂的白面书生。他嗓门洪亮、一身豪气，只是年龄略显大。他就是来自庐州合肥农村的考生包拯。

两个年轻人相谈甚欢，相互敬慕，很快成为志同道合的朋友。

怀揣"以天下为己任"的报国梦想，文彦博半夜起身，黎明时分步入庄严的礼部考场。

这次是翰林承旨兼龙图阁直学士刘筠担任主考。

刘筠和杨仪都是西昆派著名诗人，并称"刘杨"。

　　宋朝初期，进士科考偏重诗赋。诗坛风靡一种辞藻华美、对仗工整的诗体。这种诗体在思想和艺术上有一定的文学价值，在诗坛独领风骚。

　　刘筠诗赋闻名于世，但他清醒地认识到，开科取士是为国家选拔治国安邦的优秀政治人才，而不是物色附庸风雅的文人墨客。那些所谓只会吟诗作对的才子，对治国安邦并没有多大作用。

　　刘筠借着主考机会，来了一场文风改革。凡是只会炫耀浮华卖弄辞藻文章的学子，概不录取。

　　他把多年来诗赋为主、策论为次的录取标准，革新为诗赋外兼试策论。策论主要考查考生对儒学义理和经世治国的见解。

　　这种文风，正中文彦博下怀。他在史炤和孙复处学习的正是这种知识。

　　参加礼部初试后，文彦博寄宿在一所寺庙，等待皇帝亲自监督的殿试。别无他事，也可以放松一下连日紧张的心情。

　　他在城内游览，参加社交活动，拜访知名人士。站在繁华大街上，他以览胜的心情注视着这座雄伟壮丽的都城。

　　东都内城七里，城门十二座，城外有百尺宽的护城河，两岸高大的榆杨柳掩映着皇宫建筑。

　　皇宫位于城市中心，建筑上点缀着龙飞凤舞的浮雕，殿顶由各种颜色的琉璃装饰而成。看到琉璃，他想起自己的家乡，那里有许多能工巧匠在烧造这种工艺品，用于寺庙脊兽，正脊上安放鸱吻，色彩流云璃彩，品质晶莹剔透，极其精美。家乡的琉璃和开封的一样漂亮，他感到很自豪。

　　开封是当时世界上最繁华的城市，店铺鳞次栉比，勾栏瓦肆随处可见。饮食、果蔬、珍玩、杂耍、说书、卖卦，热闹非凡。夜晚，大街上灯烛荧煌，青楼酒肆传出一阵阵吹箫歌唱之音。

　　站在相国寺大街上，文彦博情不自禁想起小时候父母经常带着他去家乡逛东西大街的情景。那里店铺林立，商品琳琅满目，"一品香""聚香村"的炉食点心、绿豆糕香气扑鼻，"杏花春"饭店的杂割菜、肉丝汤美味可口。

　　如今，已离开家乡多日，他很想念家乡的味道。可眼下最紧要的是抓紧复习功课，因为殿试为期不远了。

殿试那天，天气晴朗，惠风和畅，阳光中带着喜庆的味道。

仁宗今天格外高兴，神采奕奕地端坐在龙椅上。

仁宗"在位四十二年，搜揽天下豪杰，不可胜数"（苏轼），国家呈现出一种朝气蓬勃的盛世光辉，涌现出许多杰出人物，科学技术得到空前发展。

仁宗执政期间，英才辈出，家喻户晓的有范仲淹、文彦博、富弼、韩琦、司马光、包拯、狄青等，有"宋初三先生"石介、孙复、胡瑗，有"北宋五子"周敦颐、邵雍、张载、程颢、程颐，有"唐宋八大家"中的欧阳修、苏洵、苏轼、苏辙、王安石、曾巩。四大发明中，火药（用来制作热兵器的火药配方）、指南针和活字印刷技术，三项均出现在仁宗时期。

仁宗朝人才之盛，历史上几乎没有一个时代可以比肩。

文彦博很幸运，他遇到了一位重视人才的好皇帝，遇到了一个可遇不可求的文化繁荣的时代。

考试科目，先考历史或政论，次考经典古籍，再考诗赋，最后考策论。考试时，考生各自被关闭在斗室中，四周有皇宫侍卫看守，严防徇私舞弊。考生的试卷在交给考官之前，由指定的人员重抄一遍，以免认出试卷的笔迹。考官通常被关在宫中一个月，直到皇上阅毕。

这次仁宗出的考试题目是"执政如金石论"。文彦博开宗明义，阐述自己的见解。他的文章语言流畅、说理透彻，无论文采和观点，都堪当压卷之作。刘筠十分欣赏，传给其他考官，大家都赞赏不已。文彦博以"学识优长、词理精纯"被录取为省元。

宋代礼部考试进士第一名称为省元。文彦博为省元，有刘几《耆英会》诗为证：

> 制举省元推二相，龙头昔日属宣猷。
> 樽前盛事君须记，一席几盈九百筹。[1]

---

[1]（宋）刘几：《耆英会》，（清）嘉庆版《介休县志》卷六，山西人民出版社2008年版，第143页。

省元二相即文彦博与富弼。

同时录取的还有韩琦、王尧臣、吴育、赵概、包拯、梅挚等。后来他们都成为功业卓著的名臣。

按定例，第一等赐予进士及第，第二等赐予进士出身，第三等赐予同进士出身。新科进士们一律换上绿色官袍，戴上官帽，穿上朝靴，赴琼林苑参加皇帝亲设的闻喜宴。他们个个意气风发，器宇轩昂，官帽上两根长长的帽翅前后抖动，显得格外醒目。仁宗高坐在楼上，司礼太监发出号令，大家开始在奏乐声中饮酒。酒过数巡，仁宗给新科进士赐花。每个人都把皇帝赐的红色绢花簪在帽子上。琼林苑一派喜庆的氛围。宴会结束后，仁宗赐给每人一把太师椅和精美的茶壶。之后，他们披红挂绿，跨马游街。真如唐代诗人孟郊考中进士后所描写：春风得意马蹄疾，一日看尽长安花。

宋朝新科进士都被授予正八品大理评事。这个职务对培养官员来说至关重要，知县、知州的一项重要职责是断案，负责复审下级上报的大案疑案。在这里学会断案，当知县、知州就不成问题了。

二十八岁的包拯参加科举一战成名，金榜题名后，他做出了一个让任何人都意外的举动，请求辞官回家奉养双亲。这是一个让人钦佩的抉择，一个前途无量的年轻人，放弃荣华富贵，只为报恩自己的双亲。

文彦博与包拯"方业进士，相友甚厚"，二人再次相逢，已是十年后的事情了。

在宋代，考官是令人羡慕的官职，"一日为师，终身为父"。考官与考生的师生关系，按眼下一个时髦的词可以形容为——"双赢"。主考官恪尽其职发现了真才，二人之间即形成老师与门生的关系。文彦博拿到任命书，首先给史炤、孙复两位恩师写了感谢函。次日一早，又登门拜谒了主考老师刘筠。

春风得意马蹄疾。不久，文彦博接到河东路上任的通知。他明白，一个更为广阔的世界在等待着自己，实现平生抱负的时候到了。

第六章　踏入仕途

宋天圣五年（1027）八月，文彦博迈着矫健步伐，怀着爱国爱民的雄心，赴任绛州翼城知县。

初来翼城，文彦博异常兴奋，梦想将从这里开始。尧帝最早在这里受封。周成王桐叶封弟的故事也发源于此。这里的翔翱山，山形如鸟翼，隋朝时更名为翼城。

翼城"邑户口众，人猾难治"。文彦博初次理政，心里没底，但他却很明白：若要安稳，先诛首恶，民心为上，惠政为先。

这时有人前来告状，说一个姓张的地痞依靠家族势力，欺行霸市、欺男霸女，人称"坐地虎"。

文彦博很奇怪，坐地虎多年作恶，前几任怎么没有处理？他问一位老实巴交的巡检：

"坐地虎真是恶人？"

"回大人话，确实是一名恶棍。"

"以前有人告状吗？"

"很多人告状。"

"为什么没有处理?"

"大人们不敢招惹,睁一只眼闭一只眼,此事也就不了了之。"

看着一脸无奈的衙吏,文彦博明白被告是一个怎样的人了。

"大人,您处理这个人,可千万要小心!"

"为什么?"

"这个人之所以胆大妄为,是朝廷里有当大官的亲戚。"

考验文彦博的时候到了,他面对着的是一个人生的关口。

坚持正义,还是知难退却?

文彦博干的第一件事就是张榜公布,欢迎大家前来申冤。

衙门前排起了长队,人声鼎沸,最多一天竟收到一百多张诉状。

文彦博以无比旺盛的精力和斗志,逐件审查整理案件。他亲自整理"坐地虎"罪状,将张姓大户捉拿到案,予以公开判决,刺配远方。

之后,他又陆续处理了几起大案要案,该判的判,该放的放,翼城彻底清净了。

那些受尽欺负的人们喜笑颜开。他们没想到,这个新来的年轻后生县令竟然真有"两把刷子"。

翼城县文庙,建于后唐长兴三年(932),历经百年,坍塌破败,且临近浍水,随时有被河水冲毁的威胁。文彦博拜谒文庙,看到的是这样一幅景象:"岁月滋久,庙貌弗严,层瓦皆隳,梁木其坏,上不庇于风雨,下不容于俎豆。"

为官一任,造福一方,兴学重教、培养人才是一件大事。天圣六年(1028),文彦博决定在西北边一处宫殿的基础上重建文庙。

然而,翼城是个穷县,重建所耗资金远超税收。县衙僚属觉得此举耗资过大,纷纷劝阻。文彦博力排众议,坚持重建。

建庙缺钱,文彦博毫不犹豫将自己的俸禄全部拿出来赞助,工程得以顺利推进。不久,一座雄伟壮观、气魄宏大、彩绘豪华、布局严谨的文庙诞生了。

"世无孔子，万古如长夜。"博大精深的孔子是如明灯般照亮文彦博心路的历史巨人。

文庙落成之后，文彦博亲自到访，在众人注视下，他整肃衣冠，向这位伟大的圣贤跪拜行礼："我之所以得中进士，主宰翼城，实为圣贤所教诲，天子之德，夫子之尊，不敢遗忘，唯牢记圣贤之学，报国济民，为国育才，才是根本！"

文彦博亲自题写《绛州翼城县新修至圣文宣王庙碑记》。文中引用孟子的话，说"生人以来，唯有夫子，贤过尧舜远矣"，引用韩愈的话，说"自天子至郡邑守长，得共祀而遍天下者，唯社稷与孔子"。

文庙供奉孔子神像，配殿旁有东西学宫。学宫为生员学习的地方，这里每天书声琅琅，莘莘学子寒窗苦读。文彦博期望他们将来"一举成名天下知"，成为"修身齐家平天下"的英才。

翼城南河一带，每逢暴雨洚水猛涨，常常淹没民舍民田。

同年，文彦博亲自率人修筑河堤，在高阜河堤上建了一座河亭，用以观察水情。文彦博亲自书写"岁月"匾额。

《山西通志》记载："临城堞，瞰洚溪，远把山光，林木森布，翼之胜概，此亭为最。"[1]无论兴衰更替，无论岁月流逝，人们永远记得这座河亭。

南宋宣和中，县令李元儒思其惠民政策，将河亭命名为"潞公轩"。历代名士对文彦博的美德充满了景仰，专程到此寻访并赋诗热情赞美。

元代学者王恽《秋涧先生大全文集》一卷二十六《潞公轩》记载：

唐都东望故城荒，洚水翔山半夕阳。

当日潞公遗爱在，至今亭构比甘棠。

---

① 石麟、储大文等：《山西通志》卷五七，转引自侯小宝《文彦博评传》，四川大学出版社 2010 年版，第 11 页。

元代国子祭酒王思诚诗曰：

> 潞公轩下瞰川流，清绝如临鹦鹉洲。①

民国版《翼城县志》卷三十七《艺文》记载明代大学士郑贞诗：

> 长河如带绕前流，数箇垂杨覆著洲。
> 当日筑轩间适兴，不知更阅几春秋。

明代成化年间山西巡抚何乔新诗曰：

> 伟哉社稷臣，百世能几见。
> 平生仰高风，览物增遐春。②

清康熙四十九年（1710），翼城县令林世炳撰《潞公河亭记》。他认为，自唐朝以来翼城为县令的百余人。他们为官时置办的豪华住宅从来没人过问，唯有凭吊潞公轩的人居多。

天道有常，人心恒久不变。

当时，凡地方官做官三年后，朝廷就要考察他政绩如何，叫作"磨勘"。依据考察结果，再经推荐，另授新职。

三年磨砺历练后，宋天圣八年（1030）秋，文彦博调任并州榆次县令。

榆次，春秋时期称"涂水""魏榆"，战国时改称"榆次"。榆次比翼城大多了，是个有五万多人口的大县，"河东之邑，斯最为大"。

榆次任上文彦博"夙夜在公，勤于政事"，榆次治理得井井有条。一日，

——四朝柱石文彦博——

---

①（明）李贤等：《明一统志》卷二，转引自侯小宝《文彦博评传》，四川大学出版社 2010 年版，第 11 页。

②（明）何乔新：《怀文潞公》，（清）曹学佺《石仓历代诗选》卷三八五，文渊阁《四库全书》，台湾商务印书馆 1986 年版，第一三九二册，第 176 页。

文彦博走出府衙，来到县衙南面，与一位老者攀谈。

老者给文彦博讲起荀浪的故事：西晋咸宁时期，荀浪任榆次县令，为百姓办了不少实事，百姓很爱戴他。六月的一天，成群的凤凰出现在榆次上空，人们相传这是荀浪善政的结果。

晋武帝听说这件事，褒奖荀浪"就之如日月，敬之如神明，爱之如父母，乐之如时雨"。

文彦博思慕七百多年前成群的凤凰在榆次上空翱翔的美景，敬仰荀浪的爱民情怀，感叹不已，特意修筑了一座"思风亭"，表达对荀浪的崇敬之情。

思风楼造型独特，古朴庄重，迎面看似展翅欲飞的凤凰。楼体镌刻有

▲ 榆次思风楼

石雕、砖雕、木雕凤凰103只，神韵各异。

文彦博撰《思风亭记》，赋《思风亭》诗：

> 荀令弹琴地，吁嗟集凤分。
>
> 想同桑雉扰，应并棘鸾栖。
>
> 承乏今无敢，思贤古若稽。

> 我来求旧址，即署改亲题。
>
> 不独怀希冀，聊将警割鸡。
>
> 一窥循吏表，芳躅愧攀跻。①

荀浪的故事，对文彦博一生产生了重要影响。济世安民，是他青年时代的梦想，是他踏入仕途后的伟大理想，荀浪就是他的榜样。之后，在他一生政治实践历程中，始终没有离开这一准绳。

史料记载，七百年后，也就是清康熙十九年（1680），榆次迎来一位新知县刘星。上任之前，得知榆次历史上先后出过西晋荀浪、北宋文彦博两位政绩斐然的知县，勉励自己，要追寻二位先贤行迹，做出一番事业。

刘星上任，见生员习字缺少范本，将父亲珍藏的颜真卿所书《争座位》、苏轼所书《玉论》、董其昌所书《池上篇》以及傅山墨迹，连缀一起，自掏腰包刻碑，供人们临摹。

刘星见文彦博昔日所建思凤亭只剩遗址，有失先贤名绩，便与有名望乡绅商量，兴建了一座两贤祠，塑荀浪、文彦博二贤圣像，奠祀先贤，引导风气。

思凤楼直到今天依然香火不断。

一千年后，耿彦波任榆次区委书记，怀着崇敬和仰慕之情拜谒荀浪与文彦博，撰《思凤楼联》：

> 民思善政，凤栖梧桐，两朝百代一杆秤；
>
> 官重廉明，龙卧青云，一楼千古两贤吏。②

文彦博在基层为官，始终按照儒家"达则兼善天下"的要求，忧民、爱民、养民、为民，时刻思考着为百姓办事。

---

① （宋）文彦博：《思凤亭》，《古今图书集成》职方典卷，第 304 页。

② 耿彦波：《思凤楼联》，转引自任秀红《品读晋中》，北岳文艺出版社 2018 年版，第 217 页。

思凤亭竣工，文彦博在衙门前立了一面门鼓，方便百姓申冤，即便是深夜有人击鼓，也可以立即接待。

他站立门前，豪气在胸，戏谑诗一首。宋《施注苏诗》卷一七引《倦游录》记载了《初知榆次县题新衙鼓上》：

> 置向谯楼一任挝，挝多挝少不知他。
> 如今幸有黄绸被，努出头来早放衙。

郑板桥有一首名诗："衙斋卧听萧萧竹，疑是民间疾苦声。些小吾曹州县吏，一枝一叶总关情。"清官好官的品质是何等的相似！

然而，官场险恶，仕途坎坷，喜欢文彦博的人很多，恨他的人也有。有人向朝廷告了文彦博的黑状。

朝廷派太尉吕申公前来调查。经过认真调查，真相大白。吕申公评价文彦博清正廉洁，为政以德，向朝廷举荐了他。

宋明道二年（1033），文彦博迁为殿中丞（寄禄官阶），知榆次，兼任汾州西河郡通判，成为州府一级的官员，掌管粮运、农田、水利、诉讼事务。

宋时，西河郡辖西河（汾阳）、平遥、介休、灵石、孝义。

通判为知州副职，有权直接向皇帝禀报，知州向下属发布命令，必须有通判一起署名方能生效。同时，通判对州府官员负有监察责任，是兼监察行政于一身的中央官吏。

宋景祐元年（1034），介休发生了一桩争执不下的水利纠纷案，文彦博前去处理。

介休东南二十五里狐岐山麓，山清水秀，杨柳夹岸，梯田如画。山上有一股洪山泉，水碧似玉，清澈见底，霞光倒映，碧波荡漾，灌溉着当地及周边的万亩良田。

北魏郦道元《水经注》有"胜水出于狐岐山，东流入汾"的记载。故洪山源泉又称"胜水"。隋唐时称"胜水流清"。

洪山源泉南侧，依山面水建有源神庙。庙宇创建年代较早，至宋至道三年（997）重建。山门、戏台、牌楼、献殿、正殿、东西配殿、钟鼓楼、历代石碑，规模宏伟，被誉为"华宫"。

文彦博回到家乡，没有通知当地官员，没有回家探望父母，直奔洪山。急匆匆下马后，查看泉水流向，拜访当地先贤。

洪山父老乡亲纷纷前来看热闹。他们没有笑脸相迎，只是用疑惑的眼神打量着这位年轻人。难怪，多年来每次发生争讼报官，官员来了一大堆，劝完架拍拍屁股就走了。

文彦博看到乡亲们透露出一种期盼的眼神。一位老者指着山顶上一座坟墓，告诉他那是五人合葬墓。抢水发生争讼，人们约定"油锅捞钱"。架起一口大锅，锅里盛满油，生火把油烧开，油锅里撒上铜钱，让各村的好汉在滚油里捞钱。谁家捞得多，谁家就分的水多。大许村的五个好汉捞得最多，但钱捞出后当即烧死在油锅旁。

▲ 山西省介休县"洪山源神碑记"

为水而死，文彦博心里很不是滋味。按照习俗，文彦博去源神庙拜神，在庙前的石碑上，看到北宋初介休人、国子监兼殿中御史徐赟与新科进士赵珉捐资修庙的故事。从冰冷的石碑上，他感受到先贤的温暖与力量，心中感悟颇多，他要让所有村都分到水，不再出现伤人殒命事件。

文彦博每天在工地上奔波，没有一丝官架子，亲自勘测，反复论证，修改规划。经过数月苦战，最终建成三眼石孔，将泉水分为东、中、西三条河渠，分别引灌下游数村的田地，解决了旷日持久的泉水争讼。

得知这个喜讯，百姓喜出望外，大家奔走相告——真的不用拼死拼活抢水了！能摊上文彦博这样的好官，真是咱们的福分呀！文彦博这个州官——贡板（不简单）。

工程竣工，文彦博特地在自己办公小院设宴，款待邻近各村里长乡绅，希望从此他们和睦相处，互相礼让，不再发生纠纷。

数百年来，洪山父老都传讲着文彦博这次乡情宴的情形。

文彦博为百姓实实在在办事，百姓感恩戴德，自发提出要为他立碑。

劝君不用镌顽石，路上行人口似碑。文彦博将送上门的美名，轻轻推出了门外。经过几年的历练，他已成为一个超脱的人。人格修炼到如此程度，应该是超然其上了。

洪山下游有个迎远堡村，多年缺水，自文彦博将洪山泉水分为三河，得水灌田，村民大悦，更名迎源堡，立碑纪事。

文彦博三分胜水，成为勤政爱民的符号，永载史册，流传至今。

洪山陶瓷，唐代已达到炉火纯青的地步，黑釉瓷黑如墨、亮如镜、质如玉、声如磬。洪山香以柏、檀、沉为底，添加灵香、木香、龙脑、龙香、苏合香等多味名贵中药材和香料，再配以当地绵软特性的泉水，史籍称"香出洪山"。

文彦博忙完公务，到制陶瓷和制香的地方参观，了解这些能工巧匠制作工艺流程。临走时，他还特地买了几样，准备送给同僚。他深为家乡能制出如此精美的产品感到自豪。

这次回到阔别五年的家乡，文彦博格外激动。他是喝着洪山水、吃着家乡饭菜长大的。这里有他熟悉的记忆和味道。在回文家庄古驿道上，他看到漫山遍野的山桃山杏竞相开放，一派清幽安谧风光，心情轻松了许多。

回家后，文彦博款待亲朋好友，叙说友情，极尽游子对家乡的感恩之情。从小听着郭林宗故事长大的文彦博，专程拜谒郭林宗祠。林宗祠在城东门外，两旁古柏苍劲挺拔，阴郁幽静。祠内碑碣众多，他虔诚阅读了蔡邕撰文并书的郭泰碑。文彦博动情地吩咐地方县令，维护好祠堂，让后人永远记得这名光辉闪耀的贤人。

他在诗中热烈描写了对家乡父老浓浓的情怀。

昔年乡赋议兴贤，曾接诸君砚席间。

屈指岁华逾一纪，锦衣怀绶过稽山。

不才惟侍高门庆，奕世皆为外计臣。

乡老相逢频教我，尽忠思孝报君亲。[①]

明万历十六年（1588），介休县令王一魁立《介休县水利条规碑》：

狐岐山源泉，自宋文潞公开为东西中三河，自南而北流出，可溉田壹百伍拾贰顷贰拾玖亩玖厘捌毫。……如此，而豪强者无复逞侵，习悍者不敢为蔓滋之讧。弊端永绝，利泽均沾，而介民受无穷之惠矣。

这位县令由衷仰慕文彦博，赋诗赞道：

双阙岧峣左右蹲，中流一水泻潺湲。

风云自护蛟龙宅，溪涧时惊鸥鹭鸯。

却笑桔槔空俯仰，常教甘澍足田原。

三农九谷年年事，美利功成总不言。[②]

清乾隆十六年（1751），介休县令张正任《修石屯分水夹口记》：

宋时文潞公开三河，建石平以分派。东河既顺流独往，而中、西两河上流虽分而上合。至石屯村过环翠桥数百步，始立石夹口，判而为两，一趋于北为中河，一注于西为西河，其制如夹字，故曰夹口。[③]

清道光十年（1830）《重修三河水平记》：

①（宋）文彦博：《乡老欢迎，邀留累日，徘徊旧地，拙诗二章》，《文潞公集》卷四《律诗》，山西人民出版社 2008 年版，第 49 页。

②（明）王一魁：《源泉》，转引自《介休水利志》编纂委员会《介休水利志》，山西人民出版社 2021 年版，第 528 页。

③（清）张正任：《修石屯分水夹口记》，（清）嘉庆版《介休县志》卷十三《艺文》，山西人民出版社 2012 年版，第 480 页。

邬城碑云：狐岐胜水，宋文潞公始开三河，东曰龙眼洞河，中曰天鉴明河，西曰沿山虎尾河，水池迤北，于三河分水处设木闸三区，号为水平。[1]

自文彦博三分胜水后，每年农历"三月三，骑上毛驴赶洪山"成为民间习俗。这个风俗从宋代以来沿袭相承，衰而复兴，形成介休最热闹的庙会。每到这一天，四邻八村的人都会自发前来祭祀文彦博，献上供品，焚香鸣炮，以酬神恩。

▲ 山西省介休县洪山"源神庙"

《源神碑记》：

佳人游玩，骈阗车马，画毂雕鞍；诗伯道仙，玩水爱山；钓叟樵翁，寻溪绕涧。本民也，手持兰花，招魂续魄，拔除不祥。[2]

---

① （清）任维翰：《重修三河水平记》，转引自《介休水利志》编纂委员会《介休水利志》，山西人民出版社 2021 年版，第 509—510 页。
② （宋）赵珉：《源神碑记》，转引自张晋平《晋中碑刻选粹》，山西古籍出版社 2001 年版，第 81 页。

宋天圣五年（1027）重阳节，文彦博来到榆次源涡村，这里有一座规模宏大的水寿寺，供奉空王佛田志超，前来谒拜者络绎不绝，香火兴盛。

站在寺前，他忽然想起唐代高僧田志超在介休绵山施法天降甘霖，解除秦川大旱，唐太宗李世民亲自上绵山谢雨，并敕封田志超为空王佛的故事。

▲ 宋代文彦博诗刻石

登上高楼，极目四望，远山近水如诗如画。深秋季节，微风拂面，令人心旷神怡。

文彦博心潮涌动，十分感慨，无论是朝廷官员，还是高僧大德，只要实实在在为老百姓办事，就会得到人们的敬重。他有感而发，赋诗一首：

> 宝刹翚飞切紫霄，况莲开士木绵袍。
>
> 黄昏尚倚危楼望，反照南荣呗梵高。[1]

文彦博身兼榆次汾州两职，为地方办了不少实事，得到老百姓衷心拥戴，也得到御史中丞张观赏识，爱才心切的张观举荐他为监察御史。

宰相吕夷简早已耳闻文彦博政声，当文彦博站立在他面前时，这位沉稳端重、谈吐不凡、见地独特的青年，令他惊喜不已，举荐他为御史台殿中侍御史。

文彦博一帆风顺连升几级。

------

①（宋）文彦博：《重阳前雨日登楼望月》，文彦博《文潞公集》卷三《古律诗》，山西人民出版社 2008 年版，第 45 页。

　　然而，正当文彦博一展宏图时，噩耗传来，父亲在任上不幸去世。他悲痛欲绝，哭成泪人，怀着深深的哀伤回到家乡，为父亲料理后事，丁忧三年。

　　文彦博对父母极尽孝道。他在外时，总是经常写信问候。居丧期间，文彦博情态哀戚，素衣素食，过着极为简单的生活。安葬前守灵柩，安葬后守墓园。

　　文彦博将父亲与祖父、曾祖、高祖安葬在一地。根据当地风俗，他在介休绵山空王西院设立藏经阁为先祖祈福。

　　后来，朝廷允许平章事以上官员为先祖立四庙，时任宰相的文彦博在河南洛阳为祖父母、父母立庙，方便祭祀。这是后话。

　　失去父亲，对文彦博无疑是沉重打击，然而，这也变成了一股强大的力量源泉——悼念父亲最好的方式，就是继承父亲遗志，把毕生精力都奉献给国家，完成他未竟的事业。

　　从幼年志向到青年基层历练，再到高层锤炼，文彦博有过辉煌，也有过失落，曾平步青云，也曾被人排挤打压，但无论是成功还是失败，无论是顺境还是逆境，都没有使他得意或消沉，他的内心变得越来越坚毅强大。

　　三年后，文彦博回到朝廷。他没有想到，宋朝立国百年来最为严重的扑朔迷离的案件在等待着他，这将是一场真正严峻的考验。

第七章 雪冤诛奸

在民间百姓心目中，包拯是个铁面无私、执法如山的清官。

可是，人们不知道，早在包拯还在家孝敬父母的时候，文彦博已是一个知名度很高的法官了。

这是事实，不是传说。

文彦博重回朝廷任御史台殿中侍御史，负责调查朝官的失职行为。

他刚上任，就接到于河中府（今山西省永济县蒲州镇）置狱，审讯一件棘手案件。

宋康定元年（1040）二月，天寒地冻，北风呼啸，大地雪茫茫一片。西夏自称皇帝的李元昊，统兵十万攻打陕西延州。

李元昊，西北党项族首领，本姓拓跋。因其祖拓跋思恭平定黄巢起义有功，因此被唐朝皇帝封为夏国公，并赐姓"李"。党项族开始在陕西地区建立割据政权。

公元1004年，李元昊父亲李德明继位，采取"依辽和宋"策略，伺机向西发展。

当时，党项是宋朝的附属国。宋朝封李德明为定难节度使、西北王，每年赏赐给大量银、帛、茶等。靠这种拉拢兼恩惠的手段，勉强维持了二十五年和平。

李德明死后，其子李元昊继位。至此，一个崭新的时代到来了！

根据惯例，西夏国君上位，都需要接受宋朝的册封，而后才能上任。

李元昊从登基的那一刻起，就要和宋朝平起平坐，根本没打算成为大宋臣民。

为此，他故意刁难前来册封的宋朝使者，羞辱宋朝皇帝，提出让宋朝改年号等无理要求。李元昊如此凶性霸道，凭什么？

跟很多奇人一样，李元昊也是一个"奇葩"。史料记载，他熟读兵书，武艺高强，精通汉文、佛经、法律，熟悉宋朝的政治、军事。

他用功学习这些知识，原因很简单，学汉学了解对手，用法律建立国家秩序，用兵法开疆扩土，再用佛教安抚人心。他一心要建立自己的独立王国！

李元昊给自己的国家起了一个年号——广运。强大的西夏国与北宋、辽国三足鼎立。它以雄厚的政治、军事实力延续了一百八十九年，比北宋、辽国的寿命还长。

李元昊摸透了宋朝的家底，认为宋朝"上下安于无事，武备废而不修，庙堂无谋臣，边鄙无勇将，将愚不识干戈，兵骄不知战阵，器械朽腐，城郭隳颓"。

他公开表示，不再使用宋朝年号，不再对宋朝称臣。他要彻底摆脱宋朝，正式"单飞"。

此时，大夏王朝有坚固的城池，有五十万精锐部队，有和宋朝不差上下的领土面积，李元昊真的要反了。

李元昊采取的军事策略是，趁你不备，就攻城略地；你若反击，就躲进沙漠；待你筋疲力尽，就群起反攻。如此反复，屡试不爽。

他的地盘逐渐扩大到东据黄河、西至玉门、南临萧关、北抵大漠。雄踞今宁夏回族自治区、青海省和陕西省、甘肃省、内蒙古自治区部分地区。

这次进攻宋朝的目标，是要攻陷延州城，然后再夺取陇右地区，以此地为跳板，袭击中原。

李元昊一面率军佯攻北宋金明寨（今陕西省延安市安塞区南部），一面送信给宋朝延州知州范雍，假意和谈，麻痹范雍。

范雍信以为真，毫无防备。直到李元昊统领十万大军兵临城下，范雍才知上当，乱作一团。

唯一的办法是赶快派人通知驻庆州（今甘肃省庆阳市）军队前来救援。范雍进士出身，是个典型的书生，他为官廉洁、为人清正、为政精明，口碑还不错。

书生打仗未必就不行，范仲淹、韩琦都是文官，他们作战很有一套。

但书生气十足的范雍，结结实实是块不适合做军事将领的料。朝廷让他带兵做统帅，这就难为他了。

按照宋朝制度，文官担任军队统帅，武将为副手。范雍平时为人孤傲，自负奇才，对部下十分威严，甚至有一股狂妄骄横劲，那都是为了树立自己的权威。

可是一旦遇到紧急军情，他就六神无主，全然没有统帅将领应有的气质和雄风，因此人们讽刺他为"菜鸟"。

统帅不会领兵打仗，士气低落，且仅有数千士兵，城墙又年久失修。从哪个角度看，延州都岌岌可危，不堪一击。

鄜延、环庆副都部署刘平、石元孙、都监黄德和接到求援信，立即率部日夜兼程赶来救援。

主将刘平曾经说过一句豪言壮语："元昊侵逆，恣行杀害，众叛亲离，不过窜身河外穷寇耳！"他将门出身，科举入仕，精于兵略，仁宗称赞他"诗书之将"。这次他作为陕西战区的军事副统帅，胸有成竹打退进犯之敌。

刘平信心满满，勇气可嘉，结果事与愿违。

援兵在三川口（今陕西省志丹县南面）与西夏军相遇。这里是延川、宜川、洛川三条河流汇合处。在这里，宋夏展开了一场大战，史称"三川口大战"。

对比一下双方的实力吧！

宋军，一万士兵；西夏，十万士兵。

单从军事力量看，宋军处于绝对劣势。面对咄咄逼人的西夏军，刘平毫无惧色，他挥舞宝剑，大声喊道："全军听令！建功立业的时候到了，弟兄们，冲啊！"

刘平率先冲入敌阵，大砍大杀，宋军潮水般地进攻，瞬间杀敌千余人，并将数千名敌军驱逐到河中淹死。

宋军士气高涨，越战越勇。

刘平脖子被箭射伤，头部、腿部也被砍伤，但他依然冲锋陷阵。

▲ 三川口地图

宋军勇猛无比，怎奈寡不敌众。凶悍的西夏军仗着人多势众，发动了一次又一次反击。渐渐地宋军体力不支，开始后退。

刘平下令，前军后退，后军向前，轮番作战。采取这个战术无疑是正确的，然而，他却惊讶地发现，后军竟然和前军一起往后跑了。

原来，位于后阵的宦官监军黄德和看到惨烈的战斗场面，吓得浑身发抖，已经脚底抹油跑得没影了。

在黄德和眼中，唯有保命，才是正道！赶紧跑吧！跑慢了可就没命了！

黄德和带头临阵脱逃，士兵们不明真相，纷纷后退，宋军军心和阵脚大乱，溃不成军。

刘平为稳住阵脚，命令儿子去追赶黄德和，命他返回战场继续奋战。黄德和魂都吓掉了，刘平的命令他根本听不进去。他狠狠推开刘平的儿子，纵马而逃，瞬间没影了。

刘平恨得咬牙切齿，但他很快把这种仇恨转化为保家卫国的强大力量，聚集了几百名不怕死的士兵，苦战三天。

此刻，双方已鏖战多时，虽然宋军勇猛，战局却发生很大变化，西夏军人数越来越多，宋军损伤惨重，这么打下去，全军覆没是迟早的事。

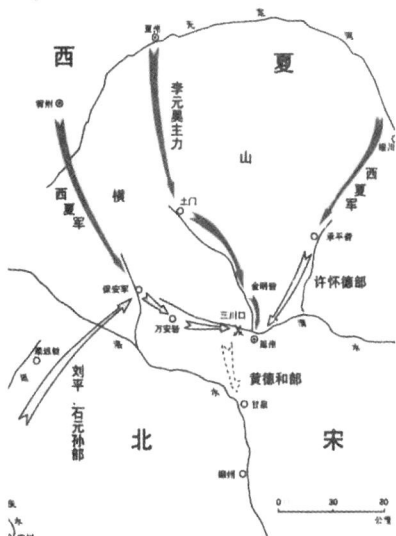

四朝柱石文彦博

刘平豁出去了，他手持长刀，面对士兵怒吼："为国尽忠，血战到底！"最终，刘平粮尽弹绝，气力用尽，兵败被俘。一同被俘的还有一直浴血奋战的副都部署石元孙。

战斗结束了，后面的故事还在继续。

黄德和为逃脱罪责，"怙势诬人，冀以自免"，谎称刘、石二人投降，自己孤军奋战，冒死才突出重围。

此后，黄德和以金带贿赂权贵，威逼利诱刘平部下和家奴，出具伪证，制造了刘、石降敌冤案。

黄德和说得有鼻子有眼，又有人作证，朝廷轻信了黄德和，派兵包围了刘平、石元孙宅邸，准备诛杀其家二百多口。

黄德和俨然成为凯旋的英雄。

朝中大臣认为疑点重重，仁宗诏令文彦博设立军事法庭主审这起大案。

尽管迷雾重重，但经文彦博多次前往延州实地调查取证，最终弄清真相。黄德和眼见阴谋败露，气急败坏，急忙指派党羽四处活动，终使朝廷另派一名御史替换文彦博，重审此案。

文彦博清楚，叛将株连九族，事情真相关乎刘平、石元孙府上二百多人身家性命。他不愿意此案被那些贪赃爱财的人反转，造成千古奇冤。

那时候的文彦博，到底是怎么想的？

他应该很愤怒，也很无奈。

然而，他做了一件很多人无法理解、无法做到的事——坚持到底。

他平静地对那名御史说："朝廷虑狱不就，故遣君。今案居矣，宜亟还，事或弗成，彦博执其咎。"

意思是，案件真相已查清，证据确凿，出了问题我负责。

文彦博做出了他的裁决，黄德和在战场上带头逃跑，涣散军心，导致战争失败，而后诬陷好人、大搞贿赂，依照法律——死罪。

文彦博大气凛然就地正法黄德和及诬告，为刘、石雪冤，保全了两家两百余家眷性命。史书记载，黄德和被处以腰斩，这可是宋朝最严厉的刑罚了。

仁宗深明大义，他重新认识了文彦博，认为这个人有原则，是一个能力超群的人。他同时下令，将黄德和首级砍下，悬挂在延州城上示众。听到这个消息，刘平和石元孙府上传出一阵阵哭声，那是一种难以言说的倾诉。

文彦博雪冤诛奸，刘平被追赠为"朔方军节度使兼侍中"，谥号"壮武"。石元孙被追赠为"定难军节度使"和"太傅"。

然而，若干年后，出现了令人意想不到的情况。

石元孙——这位开国功勋石守信的孙子，竟然被释放回来。朝廷这才得知，刘平没有死。仁宗清楚，刘平虽然没有为国捐躯，但是，毕竟奋战到了弹尽粮绝最后一刻。这样一个忠心为国的将军，又怎么能再追究他的责任呢？他没有深究刘平的责任，对他家人的抚恤待遇依旧如故。

仁宗不愧为一个仁义的皇帝。

这场战争，已经过去了九百多年，但应该记住这样一群人，曾为了国家安宁，毫无畏惧，英勇奋战。

更不能忘记的是，文彦博秉公执法，不畏权贵，捍卫正义，拯救了二百条人命。文彦博的壮举，将永远为人们所牢记。

第八章 守边固防

多年来，西夏不时骚扰，宋朝边境战事不休，这让仁宗头痛不已。这天，他又得到西夏包围麟州的消息。

麟州，北宋中期属河东路。距离西夏占领区仅七十里，北边属契丹领地。此处地势险要，易守难攻。扼守麟州，可西控西夏，东拒契丹，南保河东，麟州特殊地位可见一斑，因此成为宋、辽、夏战争的一个焦点。

西夏经常骚扰，麟州不得安宁，有人建议干脆放弃，也有人主张坚守。

欧阳修在《论麟州事宜疏》中称："城堡坚定，地形高峻，乃是天设之险。"他在《请不弃麟州疏》中大声疾呼："麟州天险，不可废！"

仁宗知道，麟州重镇，数州赖其生存，一旦失守，国家岌岌可危。他召宰相吕夷简等商议，选拔一名河东转运副使去加强麟州防御力量。

皇帝重视，大臣们纷纷提名举荐。仁宗认为，这些人选有的只会纸上谈兵，有的是以求加官晋爵，他很不满意。

在评书演义中，吕夷简是宋朝历史上最有争议的宰相，而真正的吕夷简是一位直言进谏、善于识人、深受皇帝赏识的人。

　　吕夷简向皇帝进谏："麟州身系国家安危，万民生死，绝不可轻率任用。文彦博人品战绩，当属卓异之格，可堪此任！"

　　作为河东路转运副使，文彦博将要面对的是西夏的大军压境。自己的一切都可以置之度外，如今关乎国家安危的重担已经压在自己肩上，丢掉麟州，后果不堪设想。挽救危局，我来担当！

　　宋康定元年（1040）六月，文彦博以户部员外郎、直史馆的官阶回到家乡河东路。老百姓听说他是文洎的儿子，扶老携幼，争相目睹他的风采。

　　文彦博父亲文洎曾任河东转运使，深知麟州战略地位的重要性，运往麟州驻军的粮饷因道路迂回遥远，经常遭西夏拦截，守边将士粮饷往往断供。文洎经过调查，了解到银城河外有条运粮饷故道，是唐代大将张说率兵抗击党项时所修，便决定修复这条粮道。可惜，刚动工就因操劳过度去世。

　　文彦博站在麟州城墙上远望，只见万里长城从西南方向逶迤而来，穿过古城，又向东而去。一座座高耸的烽火墩台远近错落，如同一个个威武的哨兵矗立在山头。长城内丘陵如涛，峰峦起伏；长城外沙海连绵，一望无际。他心潮起伏，立志不负仁宗厚望，渴望在父辈当年征战的土地上完成父亲未竟的事业，建立功勋。

　　文彦博不愧是文洎的儿子，在父亲生前工作过的土地上，文彦博展示了自己的智慧和才干。

　　文彦博深知，打仗就是拼后勤。"兵马未动，粮草先行"绝对是至理名言。守卫前方的将士的粮草，都要经过麟州运达。麟州山区，道路崎岖，沟壑纵横，遇到雨雪季节，根本无法运送。将士们往往得不到及时补充，只能饥一顿饱一顿，以顽强的意志苦苦支撑。长期这样下去，必将影响军心，进而影响边境安全。修复唐代故道，建立一条快速运粮通道势在必行。

　　文彦博每到一个地方做官，总是站在国家利益的高度，求真务实。而当时的官场中，却弥漫着一种袭故蹈常的风习，因循苟且，不求有功，但求无过。

　　文彦博召集幕僚商议，大家面面相觑，无人发表意见。文彦博详细分析局势，告诉所有人，西夏虽然很强大，但并不是不可战胜的。失去麟州，将是历史罪人。

等待他的仍然是一片死一般的沉默。

在随时有死亡威胁面前，沉默是最好的保护伞。

文彦博站起身，用威严的目光扫视着每一个人，斩钉截铁吐出四个字：此路必修！

事情就这样决定了。

"拿来纸墨。"文彦博大声说道。

随从拿来纸墨，递到他面前。那一夜，文彦博没有睡觉，他伏在书案前，奋笔疾书，他要写下自己的宏愿。

第二天一早，随从们发现散落一地的纸张，所写的只有几个大字：复修唐道，在所不惜。

在悬崖绝壁上修路，困难重重。文彦博勇气十足，只要有敢于面对的决心和勇气，奇迹是可以创造的。

修路是一件有风险的事情，耗时耗力耗钱财，如果出点意外，拿不准就有人在皇帝面前奏一本，说你浪费国库银两等，前途就黯淡无光了。但自己的前途可以置之度外，保家卫国绝不能放弃。

刚刚修路时，还非常顺利，但随着天气越来越冷，进度越来越慢，后来天降暴雪，气候恶劣，情境越发艰难。于是，有人提议，天寒地冻，开春再干。

文彦博考虑再三，做出了决定：必须继续干。

文彦博开了一次会，与会者是全体将士和民工。在会上，他慷慨激昂地说："这里苦，前方将士更苦，他们饿着肚子打仗。他们中有你们的儿子、兄弟。你们忍心吗？"

风雪交加的山谷里，阵阵劳动号子声回荡在天地之间。

文彦博率领麟州军民日夜苦战，历时一年，终于修复了这条唐代运粮旧道，并组织麟州军民在城内囤积大批粮草。史书记载："遂通银城，而州有积粟可守。"西夏听到这个消息，先是一惊，继而感到不妙，因为他们侦察到大批粮饷源源不断地送往前线，宋军士兵不再饿肚子打仗了。

　　西夏好战的本性是不会改变的。不久，西夏又举重兵将麟州团团围困。麟州城防坚固，粮草充足，加上文彦博指挥有方，一个月之后，西夏军一无所得，无奈退兵而去。

　　此后，西夏军再也不像从前那样嚣张放肆了。

　　斗转星移，沧海桑田，经历了千年后，如今那条故道早已成为乡间小路，但它依旧见证着那段波澜壮阔的历史。

　　文彦博饱含深情地完成了父亲的夙愿，完成了自己一生最重要的转折。

　　离开麟州前，文彦博在州城红楼题诗，作为纪念。

　　新任知州王庆民仰慕文彦博功绩，让作坊把诗勒于碑石，制为拓本寄给文彦博。收到拓本，再次激起了文彦博对那段艰苦岁月的回忆，赋诗《忆红楼》。清道光《榆林府志》卷四十八至五十记载：

　　　　　　昔年持斧按边州，闲上高城久驻留。
　　　　　　曾见兵锋逾白草，偶题诗句在红楼。
　　　　　　控弦挽粟成陈事，缓带投壶忆旧游。
　　　　　　狂斐更烦金石刻，腼颜多谢镇西侯。

　　自己虽然在麟州耗费不少心血，尽管艰辛，也不值得夸耀，只是做了应做的事。

　　这就是一个政治家的襟怀气度。

　　守边固防经常征调兵力，有的半路逃逸，朝中大臣主张以军法论处。文彦博体恤百姓，认为这样做伤害无辜，丧失民心，坚决反对。他上书指出，这是征兵政策有问题，一家中上有老，下有小，唯一的强壮劳力当然抗拒戍边。他提议，每户有三个强壮劳力的出一人戍边，"务农者不致妨废，习武者颇得精专。"于国于民皆利。

　　文彦博任河东转运副使政绩显著，仁宗格外关注这位青年才俊，迁为河东路都转运使。

宋庆历元年（1041），朝廷加强边境防御，将陕西分为秦凤、泾原、环庆、鄜延四路，各置都部署、经略安抚招讨使。宋庆历二年（1042），文彦博为秦凤路都部署、经略安抚招讨使，兼知秦州（今甘肃省天水市），掌管军务政务，成为秦州最高长官。

秦州山水灵动，民风淳朴，是扼守陇蜀的战略通道。诸葛亮曾于此建军事堡垒。文彦博抵达秦州，站在当年诸葛亮布兵点将的高台上，心潮翻滚，战局瞬息万变，自己身系国家安危、万民生死，一定要像诸葛亮那样以身许国。他慷慨激昂慨然而成《从军行》：

> 汗马出长城，横行十万兵。
>
> 晨驱左贤阵，夕掩亚夫营。
>
> 雪压龙沙白，云遮瀚海平。
>
> 燕山纪功后，麟阁耀鸿名。①

文彦博以西汉名将霍去病、李广、周亚夫抗击匈奴的典故激励自己建功报国，表达了守卫国土的雄心壮志。

身为抗击西夏的前线主帅，文彦博同范仲淹军事策略相同，坚持实事求是，以守为攻，攻守而动，积极防御，选举将领，训练兵马，安抚百姓。

文彦博在与西夏作战中深深感到，宋军屡败的重要原因是将权不专，朝廷把统兵权控制得铁板一块。俗话说，将在外，君命有所不受，这在宋朝就是一句空话。遇到紧急军情，将帅无权调动兵力，作战方案上呈、批复、起诏、下诏，加上从秦州至都城的驿寄时间，黄花菜都凉了。文彦博上书"凡军期申覆不及者，皆便宜从事"，减少了请命互答而造成军情战机贻误的情况。

抗击西夏前线，文彦博、范仲淹、韩琦、庞籍、狄青都在积极加强防御。

---

①（宋）文彦博：《从军行》，文彦博《文潞公集》卷三《古律诗》，山西人民出版社 2008 年版，第 42—43 页。

西夏进攻屡屡受挫，减弱了攻势，多次派使者前来表示愿意议和。文彦博敏锐察觉到，西夏野心勃勃，兵力雄厚，奸诈阴险，惯于使用麻痹伎俩，这回必然又是假意和谈，伺机进攻。文彦博建议朝廷要"切虑贼计多奸"，高度警惕，并毫不松懈地加强防备。

《明一统志》："文彦博在边二年，有威名，夏人不敢犯。"

守边期间，文彦博展现出一个政治家、军事家的卓越才华，为走上宰辅之位奠定了坚实基础。

第九章　治蜀精英

宋庆历四年（1044），文彦博以枢密直学士、户部郎中主政益州。这次赴任，是对他人生的一次重大考验。

益州，古蜀国故地，位于四川盆地中部，群山环绕，土地肥沃，气候温和，素有"天府之国"美誉。益州首府成都，还有很多美丽的别称：锦城、锦官城、芙蓉城。

益州远在西南，夷夏共处，地狭人众，夷人时常闹事，尤为难治。虽说商业发达，相对富庶，但远离政治中心，其政治、民风、文化还是远远落后于其他地区。于是又有另一种说法，天下未治蜀先乱，天下已治蜀未平。

文彦博入蜀，途经广元北筹笔驿，此处是诸葛亮出师驻军和写《后出师表》之处，天下闻名。唐朝诗人杜牧、李商隐、罗隐等都在此留下了对筹笔驿的深切感受。文彦博久久盘桓在古驿站中，百感交集，不久，周围响起了他的大声吟诵：

卧龙才起扶衰世，料敌谋攻后出师。

惟幄既持先圣术，肯来山驿旋沉思。①

青少年时期，诸葛亮就是文彦博的偶像，他匡扶社稷，为国尽忠。这回他身临其境，更加感慨，决心要像诸葛亮一样，建功立业，鞠躬尽瘁。

事实证明，他正是秉持这一信念坚定前行的。

当时，流通的货币是铁钱，购一匹布需要两万铁钱，重量在五百斤。为方便交易，益州出现了中国最早发行的纸币——交子。

"交子"为四川方言，意思为用券取钱，随之交子铺应运而生。人们将不方便携带的铁钱存放于交子铺，开具存款凭证，随时兑换现钱。纸币便于携带和交易，深受老百姓欢迎。

然而，并非所有的交子铺都是恪守信用、合法经营的，有一些唯利是图、贪得无厌的铺户，恶意欺诈，发行交子后停止营业；还有的挪用存款经营其他买卖，一旦失败破产，交子便无法兑现。

益州市场混乱，如果西夏乘虚而入，后果不可想象。

▲ 宋代交子

朝廷慎重选派主政官员，挑来选去，认为文彦博是最佳人选。

事实证明，选择文彦博是正确的。

一个人的勇气和精神，正是在最困难的时候体现出来的。

文彦博向仁宗告别，说了一句话："益州难治，臣夙夜在公。"

①（宋）文彦博：《题筹笔驿》，文彦博《文潞公集》卷三《古律诗》，山西人民出版社 2008 年版，第 40 页。

四朝柱石文彦博

一切困难都不能阻挡，文彦博，勇敢出发吧！

二十年前，他曾随父亲在这片土地上生活。再次踏入巴蜀之地，文彦博感到格外亲切。

父亲诚实正直的品德、恪尽职守的情怀，至今铭刻在他的脑海里。

益州不好治埋，文彦博有自己的追求抱负，也有自己的偶像。他的偶像就是自己的父亲。他向往像父亲一样，在益州建立丰功伟业。

交子铺鱼龙混杂，必须进行整顿。文彦博将数百户逐一清点，剔除不法之徒，选择信用良好的几十户经营。为保证交子交易，他制定了一套比较完善的管理法规：不得私自印制交子，使用交子必须备有一定的准备金，交子流通期限二年为一届，期满后必须兑换下一届。

市场平稳了，然而，还有更为严重的问题。

文彦博发现，军队粮草费用数额较大，但专管军队的交子务经常没有现钱兑换，军队粮草得不到及时保障。

他将发现的问题整理成《乞诸州供钱拨充交子务》上报仁宗，建议将每日收聚的利钱及时拨充交子务，补充现钱。

朝廷很快采纳了这一建议。

文彦博没有辜负仁宗的信任，益州治理得市场繁荣，治安稳定，百姓满意。可在这个世界上，总不缺在背后打黑枪的人。

这可能是被清理不许经营交子铺的人；可能是送礼被拒绝了；可能是无理要求被拒绝了，总之对文彦博大为不满。

他们认为，是人就有弱点，工作上找不到，从生活上找。你不是喜欢养花吗，不是喜欢游览吗，不是喜欢请客吗，这些都是可以利用的弱点。

于是，他们联名以"疏于政务"的名义，将文彦博告发到朝廷，告状信送到仁宗的案头。

此时，文彦博来到益州已两年时间，这里的茶、这里的花、这里的诗、这里的灿烂文明、这里的文化积淀对文彦博产生了很大的吸引力。

政务之余，他喜欢游览巴山蜀水美景，有时宴请朋友和僚属赏花品茗、饮酒赋诗。这些本来是北宋官员普遍喜欢的休闲生活方式，却招来了非议。

好在仁宗头脑清醒，没有被忽悠，对士大夫个人生活方式说三道四，纯粹是吃饱撑的。他派人告诉文彦博，这些人你处理吧！

文彦博以他的权势地位完全可以惩处那些人，一年过去了，文彦博没有打击报复他们，没有给他们穿小鞋，似乎没有这回事。那些人没有想到，文彦博竟然有如此雅量。他们被彻底折服了。

文彦博赢了，不靠权势，仅以德服人而已。

历史告诉我们，宽容从来都不是软弱。

文彦博发现，益州军队军纪废弛，士兵与军官沉溺于酗酒赌博，上操时吊儿郎当。令他想不到的是，这里居然还有两千多骑兵。谁都知道，骑兵在这里根本无用武之地，纯粹白白消耗军饷。他上奏朝廷，建议将骑兵更换为步兵。

文彦博有着多年领兵打仗的经验，向来治军十分严格。如今手下都是一帮混饭吃的"兵油子"，真要打起仗来，只有送死的份了。

他开始整饬军纪，拿着点名册点名。凡属老弱病残的，在上面做上记号，随即予以辞退。"兵油子"中有人作乱，斩首恶士卒。文彦博以身作则，带头训练。他身着正式戎装，与将校副官按等级排立按时参加训练。

一轮朝阳从幽远的天空升起，阳光下，甲胄闪闪发光，擂鼓鸣金声声震云霄，队伍随着旌旗一遍遍操练，喊杀之声如虎啸雷鸣。

接下来，文彦博请来教官，立法训练。先教弓弩，再学刀枪。为保证良好的教学效果，把训练成绩分成等级，定期考核。优秀者奖励；不合格者，扣除军饷。

经过整顿，军队纲纪肃然，号令严明，整体素质提高，一支疲软散漫的军队脱胎换骨，成为训练有素的有战斗力的部队。

史籍记载：文彦博在做益州知州的近三年时间里"政有威严，遇事果断"。有一件突发事件足以证明。

益州的冬天，朔风呼号，阴沉潮湿。

一个寒冷的夜晚，文彦博宴请几位同僚，众人酒酣耳熟之际，有人来报，说府邸的一帮士卒要把马厩拆掉烧火取暖。

事态严重。处理不当将会变成士兵哗变。几位同僚脸色大变，有的想趁机溜走。

文彦博镇定自若："天气实在太冷，可以拆掉马厩让士兵们烤火取暖。"原来，是有几个士卒企图挑起事端，文彦博这么一说，他们顿时泄了气。次日，文彦博仔细调查了事件的起因，修改了不合理制度，严惩了带头挑唆闹事的士卒。

益州的米价一直比别的地方贵，老百姓怨声不断。究其原因，是商家串通好抬高市价。前几任官员都采取过一些措施，由政府出面限制市场价格，但都收效甚微。

文彦博知道，老百姓最讲究实惠，光靠贴告示解决不了问题。

他让部下打开官仓，在成都十八个繁华地段设立了售米处，由官府出面卖平价米，数量不限。

听说官府卖平价米，老百姓纷纷涌上街头抢购，商家也只好降价出售。这一举措，效果良好，很快平抑了米价。

百姓编了一首歌谣：米价太高，文君有招。官府卖米，百姓吃饱。

文彦博益州任上三年政绩可观，得到百姓赞誉，被载入史册。《蜀守记》："成都人称近时镇蜀之善者，莫如田元钧、文潞公。"①

文彦博初到益州，发现这里文化普及程度明显低于中原，正如史籍记载"夷狄之境，化外之民。蜀地僻陋，有蛮夷风"。

文彦博拨专款，建立州、郡、县三级官办学堂，从自己的属吏中选拔优秀人才当教师，弘扬国学，引入中原文化，蜀地精神文化发生质的变化。巴蜀好文雅，崇教尚文成为风气。

官性根《成都知府与宋代蜀学的发展》（湖南省社会科学院《求索》杂志2006年第5期）引文记载："文潞公治蜀……明年登第，十不遗一二，闻者无不嘉其精工。""至庆历六年，一榜得十八人。"这就是说，

①（明）吕柟：《二程子抄释》，文渊阁《四库全书》，台湾商务印书馆1986年影印本，第七一五册，第238页。

文彦博在任上，绝大多数蜀地考生都成功登第。

文彦博慧眼识珠，享誉后世的书画名家文同，就是他发现培养的。文同以善画竹著称，"胸有成竹"成语便来自他。

苏轼那句"宁可食无肉，不可居无竹"，说的也是文同。

史籍记载，"文彦博守成都，奇之，致书同曰：'与可襟韵洒落，如晴云秋月，尘埃不到'。"①文彦博与文同经常书信来往，鼓励他为国效力。文同不负期望，后来以第五名的优异成绩荣登进士。

隐遁乡野的名士龙昌期学识渊博，著书百余卷。文彦博请他到州学讲学，举荐他去京城任教，朝廷赐五品官。

文彦博在蜀地历练三年之后，即将回京。但在此时，他却出人意料地提出要扩建一个庙宇。

这个庙宇很不一般，大名鼎鼎，秦朝始建，唐朝重建，叫江渎庙，供奉江渎神。文彦博前往拜谒，眼前杂草丛生、庙宇残败，让他十分揪心，决定扩建后再离开。

对于这个举动，下属官员很惊讶：马上就要离任了，何必再劳心费神，留给下一任去干也合情合理。

"我还未离任，当令庙室一新，留给下一任，愧对百姓，于心不安。"文彦博这样回答。

扩建后，一座杰阁广殿、修廊邃宇、宏丽壮观的江渎庙展现在人们面前。庙宇四周栽种着各种花草树木，修建有水池长榭、亭台楼阁。池中种藕，池岸种垂杨、芙蓉，成为闻名天下的风景优美之地。

文彦博治蜀，政绩突出，仁宗印象深刻，将他召回京城予以重用。庆历七年（1047）十一月，大宋朝爆发了立国以来第一次大规模兵变。文彦博又一次站在了人生和时代的风口浪尖。

----

① （元）脱脱等：《宋史》卷四四三《文同传》，中华书局 1977 年版，第三十七册，第 13101—13102 页。

第十章　平息兵变

　　庆历七年（1047）十一月，仁宗得到消息，河北贝州有人起事兵变。这真是晴天霹雳，仁宗惊得面如土灰、目瞪口呆。

　　起事者王则是宣毅军一名小兵。

　　王则，涿州人，因饥荒流浪到贝州，自卖为人家奴，牧羊糊口。家里太穷，小时候自然上不起私塾。为了谋生，他在宣毅军当了兵。从小混惯了，很快与州衙的一帮小吏混成哥们儿。当时，当地正秘密流传一种信仰——弥勒教。于是他开始研究这门学问。虽然没读过书，也不懂什么弥勒教，但却并非不会忽悠。

　　不知是哪一天，王则灵机一动——何不利用这个机会，自己拉起一支队伍，组建一个独立王国，过过官瘾，享受一番。

　　于是，他和他的那帮哥们儿大造舆论，四处宣扬释迦牟尼已经衰败，弥勒佛即将掌权，天下将要大乱。很快，德州（今山东省陵县）、齐州（今山东省济南市）的一批信徒前来投奔他。

　　他信誓旦旦，只要跟他干，就能过上好日子。

他编造了五龙滴泪经等，让士兵们在上战场前念经，说有弥勒佛保佑，打仗可以刀枪不入。

不可小觑这种荒唐的舆论，当时很多人都相信。

州吏中不乏两种人，一种宁死不屈，一种卑躬屈膝。

张峦就是后者，他不仅投降了，而且替王则出谋划策，约定第二年元旦起事。

不料泄密，王则提前至冬至日起事。他们强迫十二岁以上、七十岁以下的百姓，皆在脸上刺"义军破赵得胜"字样，旗帜号令以佛为称。攻进城后，捕捉知州张得一，夺取武库，释放狱囚。

王则自称"东平郡王"，国号"安阳"，改元"得圣"。一时间，贝州成了真正的独立王国。

这个世界上似乎没有这样的好事。

很快，仁宗命令开封府明镐以河北体量安抚使率军迅速前往平乱。

王则的念经战斗法确实厉害，宋廷大军兵临城下一个多月，都没有攻克贝州城，朝野震动。

朝廷之上，那些奸臣、庸臣平时总是耍尽手段投君所好，竭尽全力阿谀奉承，如今却低头弯腰，哑口无言。这令身为一国之君的仁宗连连感叹："大臣无一人为国了事者。"

文彦博此时为右谏议大夫、枢密副使、参知政事。见此情景，胸中不由翻江倒海，仁宗的焦灼神情，血洒战场的将士们，贝州百姓的眼泪，一起浮现在眼前。

敢为人之所不敢为，敢当人之所不敢当。

挽狂澜于既倒，扶大厦于将倾。

他一夜未眠，按捺不住内心冲动，挑灯伏案，一篇《乞亲平贝州》的奏折墨透纸背，把自己一生的奋斗目标和政治理想全部凝集在里面：

今睹贝州妖贼婴城，已逾旬日。近差明镐往彼经度，必应非久平定，万一更致迁延，未即擒戮，朝议以北都地重，未欲令昌朝亲去贝州处置军事，陛下若不以臣非才，乞赐驱策，上禀睿算，庶几蚤平妖孽。况臣累经边寄，久在兵间，理合请行，不敢缄默。①

然而等来的却是这样一道圣旨：

卿所乞往彼，知卿报国忠孝，恐比并中书密院臣僚虑别有诽谤。与卿不便文字，不欲降出，如有所见，遂旋密具奏闻。②

大意是：忠心可鉴，但有非议。不便多说，可私下谈。

朝廷中政治斗争波谲云诡，有些言官、谏院、御史台和馆阁的大臣，言事不治事，治事的大臣往往被他们议论诽谤。走上政治舞台二十多年的文彦博深知这些内幕。

那天晚上，文彦博感到很困惑，突如其来的兵变，可是当务之急，刻不容缓。国家遭遇大难，那些人畏缩不前，却在背后议论诽谤，他的困惑渐渐变成愤怒。

文彦博坚信自己的举动正大光明，毅然再次上书：

臣以贝贼婴城，已逾半月，遂不度愚揣，辄敢请行，少图报效，上宽宵旰。伏蒙圣慈保全孤拙，未赐允俞，仰戴洪私，感激以泣。臣每见贝州事宜文字，逐时与中书枢院同共商议，从长施行，遇假故不入，偶有所见，遂入劄子闻奏。愚者千虑，粗伸裨益，如或更数日间未见平贼，次第伏望采臣前奏，如或可行，只乞出自宸衷。③

仁宗被文彦博的忠心深深感动，庆历八年（1048）正月，任命文彦博

---

①（宋）文彦博：《奏议》，文彦博《文潞公集》卷十五《奏议》，山西人民出版社 2008 年版，第 161 页。

②同上，第 162 页。

③同上，第 161 页。

为河北宣抚使，明镐为副使。临行前，仁宗激励文彦博："'贝'字加'文'为败，卿必擒则矣。"

宋代宣抚使位高权重，为镇抚一方的最高军政统领，一般由中书省、枢密院二府的大臣担任。

这一年，文彦博 43 岁。报效国家的机会来了，一场大战在即。

贝州城久攻不下，原因何在？文彦博了解到，原来内部有人从中作梗，此人竟然是枢密使兼全军统帅夏竦。

夏竦和副统帅明镐有矛盾，他生怕明镐抢了头功，因而处处作梗。凡是明镐发往朝廷的奏折，一律予以扣押。

在以往的史书中，我们看到很多奸臣，国难当头，不顾大局，只顾自己，是大家痛恨的对象，比如赵高、李林甫、蔡京、秦桧，总是在关键时刻坏了国家大事。夏竦就是这样的奸臣。

夏竦并非科举出身，因父亲在与契丹作战中牺牲，以烈士子弟恩荫武职。

恩荫的官不被人看好，他发奋读书，参加科举考试，获得成功。

他善于作诗，真宗每次举行宴会，他都能出口成章，随口吟来。真宗很欣赏他，让他给太子讲学，成为"从龙之人"。夏竦做地方官时为百姓做过一些好事，遇到灾荒往往不待朝廷批复就开仓放粮，维持治安也有一套。

后来，夏竦恃宠而骄，生活腐化，纸醉金迷，阴柔险诈，惯于搞阴谋，为加官晋爵，往往不择手段，是一个功名利禄熏心、左右逢源的小人。

《宋史》这样评价他："倾侧反覆，世以为奸邪。"

夏竦倚仗自己曾经是皇帝老师的权势，又是执掌全军的主帅，处处扼制部下，造成将帅不和，导致城久攻不下。

文彦博了解实情后，立即上书仁宗，表示军情紧急，大事小情一一向朝廷请示会贻误战机，请求授权自行决断，并奏请任命三位信赖的主簿掌管军中机密文书。请求很快得到皇帝诏许。

每临大事有静气，只缘心中无私欲。文彦博这样做，展现了他卓越的政治智慧和统领全军的指挥才能。

激烈的战斗之余，文彦博身披战袍，满脸疲惫地和将士们围坐在篝火旁一起吃饭，一起讨论攻城策略，认真倾听他们的意见。一个堂堂的宰相兼全军主帅没有一点官架子，竟能如此善待将士。

看管监狱罪犯的牢卒董秀、刘炳建议挖地道攻城。经过细致分析，文彦博果断采纳这一建议。

文彦博指挥军队，一面冒着寒风急攻北城，一面暗暗在南城挖冻土开凿地道。地道挖成后，选派二百精锐将士深夜潜入，悄悄登上城墙杀死守卫，打开城门，里应外合，一举攻克贝州城。

王则精心策划多年的叛乱，被文彦博一举平定，历时66天。

司马光闻讯，喜不自禁，在其《涑水记闻》中记录了这次平乱始末。

文彦博识人无数，练就一双慧眼。单《文潞公集》记载其所举荐的就有百余人，其中较著名的有范纯仁、苏辙、范祖禹、富绍庭等。

文彦博举荐的这些青年才俊，不仅有文臣，还有武将。

在平叛最艰难的时刻，朝廷又派了一支人马前来支援，领兵的是路钤辖郝质。郝质，字景纯，汾州介休人。少年从军，挽强第一。在与西夏作战中，斩首数千，获马数百，战功赫赫。

贝州回河上有个亭子很壮观，文彦博担心被人焚毁，于是派小校蔺千看守。郝质不知此事，派蔺千到其他营地考察作战武器。蔺千推辞不去。郝质说："亭子被烧毁，我承担责任。"没想到，蔺千离开后，亭子真的被烧毁。文彦博要斩杀蔺千，郝质主动跑到帐下说："蔺千是我派他走的，责任在我这里，愿意代替蔺千受罚。"

文彦博钦佩他的节义，释放了他俩。郝质后在文彦博举荐下，成为殿前都指挥，相当于首都卫戍部队的高级将领。郝质去世后，朝廷赐予"武庄"谥号。

文彦博在极短的时间内平叛成功，堪称奇功，名垂千古。

历任枢密使、宰相的杜衍闻讯，特地作诗祝贺，评价文彦博的功绩与唐代裴度、李德裕平乱相当。文彦博写诗致谢："平淮伐潞皆殊绩，靖乱夷凶着往编。今以薄才叨重任，改将微效觊前贤。人惭肖象求商野，德谢非熊起渭川。唯有安昌念高第，雅章称述爱彭宣。"[1]

林则徐《云左山房诗钞》卷六《赴戍登程口占示家人》诗曰："苟利国家生死以，岂因祸福避趋之"，文彦博正是这样践行自己的报国之志的。他杰出的政治军事才能，获得了仁宗高度评价："蹈危机而不顾，临大事而有谋。比与翊于政途，旋对司于时柄。百姓遂耕桑之乐，二边无兵革之虞。唯时谟明，实朕倚属。"[2]

在一片赞扬声中，文彦博数次推荐明镐功劳，明镐升职参知政事。

在这个世界上，有欣赏正直人的正人君子，也有喜欢给正直的人抹黑的奸佞小人。

贝州平变，也另有版本，内容与事实不符，但发人深省。

王巩《闻见近录》："时贝州王则叛，仁宗北顾，（贵）妃乃阴喻潞公，贝州事明镐将有成绩，可请行。潞公既行，贝州平，潞公以功拜相。"

文彦博平变的故事成为头号新闻，朝野上下、民间街头，人们竞相传播。民间艺人演绎各种话本在酒楼演出，文人创作不同版本的小说，风行一时。其中最著名的是宋代作家罗烨的《醉翁谈录》。

几百年来，文彦博平变的故事热度不减，明代作家罗贯中、冯梦龙以此题材创作《平妖传》，内容基本上是虚构的。由于故事离奇曲折，明崇祯年间，金阊嘉会堂印制的《平妖传》成为当时的畅销书，刚一上市，便抢购一空。

著名作家郑振铎1935年作《世界文库发刊缘起》，把《平妖传》与《三国演义》《水浒传》并称。1957年、1995年古典文学出版社两次再版《平妖传》，可见其广泛影响。

在介休，流传着一个神奇的传说。

---

① （宋）文彦博：《宫保相公》，转引自侯小宝《文潞公诗校注》，三晋出版社2014年版，第148—149页。
② （宋）李焘：《续资治通鉴长编》卷一六七，《全宋文·宋仁宗文》，中华书局1986年版，第四十五册，第212页。

文彦博年幼未及第时，曾在九天玄女娘娘庙中祈梦，梦见娘娘赠他十个字：人间名宰相，天上老人星。

醒来之后文彦博请高手画工，画成娘娘圣像，裱轴供养，每月拈香拜祷。

王则兵变，文彦博久攻城不下，九天玄女娘娘布下天罗地网，助文彦博将王则擒获，平叛成功。

文彦博为感娘娘之恩，遂在文家庄修建了一座袄神楼，供奉玄女娘娘。

这种传说历来已久，明清两朝盛行。乾隆版《介休县志》："相传潞公征贝州王则，白狐复现形助战，赖以奏凯。公感其义，建庙祀之，榜曰'元神庙'。"

这显然是人们受到宋代话本《贝州王则》和神怪小说《平妖传》的影响，虽是无稽之谈，但却成为人们茶余饭后津津乐道的话题。

▲ 民国时期的山西省介休县袄神楼

不过，这些传说，也给历史上留下一个疑团：祆神楼果真是文彦博所修吗？

介休祆神楼与蒲州鹳雀楼、万荣飞云楼、秋风楼并称为"三晋四大名楼"，介休人世代相传叫玄神楼。下层楼门，上层乐楼，中心神龛，楼高约二十五米，腰间平座勾栏，上层覆盖重檐，瓦件脊饰为精美琉璃。建筑设计巧妙，构造奇特，雄健壮观。

祆神楼斗拱和雀替图案是猛虎、雄狮、骆驼、牧羊犬、神牛、大象等，琉璃脊饰是双牛神像。牛被祆教奉为胜利之神，是祆教崇拜物，显然不是汉民族传统文化遗存。

▲ 明·罗贯中　冯梦龙著

谜团在二十世纪九十年代得到初步解答。广州中山大学古建筑学家姜伯勤研究后认为，祆神庙并非中国传统意义上的宗教神庙，而是来自异域他乡的祆教供奉地。介休祆神楼是目前中国乃至世界上唯一保存完好的祆教建筑。

祆教也称拜火教，源自古波斯的琐罗亚斯德教，公元6世纪由中亚胡人粟特人从古波斯（今伊朗地区）传入中国。粟特人经过"丝绸之路"到达中原，与当地人进行贸易往来和艺术交流时，同时将祆教带入中原。

史籍记载，北魏、北齐、北周、隋唐时祆教信仰盛行，皇帝、皇后、大臣等经常去祆神庙祈祷。北魏的灵太后曾率领宫廷大臣及眷属几百人奉祀祆神；北齐后主则"躬自鼓儛，以事胡天"。

北周时，皇帝在朝中设置祆教祭祀官。每岁至祆神庙祭祀。史籍记载："商胡祈福，烹猪羊，琵琶鼓笛，酣歌醉舞"，极一时之盛。

唐代《通典》："祆者，西域国天神。佛经所谓摩醯首罗也。"

唐代《四夷朝贡图》："康国有神名祆，毕国多火祆祠。"毕国指的就是全国。

唐贞观五年，唐太宗李世民敕令长安立祆祠，号大秦寺，又名波斯寺。

唐代著名作家段成式《酉阳杂俎》："'孝亿国'举俗事祆，不识佛法，有祆祠三千余所。"意思是全国仿异国建祆祠祭祀祆神。

北宋时，祆神列入官方祭祀之列，地处中原的山西、河北等地都出现了很多奉祀火祆的神庙，专为"胡僧顶礼之所"。

山西地区的泽州、潞州、河东等地，都有宋太祖赵匡胤、宋太宗赵光义出征祈拜祆神的记载。《宋史》载："建隆元年（960）太祖平泽、潞，仍祭祆庙、泰山城隍。征扬州、河东，并用此礼。"他们崇拜祆神，希望军队能像当年波斯帝国那样所向无敌。

二十世纪九十年代末，在太原市南郊王郭村考古时发现中亚人虞弘墓，揭开了粟特人在山西的行踪历史。

墓主人虞弘（533—592），字莫潘，13岁代表柔然出使波斯、吐谷浑等国。北齐时定居并州，在朝中任"检校萨宝府"，执掌祆寺及西域诸国事务。

北齐灭国，虞弘在北周继续为官，任管理并州、代州、介州萨宝府的左丞相，仍然掌管粟特人来华商务。

虞弘墓志："大象末，左丞相府，兼领并、代、介州乡团，检校萨宝府。"

隋开皇十二年（592），虞弘卒于并州，汉白玉石棺殓葬。石棺上雕刻的人物形象高鼻深目，黑发浓须，祆教祭祀的器皿、乐器、祭坛图案，均取之于波斯和中亚诸国，充满生动鲜活的异国风情。

虞弘墓的考古发现，早在1400年前，山西一带开始流行祆教。

汾阳出土的唐代永徽六年《曹君墓志》：唐武德年间，介休设立萨宝府，墓主人曹怡之父任介休萨宝府车骑都尉。萨宝府是唐朝管理祆教祠的官府机构，负责掌管拜火、祭祀胡天的祀典及祆教徒的事务。墓志的出土，表明唐朝时介休与祆神有着密切的联系。

介休位于山西中部，连接长安（西安）与并州（太原），是古代"丝绸之路"所经之地。

随着"丝绸之路"的逐渐衰落，这些曾经显示相互交往和具有波斯宗教风格的遗迹，也随着年代的久远，逐渐湮没在历史的长河中。

　　《介休文史资料》第七辑《碑碣》记载了著名考古专家张颔先生《介休县玄神楼记》：

　　康熙邑志称，三结义庙，俗传旧为祆神庙，明万历间知县王宗正奉诏除之，改塑三结义正神。康熙十三年知县梁才英所撰《重建三结义庙碑记》则据小说《平妖传》故事云盖文潞公为妖神建耳。梁文信俗传而摭滥说，引喻不伦。文彦博一代名臣，崇儒术，重礼仪，建庙崇妖之说，厚诬先哲，史无参证。

　　文彦博始建祆神楼之说，有待专家继续深入研究。

　　文彦博完美平变，仁宗心花怒放，在庆功宴上，发自肺腑说了一番话："文彦博奋自临戎之心，遂成荡寇之略，器闳而厚，识粹而明，与国同体，宣畅皇威，股肱之良，为文武之极选。"①

　　沧海横流，方显英雄本色。

----

　　①（宋）赵祯：《文彦博拜集贤相制》，曾枣庄、刘琳主编《全宋文》，上海辞书出版社·安徽教育出版社 2006 年版，第四十五册，第 191 页。

第十一章 死谏

　　仁宗即位时，大宋王朝已有八十余年，史料中繁荣强大、国泰民安等溢美之词不胜枚举。然而，这有点名不副实。但要说面临政治、经济危机，那倒是一点不夸张。表面上这个国家似乎都在向着更好的方向发展，但多年来逐渐积贫积弱，内部早已危机四伏。

　　宋朝每年要支付给辽、夏数十万两银、二十万匹绢，这是一笔不小的支出。全国军队总计有一百二十五万九千人，朝廷得拿出税赋的十分之七供养，严重消耗国家赋税。入不敷出，国库空虚，仁宗在金銮宝座上坐不住了。

　　当然，造成这样的局面，也不完全是仁宗的问题。

　　北宋建立后，宋太祖赵匡胤为防止其他武将也以武得天下，实施了各种抑制武将的政策，有重文轻武、以文制武、宦官监军等。一句话，千方百计防止武将利用兵权造反。

　　如何才能将政权稳固地传承下去，赵匡胤认为只有一种可靠办法，那就是养兵。"可以利百代者，唯养兵也。方凶年饥岁，有叛民而无叛兵；

不幸乐岁而生变，则有叛兵而无叛民。"

意思是说：要想真正长治久安，只有养兵。遇到灾荒之年，国家把这些饥民招募为士兵，可以避免饥民作乱。即使有军队作乱，也不会有百姓参与，因为百姓都当兵了。

把社会上流浪的、失业的、不服管理的农民统统招募入伍，社会不稳定因素即可转化为维护政权的力量，这样就出现了一个全民皆兵的时代。

兵多，官就多；官兵多，自然开销就大。国家有经济实力，没问题，但一旦经济衰退，就会造成国库空虚等社会问题，给国家和百姓带来沉重负担。

北宋还有一项奇葩的规定，百姓一旦当兵，便终身编入军籍，子孙后代必须继续当兵。就这样，宋朝军队滚雪球似的越滚越大。

如今的大宋王朝，已经由一个朝气蓬勃的青年，变成了一个老态龙钟的老者，并且身上长出致命的"冗兵毒瘤"。

仁宗一心要改变积贫积弱局面，有意更张政事，革除弊端，扭转乾坤。

此时，宰相吕夷简重病缠身，请辞回家了。

仁宗早闻文彦博的名气，认为他治绩斐然，其才干之优，堪比诸葛亮，便有意拔擢，任以宰相之职。

文彦博真的能当上宰相吗？

仁宗是一代明君，但他也有怯懦的一面。就在他准备任命文彦博为宰相时，有言官上书，说文彦博有私心，他拿不准主意，便召枢密使庞籍征求意见。

庞籍说，我与文彦博在中书省共事多年，最了解他，文彦博不是有私心的人，这是有人恶意诽谤。任用文彦博为宰相，是不二人选，由他治国理政是大宋之福。

庞籍提醒皇帝，陛下使用人才，应当辨明奸邪和正直，不要轻信小人之言。文彦博是正直之士，只要用人不疑，他定能拿出对策，为国解忧。

宋皇祐元年（1049）八月，文彦博被擢升吏部侍郎、昭文馆大学士，监修国史，进入朝廷权力核心。

文彦博清醒地意识到，革除国家养兵太多的弊端，是一件非常棘手的事，军队内部帮派颇多，关系盘根错节，稍有不慎就会得罪人，引火烧身。

文彦博深感责任重大，以对国家日渐衰败的忧心，将自己经过深思熟虑的革弊主张和盘托出，建议裁军八万。

文彦博的主张，得到仁宗和朝野忧国忧民之士支持。然而，改革还没有开始，就遇到了阻力。

一些大臣，特别是守边将领们认为这种办法行不通。他们反对的理由是，士兵

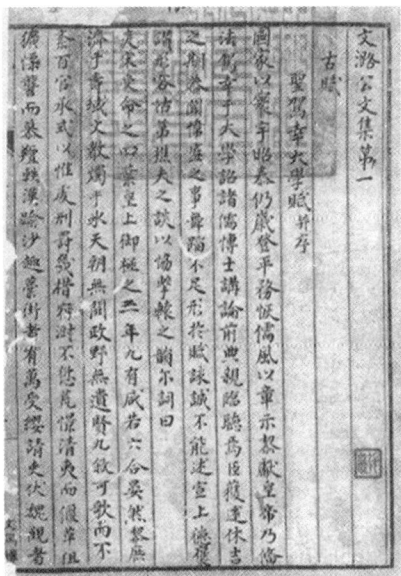

▲ 明刻本《文潞公文集》

们失去固定的衣食来源，恐会成为盗贼，危害社会安全。

仁宗在纷纭的浮议面前动摇了，他害怕裁军带来的风险。

仁宗的担心不无道理，庆历二年（1042）两次裁减冗兵的情况他了然于胸。仁宗让御史中丞贾昌朝主持改革，制度定出来了，最终阻力重重，不了了之。

范仲淹推行新政，其中最主要是裁减冗兵冗官。范仲淹将不称职官员的名字一笔勾掉。富弼说："一笔勾掉甚易，焉知一家哭矣。"范仲淹回答："一家哭，何如一路哭邪！"态度非常坚决。然而范仲淹的改革遭到宰相吕夷简等人的强烈反对，他们以朋党罪名将范仲淹、富弼贬到边陲之地，改革最终失败。

两次改革夭折，文彦博能超越范仲淹吗？仁宗迟疑不决。

士不死不为忠，言不逆不为谏。

文彦博激情燃烧，同时忧心忡忡。他担心皇帝优柔寡断打退堂鼓。作为一国之君，裁军事关国安国运，孰轻孰重，怎么能在关键时刻掉链子！

他决心将一切置之度外，以生命做抵押，践行忠臣之道。

他与坚定支持改革的枢密使庞籍，一起上奏："今公私困竭，上下皇

皇，其故非也，正由养兵太多尔。若不减放，无由苏息，万一果聚为盗贼，二臣请死之。"①

忠心忧国，不是空发议论，而是要太平时忧天下，危难时担天下，敢于直陈时弊，对国家负责，甚至必要时做出义无反顾的牺牲。

这一个"死"字，诠释的是文彦博为国的赤诚之心。

现在读这篇铮铮铁骨的奏折，仍能感受到文彦博那深深的忧国、忧民、忧政之心和急切除弊救国之志；也仿佛看到一个痛心疾首的宰相，寝食不安，恨不得国家一夜之间扭转乾坤，建立一个国富民强、安居乐业的大宋王朝。

庞籍，山东成武县人，字醇之，进士出身。他任殿中侍御史时，才十来岁的仁宗即位，由刘太后垂帘听政。刘太后死时，仁宗已经成年，但她留下遗诏，让杨太后继续听政。许多官员沉默不语。庞籍当时只不过是个七品官，但他勇敢地站出来反对，请求将垂帘礼仪制度全部废除，由仁宗亲政。由于庞籍等人强烈反对，杨太后未能垂帘。

不久，庞籍升为开封府判官。正受仁宗恩宠的尚美人派宦官传"教旨"（上对下的告谕），命令免除工人的市租（劳役）。庞籍愤怒了，说，宋朝建立以来，还没有美人传旨干涉朝政。他随即将传旨宦官痛打一顿，并声言以后妄传宫中旨意者严加惩罚。

庞籍知延州时，西夏攻陷了境内几个县城，焚烧掠夺，民不聊生。他招募百姓在山谷耕种，将收获的粮食作为军需。十万大军驻扎城中，没有一人犯法违禁。

庞籍在军事上也很有一套。西夏李元昊派人来说要投降，庞籍一眼识破阴谋，说："这是欺骗。"于是布置军队加强防范。数月后，李元昊果然率大军进犯。

庞籍文武全才，不惧权贵，一心为公，深受仁宗信赖。

---

① （宋）李焘：《续资治通鉴长编》卷一六七，转引自侯小宝《文彦博评传》，四川大学出版社 2010 年版，第 34 页。

两个宰相以死相劝,拿脑袋担保,仁宗看到了一种闪光的品质——忠诚、尽责、正直、无私。

仁宗彻底被他们的忠心打动,最终采纳了他们的建议。

文、庞两人始终保持着纯真友谊。文彦博致仕,诚邀老友庞籍来自己家园做客。他写下了充满戏语和雅趣的诗句:"惟愿毗耶长者至,莫忧花里有莺啼。"

文彦博知道,皇帝同意裁军,具体操作绝不能出现任何偏差,有那么多的人在非议,在冷笑,稍有不慎,就会陷入泥潭之中。恐怕冗兵还没有裁减,自己就第一个被裁减了。

他心思缜密,未雨绸缪,夜以继日制定了详细措施。

由于措施得当,裁军很顺利,放归陕西保捷兵三万五千余人,节省养兵费二百四十五万。

蔡襄是管理国家财政的官员。他在《论兵十事疏》中记载,当时国家的养兵标准,禁军士兵一年的军饷,大概为五十缗;一个地方兵一年的军饷大概为三十缗。

这次改革,虽然未能从根本上解决国家财政危机,但毕竟缓解了一些压力。文彦博坚信,改革如果循序渐进持续下去,国家将会逐步走出困境,实现国富民强的伟大理想。

这次裁军成功的根本原因,在于仁宗信任文彦博,对他的胆识、才干高度认同,文彦博则敢于改革善于改革。

改革需要过人的气魄和胆略,然而就连司马光这样的名人,也曾不愿接手这块烫手的山芋。

宋熙宁元年(1068),京城、河朔地区先是地震,后遭暴雨,朝廷拿不出赈灾款。救灾大臣拿着空名的委任状,谁能拿出一定数目的粮食,就填上谁的名字,说白了就是为救灾而卖官。如此一来,更加重了财政负担。神宗无奈,只好成立一个负责裁减冗费的机构,指定司马光负责。司马光毫不犹豫拒绝了。

这个差使不好干,谁爱干谁干,还不如我编著书籍痛快。可见,凡是裁减一类的活，没有人愿意干。

文彦博重视人才，认为"治天下者，必先任人"，革除弊病，须起用具有创新力的年轻人。

宋皇祐三年（1051）五月，文彦博同时举荐了张瑰、王安石、韩维三位青年新秀，希望朝廷予以重用。奏章写道：

> 臣等每因进对，尝闻德音，以缙绅之间多务奔竞，匪裁抑之，则无以厚风俗。若恬退守道者稍加旌擢，则奔竞躁求者庶几知耻。……殿中丞王安石进士第四人及第，旧制，一任还，进所业求试馆职，安石凡数任，并无所陈。朝廷特令召试，亦辞以家贫亲老。且馆阁之职，士人所欲，而安石恬然自守，未易多得……并乞特赐甄擢。[①]

文彦博接连干了几件漂亮事情，皇帝欣赏他，大臣佩服他。所有人都相信，这个年轻有为的人就是大宋王朝的股肱顶梁柱。

果然，文彦博不负众望，不久，又出色完成了大飨明堂的国家大事。祭天祀祖，从周代开始，历代相传。仁宗即位后，还没有举办这项国事。文彦博深受儒家文化浸濡，认为大飨明堂是复兴儒家文化的重要内容。他和平章事宋庠一同上奏，建议秋季举行大飨明堂之礼。

明堂的历史源远流长。远古时代，人们将日月运行的自然之体称为天，天以日月而称为明，为祭天而建造的宫殿称为明堂。

明堂也是皇帝朝会、颁布诏令、教化选士尊贤的神圣殿堂。

明堂，国家国运的象征，建筑规格不亚于皇宫。三层，上圆下方，象征天圆地方。底层四面四色，象征东西南北，也象征春夏秋冬。中层十二边形，象征十二个月，也象征黄道十二宫。上层圆形，象征天。九根龙柱支撑圆顶，象征九五之尊。宋代郭茂倩《乐府诗集》《木兰辞》："归来

---

①（宋）李焘：《续资治通鉴长编》卷一七一，中华书局1986年版，第十二册，第4091—4092页。

见天子，天子坐明堂。"《李太白集》卷二十五李白《明堂赋》："穹崇明堂，倚天开兮。"《全唐诗》中韩愈《石鼓歌》："大开明堂受朝贺，诸侯佩剑鸣相磨。"

大飨明堂对于宋王朝是一件非常隆重的大事。古代祭祀制度浩繁，现在新皇帝要大飨明堂，全套礼仪需重新制定。仁宗认为，如今自己当皇帝，敬天法祖，不能违背天理。天下是列祖列宗传给自己的，孝莫大于严父，严父莫大于配天，不能愧对祖宗。再则，祈祷老百姓丰衣足食，也应该继承祭天祀祖的习俗。因此，他看到文彦博大飨明堂的奏折，毫不犹豫大笔一挥："准奏"。

仁宗把承办此事的任务交给文彦博，任命他为大礼使、礼部尚书。

文彦博认为，唐代礼神以玉做礼器，苍璧礼天、黄琮礼地、青圭礼东方、赤璋礼南方、白琥礼西方、玄璜礼北方的旧制过于铺张，宜简约而不失气派。礼仪既不能完全照搬古制，也不能违背古制，因此，他重新制定了一套明堂礼制。自此，这套礼制一直被后世沿用。

明堂祭祀所用牙盘食器，是一笔不小的开支。文彦博亲自检阅，要求简洁，不得奢华。

九月的汴梁，天高云淡，秋风送爽。

明堂布置得庄重肃穆。仪仗队伍威武浩荡，鼓乐震天动地，文武百官衣着五彩缤纷，两旁人山人海，"皇帝万岁"声排山倒海。

正如宋词所描写的"喜气欢声远。庙堂勋旧使台贤，领袖坐中争绚"。

众大臣纷纷进献诗词，文彦博撰明堂乐章的一部分。仁宗作《皇祐二年飨明堂》。赵祯《合宫集》记载："广大孝休德，永锡四海有庆。……唐舜华封祝，如南山寿永。愿今广怀宁延，昌基扃。"

文彦博筹划周到缜密，大飨明堂活动圆满成功，仁宗指定文彦博、宋庠、高若讷、王洙等人编修《大飨明堂记》，将这次祀典载入史册。

五个月后，文彦博等人将完成的二十卷《大飨明堂记》、二卷《纪要》上呈。仁宗阅后大加赞赏，亲自作序，命印刷供大臣阅读。

根据朝廷惯例，明堂礼毕，皇帝都要赏赐有功大臣，赐给文彦博的是银、绢、衣、带、鞍马等物。文彦博在大飨明堂活动中出色的领导能力，从皇帝到大臣都心里有数，认为给他的封赏合情合理，理所当然。

然而，与其他得到赏赐人员欢天喜地不同的是，文彦博连续四次上书，说："实难虚受，于义决不敢当。"谢绝赏赐，希望皇帝收回成命。文彦博那番推辞的话，让仁宗感动不已："国家大事，义不惮劳，臣忝公辅，自稍知廉耻，以表率缙绅。"

仁宗大为感叹，对左右侍从道："朕没有看错人，天下贤俊，莫若彦博。"

能让皇帝说出这番话，文彦博的未来必将是一条璀璨的阳光大道。然而不久，一场意外的政治风波却降临了。

第十二章　蜀锦风波

宋皇祐三年（1051），监察御史唐介弹劾文彦博，说他任益州知州时，赠送给仁宗宠妃张贵妃蜀锦中的珍品金奇锦。

四川蜀锦、南京云锦、苏州宋锦、广西壮锦并称"中国四大名锦"。古人用"寸锦寸金"形容蜀锦是顶端奢侈品。

正是因为蜀锦，引发了一场轰动朝野的政治风波。

这个张贵妃，来自四川，是个大美女，从小擅长各种歌舞。在一次宴会上，她勾人魂魄的眼神、清丽动人的歌喉、婀娜曼妙的舞姿，一下子就倾倒了仁宗，从此一飞冲天。

张贵妃得宠后，决定拉一把娘家人，以便将来有一个强大的靠山。

张尧佐是张贵妃远房伯父，在地方做官，政绩不错。张贵妃向仁宗吹枕头风，希望朝廷安排伯父一个重要岗位。

仁宗宠信张贵妃，一下子将张尧佐从一个小州知州提拔为朝廷主管财政的三司使。张尧佐没有管理全国财政的经验，上任后国库空虚日甚一日，引起朝野一片哗然。

仁宗装聋作哑，一意孤行，又加封其为宣徽南院使、淮康军节度使、景灵宫使、群牧制置使，被称为"一日加四使"。身兼五使，位高权重。兼职越多，俸禄越多，张尧佐肥得流油。

张尧佐一步登天，立即成为人们热议的头号新闻，引发诸多大臣的不满。监察御史唐介冲着这件事弹劾张尧佐，认为张尧佐平庸之人，靠裙带关系上位，这一做法不合常制，力谏免去张尧佐宣徽、景灵二使职务。

仁宗下诏告知唐介，说给张尧佐加官的提议出自中书，中书是宰相办公的政事堂，而文彦博正是时任宰相。无巧不成书，张尧佐曾经是文彦博父亲文洎门客，张、文两家可谓世交。贵妃因此认文彦博为伯父，认夫人为伯母，两家时常往来。唐介于是把矛头对准文彦博，弹劾文彦博"专权任私，挟邪为党。……显用尧佐，阴结贵妃"。①这份奏折，言辞刻薄、上纲上线，犹如冷风刺骨。

然而，唐介没有想到，他疏忽了一个最为重要的问题——事实真相。

《宋稗类钞》等文献记载，文彦博任益州知州期间，文彦博夫人曾经赠送给张贵妃蜀锦，那是妇人之间的一种交往，文彦博最初并不知情。

文彦博治理益州，才华、德行、业绩崭露头角，得到朝廷赏识，接下来自然是官运亨通，很快擢升为枢密副使、参知政事。唐介把文彦博升职与张贵妃、张尧佐联系起来，说文彦博政治投机，确实言过其实。

宋代规定，谏官由皇帝亲自选拔，不由宰相荐举。太祖赵匡胤留下"不得杀士大夫及上书言事人"的祖训，谏官授以重权，可以随时弹劾大臣，也允许"风闻言事"。这使台谏地位超然独上，越出执政之外。

监察御史包拯也站出来反对，张尧佐不宜予以如此高位，原因很简单：外戚。

唐介不畏权贵，敢于直谏，但仁宗也敏感意识到他在话语中指责自己听信宠妃的话而重用张尧佐，一向好脾气的皇帝龙颜大怒，将奏折扔到地

---

① （宋）李焘：《续资治通鉴长编》卷一七一，中华书局 1986 年版，第十二册，第 4113—4114 页。

下，怒斥道："你若再多言，就将你贬到不毛之地去！"

然而，唐介立在朝堂一动不动，言辞更加激烈。他毫不留情当面质问文彦博，指责他结交后宫，重用张尧佐巩固自己的地位。

唐介不依不饶，仁宗更加发怒，说道："你身为谏官，论事原是本职，但妄自弹劾义彦博，难道朝廷大臣的升降进退，你也要干预吗？"

唐介的指责虽然偏激，有捕风捉影的成分，但他出发点是维护朝廷利益，是一位难得的忠直之臣。文彦博保持了沉默，他认为，朝廷设御谏官，就是为了匡正皇帝和执政的得失，他们的职责就是监督。文彦博恳请仁宗不要加罪唐介。

唐介不给仁宗留面子，仁宗怒火难消，将唐介贬到千里之外的英州（今广东省英德市）。

唐介离京，时任广西提点刑狱、摄帅事的李师中前往送行，赠诗一首："去国一身轻似叶，高名千古重于山。并游英俊颜何厚，未死奸谀骨已寒。"①

因此事涉及文彦博，文彦博被免去宰相，以吏部尚书、观文殿大学士出任许州（今河南省许昌市）知州。

对于这样的结果，文彦博在《座右志》一文中表达了自己的想法：有道德操守和学问的人，如果不能显贵就算了。如果能够显贵，可以不更加考虑谨慎对待自己的名节和操守吗？进思尽忠，退思补过，平坦和险恶时保持一致，砥砺自己的名节和品行，开始和结尾都不改变。因而文彦博不悲不戚，而是以豁达的胸怀坦然应对，泰然处之。他反复告诫自己，一个人在事业上不可能一帆风顺，身陷逆境也是人生历练。运交华盖、遭受挫折，理想信念不能变，精神身体不能垮，宝贵光阴不能虚度。文彦博暂时过起远离政治风波，看庭前花开花落，望天上云卷云舒的悠闲生活。

宋皇祐四年（1052），许州大旱，文彦博设坛祈雨而应。府官黄庶作《喜雨上文相公》："老幼欢呼相公雨，喜气酝酿为和风。……不以一郡喜为喜，

---

① （宋）李师中：《送唐介进退韵》，（宋）《邵氏闻见录》卷一三，中华书局1983年版，第147页。

喜忧天下公之公。"

北宋时期，许多达官贵人自己建园，作为居住和休养之所。许州有个著名的园林景区，时人称作"西湖"。西湖之畔杨柳依依，湖中莲花朵朵，景观美丽别致。梅尧臣《梅尧臣集编年校注》卷二二《依韵和王中丞忆许州西湖》诗中赞曰："拍岸千寻水，陪京第一州。"宋朝兴盛百年，迎来一个建园高峰，文人士大夫纷纷在洛阳、许州购买田宅别墅，建造园林。史书记载，当时光洛阳就有大小园林一千多座。著名的有宰相富弼的富郑公园，宋初宰相赵普的赵韩王园，真宗朝宰相吕蒙正的吕文穆园，宣徽使王拱辰的环溪园，司马光的独乐园……受此风尚的影响，许州建园自然也不在少数。这些园林环境优雅，各具特色，有读书堂、钓鱼台、临水轩、仙药圃、赏花亭、竹菊斋等。

不可否认，这是一种高贵的生活方式。北宋文人士大夫地位很高，一举首登龙虎榜，十年身到凤凰池。朝廷中高级官员拥有丰厚的俸禄和赏赐。

具体讲，宰相俸禄分为四部分，每月工资三十万文钱；餐费补贴每月五万；服装补贴每年一百匹，丝绵一百两，价值每年十八万，平均每月一成五千文；粮食补贴每月一百石，价值六万文。

有这么多的钱，生活开销不大，剩下的只有买田建园了。

许州城的北边有一处茂密苍翠的竹林，里边有一潭清澈见底的湖水。这里没有政治风波，没有闹市喧嚣，是一处返璞归真的天然净土。

文彦博购买了这片竹林及其周围土地三十余亩，引溉水绕流，建起一个风景优美的私家园林。园林花木掩映，亭台错落，水光涟涟，曲径通幽，人们称之为"丞相园林"。

闲暇之时，文彦博常常与志同道合的朋友泛舟水上，饮酒赋诗，以寄心情：

春日湖上偶作二首

其一

地胜当春早，身闲爱景幽。

微风吹积水，尽日飏虚舟。

客至解悬榻，鱼来避直钩。

机心本不动，犹恐骇群鸥。

其二

岸帻长吟坐钓矶，花香漠漠柳依依。

夕阳湖面光如鉴，风送虚舟自在归。①

湖上独酌

尽日观鱼坐水边，悠然独酌望青山。

樽前解下渊明恰，起就东溪濯腻颜。②

雨中湖上绯桃盛开，舟子维缆于树，因书二十八言

灼灼秾华照碧流，素烟丝雨助妖柔。

武陵不放刘郎去，更就桃根系小舟。③

偶题看山楼新画山水

尽日望西山，扶筇复倚栏。

远观犹未足，更作画图看。④

①（宋）文彦博：《春日湖上偶作二首》，文彦博《文潞公集》卷四《律诗》，山西人民出版社 2008 年版，第 51 页。
②（宋）文彦博：《湖上独酌》，文彦博《文潞公集》卷四《律诗》，山西人民出版社 2008 年版，第 52 页。
③（宋）文彦博：《雨中湖上绯桃盛开，舟子维缆于树，因书二十八言》，文彦博《文潞公集》卷四《律诗》，山西人民出版社 2008 年版，第 52 页。
④（宋）文彦博：《偶题看山楼新画山水》，文彦博《文潞公集》卷四《律诗》，山西人民出版社 2008 年版，第 53 页。

这些诗清新秀逸，淡泊高远，表现出悠然的情调。

文彦博享受悠游生活，表面看是"独善其身"，闲情逸致，其实只是政治抱负受限的无奈之举，其中暗含个人的政治理念和内心情感的自然流露。

不久，贾昌朝奉诏接替文彦博知许州。贾昌朝博学善论，文彦博平定王则兵变时，曾协助征讨有功。

他前往园林游赏，被美景吸引，园中壁间题诗《曲水园》："画船载酒及芳辰，丞相园林溁水滨。虎节麟符抛不得，却将清景付闲人。"清道光《许州志》卷一二《古迹》有记载。

贾昌朝暗示文彦博，你就要离开这里了，园林如何打算呀？

贾昌朝这个人"不为善人所与"，阴柔险诈，因勾结宫人宦官，排挤韩琦、富弼、范仲淹，多次被谏官弹劾。

文彦博对他不是很喜欢，但他清楚，贾昌朝虽然品行不端，但他坚持反对变法，这一点还是可取的。能容小人，方成君子。宁可得罪君子，也不能得罪这样的小人。所以临走时，把园林赠送给了他。贾昌朝客气几句，欣然接受，将园林更名为"曲水园"。

给不喜欢的人留面子、留台阶，包容大度，这正是文彦博政治家特有的大智慧。

五年后，文彦博再次拜相。如果不是文彦博的大度，唐介很可能终身憋屈在蛮荒之地。他没有对唐介落井下石，而是大度地上奏仁宗："介顷为御史，言臣事多中臣病，其间虽有风闻之误，然当时责之太深，请如中复所奏召用之。"诚恳请求仁宗尽快将唐介召回予以重用。

仁宗采纳他的建议，将唐介召回，任命为天章阁待制。生性清高耿直的唐介深为文彦博宽宏大量、不计私怨的气度和品行所感动，也深为自己言辞偏激而自责。

此后，唐介一直深受重用，逝世前官居参知政事。二人合作融洽，成为志同道合的政治盟友。

唐介特立独行，性格倔强，敢于直言，直声显赫。神宗在任命王安石参知政事前，曾问唐介："安石怎么看？"唐介直通通地说："让安石来干，先把我免了。"

他公开说，王安石好学泥古，议论迂阔，不可大任。不过他没有被免，王安石却上任了。

唐介坚定地和文彦博等元老站仕一起，在朝堂上经常和王安石辩论得天昏地暗，官司打到神宗那里，神宗偏袒王安石，唐介气得背部生疮而死。

元丰年间，文彦博任太尉留守西京，主政河南府，其时，唐介已经去世，他的次子唐义问为转运判官，在文彦博部下做事。

文彦博一一会见府官。唐义问提心吊胆，对同僚说："先父为台官弹劾文大人，免去大人宰相，我不敢见他。"

文彦博听说后，特意召见唐义问，对他说："你父亲身为台谏，所言正是我的过失。他被贬，我也罢相。不久，朝廷召我复相，未召你父，我心中有愧，直到朝廷起用唐公参知通判，我俩才一同入朝。我与他执政多年，合作很是愉快。"

唐义问听罢，感动落泪。

文彦博赏识唐义问才干，举荐他为集贤殿修撰兼河东转运副使。王安石推广新法，唐义问认为这是盘剥百姓钱财，拒不执行，被贬为舒州团练副使，依旧初衷不改。不愧是唐介之子。

第十三章 亦师亦友范仲淹

　　范仲淹是宋朝历史上著名的宰相之一。他的名著《岳阳楼记》永载史册。他推行的庆历新政遭到扼杀后，屡次被贬，以至于被贬时，官员都不敢前来送行。

　　文彦博一向敬重范仲淹的为人行事和政治抱负。在文彦博眼里，范仲淹是一个"贫贱不能移，富贵不能淫，威武不能屈"的大丈夫。他打心底钦佩范仲淹宁可粉身碎骨，也要坚持正义的铮铮铁骨。在他心目中，范仲淹就是自己的偶像。他鄙视那些看风使舵的人，听到范仲淹再次被贬，不怕别人嚼舌头，亲自到范仲淹府中，同桌而饮，痛快聊天。以天下为己任的共同理想，使文彦博和范仲淹成为志同道合的政治盟友。

　　皇祐三年（1051）十一月，秋风瑟瑟，寒意渐浓，一位特殊的客人来到文彦博府上，极虔诚地递上一幅黄绢小楷书法作品。

　　文彦博打开一看，顿时喜上眉梢。

　　来人是京西转运使苏舜元的幕僚，送来的是范仲淹亲书唐代大文学家韩愈名作《伯夷颂》。

捧着老朋友的作品，文彦博不禁心潮滚滚，想起那场轰轰烈烈的政治革新运动。

庆历年间，开国已经八十多年的北宋，机构臃肿低效，军队庞大却无战斗力，西北边患频仍，国库空虚，这些状况无不令人担忧。范仲淹作为参知政事，提出了一套改革方案，以举县令、择郡守、复游散、去冗僭、慎选举、敦教育、育将才、实边郡、保直臣、斥佞人为改革内容，以固邦本、厚民力、重明器、备戎狄、杜奸雄、明国政为改革方针。这就是历史上著名的"庆历新政"。

这一时期，文彦博正在西北边陲主持防务，远离朝廷，没有直接参与庆历新政。代表保守势力的宰相吕夷简、支持保守派的王拱辰与文彦博交情很深，而革新派范仲淹、富弼同样与之交谊甚密。文彦博没有明显地支持或反对某一方，但从一些文献记载看，他的政治主张和在秦州、益州任上采取的改革措施，表明其也是庆历新政的默默支持者和践行者。

习惯了苟安而尸位素餐的官员，对范仲淹的新政恨之入骨。他们联合一气，采用种种阴招诽谤暗算范仲淹，致使范仲淹被贬知青州（今山东省青州市）。

文彦博十分敬重范仲淹，但在一些重大事件上，二人难免也会产生分歧。宋庆历三年（1043），统率陕西四路大军的大元帅郑戬，上书朝廷奏请在秦渭二州间"水洛"（今陕西省庄浪县境内）构筑城镇，加强边境防御。他的建议得到范仲淹支持。

文彦博认为，水洛无关紧要，在此筑城枉费巨资，且有西夏乘机入侵的危险，坚决反对范仲淹这一做法。

二人观点分歧，并不影响他们之间的私人友情。"为国远图，争而后已，欢言如初"，目的都是维护国家利益。

六十二岁的范仲淹来青州是当"救火队长"的，当时，青州发生了一场特大旱灾，朝廷害怕民变，仁宗亲自拍板，让范仲淹去青州赈灾。

此时范仲淹已重病缠身，又值近严冬，他不顾风烛残年，不顾鞍马劳顿，毅然上任了。

完成赈灾任务后，范仲淹已病体难支，但心中的理想和信念，似一团火焰熊熊燃烧，激励他一丝不苟地书写完《伯夷颂》，以表明自己如伯夷一般坚持做人的原则和操守。他派人送给苏舜元，请苏舜元将这件书法作品分别让文彦博等人进行题跋。

苏舜元是历史上有名的清官，与范仲淹、文彦博都是好友。

范仲淹选择向伯夷仁人看齐，旨在提倡世人学习伯夷特立独行的精神。文彦博接到范仲淹书作，感触良久。范仲淹外任后，依然"触事为忧，所重在太平之业"。他把自己奋斗一生的做人标准和政治理想提炼为《岳阳楼记》中"不以物喜，不以己悲；居庙堂之高，则忧其民；处江湖之远，则忧其君"，特别是"先天下之忧而忧，后天下之乐而乐"的思想观念，成为震大千、醒人智、承千古、启后人的经典，令文彦博钦佩不已。

想到这里，他挥毫泼墨，题写《题高平公范文正亲书伯夷颂卷后》：

> 书从北海寄西豪，开卷才窥竦发毛。
>
> 范墨韩文传不朽，首阳风节转孤高。[1]

北海即北宋时的青州，西豪指许州颍川郡长社。这首诗热烈赞颂了范仲淹书品，由衷表达了对老友坚贞操守、高风亮节的崇敬之情。

题跋完毕，文彦博不禁又回想起二人守边时范仲淹鼎力相助的往事。

泾原路蕃族部的密珠、尔藏，时归宋廷，时属夏人，向背无常。文彦博与狄青筹划袭讨二族。范仲淹得悉，立即写信提醒文彦博，通往二族的道路险峻，不可强攻。如果讨伐，其必投夏人，与之互为表里，后患无穷。范仲淹建议，如果在二族北部设置堡障，切断夏军进路，既可保障二族平安，防止他们投降夏人，也可打通各路镇戎军之间的联络。

文彦博采纳范仲淹建议，引领部队构筑堡障，缓解了蕃部二族带来的

---

[1]（宋）文彦博：《题高平公范文正亲书伯夷颂卷后》，文彦博《文潞公集》卷四《律诗》，山西人民出版社 2008 年版，第 51 页。

军事压力。

范仲淹带病坚持了一年，体力越发不支。经过长期征战和常年奔波，他再也经不起折腾，已无法胜任青州繁重的政务。此时，他完全可以请病假休养。可是如果请假休养，他就不是范仲淹了。他的这一生就是为国为民活着的。他请求移知颍州（今安徽省阜阳市）再做一些事情。

文彦博奉诏接替范仲淹任青州知州。

两人交接时，望着这位颤颤巍巍的老兄，文彦博如同仰望一棵苍劲高洁的青松，如同仰望一轮皓月、一座充满力量的人生航标。

想到他的处境，文彦博心中不免一阵酸楚。

范仲淹打破了沉默，他有几句话必须说："我此去赴任，凶多吉少，也可能是永别，虽奸人当道，法度颓坏，然天下事尚可为，老弟勉之！"

文彦博点头，表示理解这份嘱托。临别，他深情嘱咐这位兄长珍重身体。

天地宁静，微风吹拂。

文彦博目送着范仲淹远去的身影，默默为他祝福。

这一去，燃尽了范仲淹的生命之火。皇祐四年（1052）农历五月十二，范仲淹走到江苏省徐州市，就再也走不动了。这里成了他最后的安息之地。

文彦博得到消息，泪如雨下，悲痛万分。作《祭范大资政文》，以美酒佳肴祭奠老友之灵。

范仲淹一生没有得到公平的待遇，但历史还是给了他一个载入史册的公道，赐予文臣最高等级的谥号——文正。

"文"这个字，在宋朝很容易得到，只要是有名的文臣，一般都会授予"文"这个谥号。但要获得"正"字，却不容易。只有一生按照最高标准去践行儒学道德的人，受到官员百姓一致拥护爱戴的人，才能称得上。

在文彦博的心目中，范仲淹是当之无愧的"文正"，这么一个完美的谥号，范仲淹绝对受得起。

范仲淹在苏州任上时，捐献自己的宅地设立州学，请名儒讲学，在历史上传为美谈。文彦博在青州也留下一段佳话。《渑水燕谈录》记载了此事。

龙兴寺是青州最大的寺院，众多的善男信女在此参禅拜佛，无数文人墨客在这里进行文化交流。

青州有个布衣张在，擅长写诗，只是终身贫困，老死家中。他曾在龙兴寺老柏院墙壁上题诗，"南邻北舍牡丹开，年少寻芳日几回。惟有君家老柏树，春风来似不曾来。"①这首诗被人们广为传诵。

文彦博来此访问，被这首诗所吸引。他看到字迹模糊，不好辨认，于是命人拿来笔墨，亲自将这首诗书写在墙壁上，以传后世。

堂堂的宰相放下高贵的身份，亲自书写一名贫民书生的诗，事情虽小，却是道德操守的人格之美。

皇祐五年（1053）七月，文彦博前往西北边陲重镇秦州任知州，兼秦凤路军事总管。秦州曾经是范仲淹战斗过的地方，文彦博站在这片热土上豪情满怀，吟诵范仲淹那首有名的边塞词：塞下秋来风景异，衡阳雁去无留意。四面边声连角起，千嶂里，长烟落日孤城闭。浊酒一杯家万里，燕然未勒归无计。羌管悠悠霜满地，人不寐，将军白发征夫泪。

他立志像范仲淹那样，践行自己的历史使命。

　　　　　因谣罢市在名城，巧解危机是智明。

　　　　　料事如神千古赞，文公睿智懂人情。

这是现代人张笔东写的一首《感文彦博罢市》诗。

诗中所说是文彦博处理了一件扰乱市场的棘手的事情。

七月的长安，骄阳似火，热浪滚滚，市场上出现了一股抢购风，人们争相抢购粮食、布匹、牲畜等，叫喊声不绝于耳。猛一看似乎是市场繁荣，实则是人们心中恐慌，急于抛出手中的铁钱。人们纷纷传言，铁钱要作废了。与其作废，倒不如趁现在抢购东西。

---

① （宋）张在：《题兴龙寺老柏院》，《渑水燕谈录》卷七《歌咏》，中华书局1997年版，第86—87页。

其实，铁钱作废是谣言。

北宋民间流通的货币有官银、铜钱和铁钱。铁钱是由于铜钱无法满足市场需求产生的。

起居舍人毋湜祖籍陕西，是负责记录皇帝言行的官员。他上书朝廷，说陕西境内流通的铁钱不利于百姓交易，建议废除，改用铜钱。

朝廷没有采纳他的建议。但没有不透风的墙，消息一传出，市场可就炸锅了。老百姓担心铁钱作废，争相用铁钱购物，商人则拒收铁钱，市场一片混乱。

一些官员主张采取严厉手段加以制裁。文彦博摇摇头，认为此事宜疏不宜堵，他说："如果禁止，人们会更加疑惑，更加骚乱，更加加剧谣言传播。"

▲ 北宋陕西铁钱

他招来丝绢行业的商人，让他们把丝绢拿到街上去卖。他也把家里存放的丝帛拿出来，说："凡是买丝绢的，只收铁钱，不收铜钱。"

消息传开，老百姓知道铁钱还会继续流通，消除了疑虑，市场恢复了正常秩序。

陕西民间私铸铁钱扰乱市场，文彦博上书《奏陕西铁钱事》，认为根源在于铁价低，私铸者获利丰厚，所以不顾国家法令铤而走险。禁止铁钱在市场流通只会惊扰市民，无法产生实效。他奏请朝廷提高铁价，使私铸铁钱者无利可图。这样于国家和百姓都有利，市场自然稳定。

好为人师，诲人不倦，得天下英才而教育之，是文彦博一生的情结。他对一代理学大师张载的钟爱，成为一段佳话被载入史册。

大家熟悉的名言"为天地立心，为生民立命，为往圣继绝学，为万世开太平"就出自张载。

张载十多年苦读儒、释、道经典，逐渐建立起一套自己的学说体系。

他的学术思想广为传播，人们赞誉他"名行之美"。

对于这样的文化名人，文彦博非常敬重。他亲自登门拜访，邀请张载在州府学堂担任学官，弘扬理学文化，并鼓励他赴京城参加科考。

嘉祐二年（1057），三十八岁的张载参加科考，与苏轼兄弟、曾巩兄弟等人同登进士。在京城候诏待命之际，已是宰相的文彦博会见张载，高规格招待，邀请他在相国寺举办讲座。文彦博特意让人设置虎皮椅，可见对他的尊重与信任。

在文彦博的举荐下，张载两次获得皇帝召见，并获任崇文院校书。

王安石变法时，正需张载这样的宗师联盟，因而邀请张载加入。

张载深受文彦博反对变法影响，他委婉回答："朝廷将大有为，天下之士愿与下风。若与人为善，则就敢不尽。如教玉人追琢，则人亦故有不能。"

大意是说，国家实行改革我支持，但要与人为善，大家商量着办事。如果强迫我完全按照你的新法干，绝对不行。最终张载和王安石不欢而散。

宋代理学大师朱熹将司马光、周敦颐、邵雍、张载、程颐、程颢，称为北宋"道学六先生"。张载能有此成就，与文彦博关爱息息相关。

两年后，皇帝将文彦博召回朝廷，一个施展才华、建功立业的大门，又一次向文彦博敞开。

第十四章　威坐禁宫

仁宗病了，可谁也想不到，他会在关键时刻突然患病失态。

嘉祐元年（1056）正月，东都城里一派喜气，张灯结彩，锣鼓喧天，舞龙舞狮，跑马旱船，好不热闹。此时，吏部尚书、平章事、昭文馆大学士文彦博正在主持一场声势浩大的新年宴会。正在大庆殿宴请各国使臣，接受文武百官朝贺的仁宗，突然额头直流冷汗，全身颤抖不已，面色惨白，说话语无伦次。

外交宴会上，皇帝这副疯癫的模样，要让各国使臣看见，成何体统！丢人丢大了。文彦博敏锐地观察到了这个细节，赶快悄悄退到乐队处，示意他们使劲演奏，声音越响亮越好。

鼓乐震天响，各国使臣以为这是大宋王朝的礼仪，毫不在意。演奏分散了大家的注意力，使臣们只顾喝酒，并未注意皇帝怎么样了。

过了一会儿，文彦博让太监搀扶着皇帝回了后宫，他从容给使臣解释："我主昨天参加宴会饮酒多了点，今天不胜酒力，先回宫休息。咱们继续，本大臣奉陪大家，希望大家尽兴。"

文彦博巧妙化解了这场尴尬局面。

事情来得这么突然，文彦博始料未及。他急忙招呼内侍史志聪询问仁宗病情。史志聪连连摇头，以保密为由拒绝回答。

文彦博勃然大怒，大声斥责说："你们服侍皇帝，得以随意出入禁地，却不让宰相知道皇帝的病情，你们想要干什么？从现在开始，你要随时报告皇帝的病情，否则以军法处置。"

作为宰相，文彦博随时关注皇帝的病情，义不容辞。

文彦博提议，当晚以给仁宗祈福为由，两府官员留宿于大庆殿的廊庑，以便随时处理突发情况。

谁知，这又遭到史志聪强烈反对，说皇宫从来不许大臣留宿，以前没有先例。

文彦博怒斥道："现在不是讨论有无先例的时候！事关国家安危，我们要为皇上祈福。"

中书门下平章事、集贤殿大学士富弼也双眉一竖，大声喝道："天下哪有宰相见不到天子的！"

一切在文彦博安排下有条不紊地进行。然而，意想不到的事还是发生了。

深夜时分，枢密直学士权知开封府王素夜叩宫门，说有紧急事情报告。此时正处于非常时期，文彦博严令不许开门。

第二天，王素入宫禀报，禁军中一个兵卒告发都虞候谋划发动叛乱，刑部尚书刘沆准备捉捕都虞候治罪。

文彦博认为需要查清事实，叫来都指挥使许怀德询问。都虞候是都指挥使的副职，许怀德担保都虞候无事，属于兵卒诬陷。

文彦博提议惩处这个兵卒，其他大臣也表示赞同，文彦博起草判状准备签发。他所不知道的是，站在身边的，还有一个别有企图、冷眼旁观的人，这个人就是刘沆。参知政事王尧臣暗示文彦博，让刘沆也签字。果然，刘沆事后向仁宗汇报，说文彦博擅自斩告反者。仁宗询问文彦博，文彦博把刘沆的签字给仁宗过目，这才解除了疑惑。

几个宰相昼夜守在大殿，直至皇帝病情好转。

仁宗有三个儿子，杨王赵昉、雍王赵昕、荆王赵曦，三个儿子相继夭折。可能是这个原因，仁宗精神受到刺激，身体经常出现反常。有一次，仁宗在紫宸殿宴请辽国使者，突然一下子变得神情木讷呆板。大臣们给他敬酒，他也语无伦次。几天后，大臣们进宫问候，他又人喊大叫，赤脚乱跑。仁宗病情加重，七十多天废朝。

仁宗的继承人一直没有确立。自古以来，在继承人问题上，各种政治力量无不打着延续社稷的旗号，图谋推出自己的代理人。为了预防皇权之争引发的政治危机，文彦博联合富弼、刘沆反复劝说皇上早立储嗣。仁宗病情反复，这事也就搁置下来。

仁宗病情好转后，文彦博忘身为国，不顾忌讳，求立储君。

此时的仁宗病入膏肓，听了文彦博的话后，脸立刻阴沉下来，问道："卿欲谁立？"

谁都明白这句话的重量。文彦博涕泪俱下，立即下跪，镇定自若地说了一段感人肺腑的话。意思是，臣无德无才，承蒙陛下厚爱，才有幸为国效力。今天，老臣之所以乞求皇帝尽快册立太子，是为了大宋江山社稷永固，别无所求，望陛下三思。

一听这话，仁宗脸色立刻阴转晴。他知道文彦博一片忠心，有这样的忠臣，自己死而无憾了。可能是回光返照，他突然兴奋起来，感动地说："知卿等尽忠，朕许立宗实为嗣。"

文彦博依靠自己的智慧和忠诚说服仁宗，立其堂兄濮王赵允让的儿子宗实为太子。这就是后来的英宗。

嘉祐八年（1063）四月，在位四十一年的仁宗驾崩，一个时代结束了。

《宋史·仁宗本纪》：

在位四十二年之间，吏治若偷惰，而任事蒉残刻之人；刑法似纵弛，而决狱多平允之士。国未尝无弊幸，而不足以累治世之体；朝未尝无小人，而不足以胜善类之气。君臣上下恻怛之心，忠厚之政，有以培壅宋三百余年之基。子孙一矫其所为，驯致于乱。《传》曰："为人君，止于仁。"帝诚无愧焉。

英宗继位后，召文彦博入京。询问起仁宗立嗣之事，文彦博说："先帝知子之明，皇太后拥佑之力，人臣岂可贪天之功。"英宗说："虽云天命，亦系人谋，卿深厚不伐善，阴德如丙吉，乃定策社稷之臣也。"文彦博说："周勃、霍光才是定策者。自至和、嘉祐以来，大臣请求立皇嗣者众多，臣等虽数次纳说，然先帝未决。至嘉祐末，韩琦等成就大事，皆琦等功也。"英宗说："议论始于至和时，首发议论者最难，此时仁祖意已定，其后只是依前而行。前后各不相掩也，卿宜尽录本末，朕将付之史官。"

英宗感谢文彦博拥戴之功，加封他为平章事、成德军节度加官军大将军、左金吾卫大将军。文彦博叩头谢恩，婉言谢绝了。

英宗十分感叹，他再三劝说，文彦博坚辞不受，英宗只好收回成命。让太监拿出仁宗的珍贵遗物赐给文彦博，表示对他的谢意与敬仰。

第十五章　挚友包拯

和宋朝的同行们比起来，包拯是个非常奇特的官员，他的野史传说比正史更精彩。什么"狸猫换太子""铡美案""打龙袍""情花劫""双城记""怒铡公孙"个个生动传奇。至于民间传说的"黑脸加月牙，星宿下凡来，日判阳间事，夜间断孤魂"，那是演戏的形象。

包拯就是一个普通的人，一个面目清秀、白脸长须的人，一个和文彦博同时考中进士的人，一个著名的文臣。当然，也是一个敢于惩治贪官污吏的人。

包拯是参加科考和文彦博相识的。

那年包拯二十八岁，是这个群体里的老大哥。年龄是大，但考试成绩绝对优秀——一甲。

史料记载，那次科考，一共录取了三百七十七人，成绩最优秀者列为一甲，而一甲只有三十人，文彦博和包拯赫然位列其中。

文彦博、包拯都是"一战成名"，这比"唐宋八大家"之一的曾巩厉害多了。曾巩才高八斗，名闻天下，所有人都认为，考试对他而言，不过是个名次问题。

可是上天和他开起了玩笑，接连四次都没有考中。好在曾巩不甘心命运的捉弄，毫不气馁，第五次终于榜上有名了。

宋朝官制，一甲学子可以到一个富庶的大县去任职。包拯被派到离家近的江西永修县当县令。

十年寒窗苦，金榜题名时。如今马上可以做官光祖耀宗了，包拯却上了一份奏折，请求辞掉官职，回家侍奉父母。

十年后，皇祐二年（1050），三十八岁的包拯回到朝廷在谏院任职，这时文彦博已升为宰相。

包拯是天字第一号谏院官员。他执法严明，铁面无私，每天两眼专门盯着大臣们的过失。有人喜欢他，也有人怕他、恨他，贪官污吏对他闻风丧胆，人们背地里送给他一个很贴切的雅号——"包弹"。

在一千年前，包拯就旗帜鲜明地提出"反贪倡廉"的为官准则，难怪民间称他"包青天"。

仁宗提拔张贵妃伯父，包拯第一个点燃导火索，率先谏阻，弹劾张尧佐无功食禄，坚决要求将其拿下。

同时，他当面批评仁宗，由于过分激动，怒目圆睁，"唾溅帝面"，弄得仁宗十分难堪。

仁宗明白，包拯尽管有点过分，但这是尽职尽责，朝廷需要这样忠肝义胆的人。

仁宗最终免掉张尧佐两项重要职务，文彦博被牵连也被免去宰相职务。

文彦博被免，并没有影响他和包拯的情谊。

至和二年（1055），包拯任陕西转运使，保举凤翔监税、柳州军事判官卢士安失误，官降一级，贬为兵部员外郎、知江东路偏僻小郡池州（今安徽省贵池）。

文彦博再度为相后，仁宗突患中风，不能理政。文彦博借祈祷名义阻止任何官员入宫，以防有变。

包拯知悉后，十分牵挂，特地命人精心炮制了祛风安神有特效的石菖蒲，火速送往京城，希望仁宗尽快恢复。

仁宗对包拯献药之举深为感动，特下诏答谢。文彦博一直希望能再次重用包拯，他不失时机地提出了自己的建议。

这时，包拯从池州给文彦博寄来一首诗，表达自己忠心报国的情怀。文彦博写《寄友包兼济拯》诗答赠包拯：

> 缔交何止号如龙，发箧畴年绛帐同。
>
> 方领聚游多雅致，幅巾嘉论有清风。
>
> 名高阙里二三子，学继台城百六公。
>
> 别后愈知琨气大，可能持久在江东。①

诗中追述两人兄弟般的同窗情谊和同朝为官的往昔，赞美包拯清节美行的气度，更重要的是最后两句，巧妙暗示包拯不久将得到重用。

在文彦博的努力下，包拯在池州只待了八个月，便被提升为刑部郎中。

宋朝是一个文化繁荣的时代，文人们留下了许多脍炙人口的诗词。而包拯仅有一首诗流传后世。明万历《肇庆府志》记载《书端州郡斋壁》：

> 清心为治本，直道是身谋。
>
> 秀干终成栋，精钢不作钩。
>
> 仓充鼠雀喜，草尽兔狐愁。
>
> 史册有遗训，毋贻来者羞。

这就是包拯的性格，直来直去，不拐弯，不修饰，但这是他一生精神境界的真实写照。

史籍记载，包拯当监察御史时，三次弹劾翰林学士李淑。李淑才华横溢，

---

① （宋）文彦博：《寄友包兼济拯》，文彦博《文潞公集》卷三《律诗》，山西人民出版社 2008 年版，第 36 页。

编纂《真宗实录》，编写六十六卷《崇文总目》，建立了国家图书馆目录，绝对是一个优秀的人才。但是，这个人有一个毛病，一味追求高位，不孝顺母亲。

包拯认为，忠于孝道是一切行为的准则，连母亲都不孝顺的人，不能为官。在他的弹劾下，李淑被免去官职，下岗回家尽孝。

"开封有个包青天，铁面无私辨忠奸。"

五十八岁时，包拯还当了一年的开封府尹。

在小说、戏剧、电视剧中，包拯断案无数，其中最著名的有"狸猫换太子""秦香莲"。

其实，这些都是虚构的，和包拯根本不沾边儿。不过，包拯却当过真正的外交官。

当时，辽国不断挑衅和刁难宋朝，那些派出去谈判的使者，经不起契丹人的恐吓，事情没谈成功，便打道回府了。

最后，仁宗任命有勇有谋的包拯为贺契丹正旦使，出使辽国。

包拯到达辽国后，辽国人故意安排他住在破旧的寺院，半夜里还派人装神弄鬼，鬼哭狼嚎，一夜都不消停。

面对挑衅，包拯毫不畏惧，他用讥讽的口气对契丹接待使说："你们的住宿条件和治安太差了，住在破庙里，半夜里竟然还有盗贼光顾。向领导反映一下，今后还得改善住宿条件和加强治安呀！"

这一下，把契丹人给镇住了。他们说，这个人是一个真正的英雄，咱们的那一套，他根本不在乎。

于是，契丹接待使马上给包拯一行换了宾馆，并用最高等级的礼仪予以接待。

临行时，两国互赠礼品，辽国也向包拯个人赠送谢礼。包拯毫不犹豫拒绝了，他只接受回赠皇帝的国礼。

史料记载，包拯担任两年监察御史，共弹劾了六十一位中高级违纪官员，其中令人瞩目的是三位三司使。

第一个被弹劾的是张贵妃的伯父——张尧佐。理由是外戚弄权。

第二个是张方平。理由是监守自盗。

第三个是宋祁。理由是道德作风问题。

包拯接连干掉三个三司使，结果，没有人敢当三司使了。

仁宗无奈，只好任命包拯当三司使。把三个三司使弹劾下岗，自己取而代之，遭到了以欧阳修为首的部分官员强烈反对。

包拯不管那些闲言碎语，走马上任。在任期间，以民为本，宽民利国，减少老百姓税负，确实是一个合格的三司使。

嘉祐六年（1061），包拯升任枢密副使。次年五月，他在枢密院视事时，突然得疾，不幸在开封病逝。文彦博得到消息，来到包拯家中吊祭。包拯的遗像下摆着香案，这正是两人相聚互诉衷肠的地方。

文彦博睹物思人，潸然泪下，大为感慨。包拯忠孝两全、反贪倡廉、刚直不阿、铁面无私、执法如山、以民为本的精神，在他脑海里翻滚不息。

他如此评价包拯："身备忠孝，秉节清劲。直道立朝，中外严惮。"

包拯病逝的消息传到皇宫后，仁宗辍朝一日，加封包拯东海郡开国侯、礼部尚书，谥号"孝肃"。此后，百姓便称包拯"包孝肃公"了。

仁宗深为包拯的去世感到遗憾，他在吊唁时发现，包拯的次子包绶才五岁。看到这个可怜的孩子，他流泪了。

文彦博知道，包拯一生清廉，道德传家，家中没有积蓄，这个孩子的生活是个很现实的问题。他向朝廷提议，恩荫包绶官职，解决生活之忧。

他在奏疏中说："包拯之后，唯绶一身孤立不倚，臣以为宜蒙奖擢，以旌名臣之后。"包绶因此获得太常

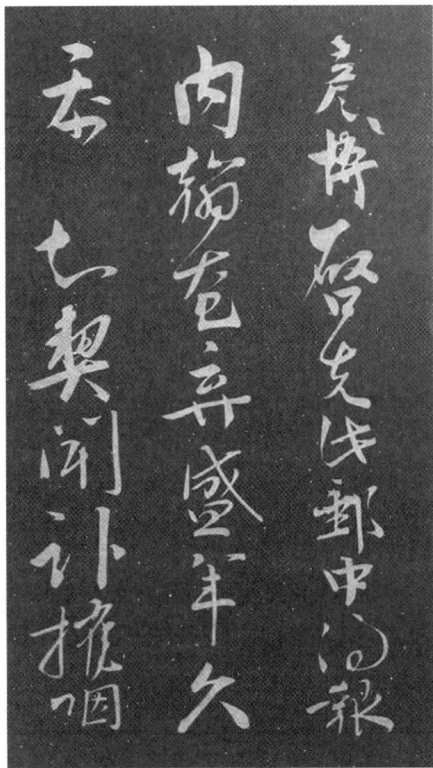

▲ 文彦博《得报帖》

寺太祝的官衔，有了固定的俸禄，解决了后顾之忧。包绶八岁时，正逢朝廷三年一次的祭祀盛典，在文彦博的关照下，包绶被授予大理评事。

妻子病故后，包绶再娶文彦博小女儿文氏为妻，成为文彦博女婿。

文彦博的儿子文效娶包拯小女儿为妻，文效成为包拯女婿。

在宋朝，政治联姻是普遍现象。然而，文彦博与包拯亲家关系，过去并不明确，二十世纪七十年代合肥发掘出土包拯及其夫人董氏、长媳崔氏、次子包绶、次媳文氏、长孙包永年的墓志才揭开这个秘密。

墓志透露的信息大致是这样的：

包拯去世后第二年，仁宗派包拯的女婿文效由汴梁扶棺将灵柩送回庐州合肥大兴集建墓安葬；国子监主簿文效娶包拯次女为妻；包拯夫人董氏丧事由文效一手操办；包拯长媳崔氏墓志由文彦博第六子文及甫撰写；包绶再娶文彦博女儿文氏；文勋为包拯、董氏、崔氏三人墓志篆书。

作家方村《包公大墓瞻仰记》对文效介绍如下："1062年农历五月二十四，包公在开封任上去世后，次年农历八月初四，宋仁宗派宰相文彦博的儿子文效（包公女婿）扶棺将灵柩送回故土，建墓安葬于合肥大兴集。"此介绍文效是文彦博的儿子，《文彦博年谱》作者申利考证，文彦博八个儿子中并无此人。有待进一步深入研究。

文勋也是个有名气的人，顺便介绍一下。

文勋在包拯的墓志中自称"甥"，在董氏墓志中称"外生"，显然是晚辈至亲。史学界考证，文勋曾任江西瑞安县令、怀仁县令、福建路转运判官。一生虽然官位不显，但才华出众，善画山水，尤工篆书，书名颇高，与苏轼、米芾、黄庭坚交往甚厚。

包绶第一次做官是在濠州（今安徽省凤阳县）任团练判官。他处事严谨，奉公守法，不贪图财利富贵。后调至开封，做少府监丞，负责管理皇帝使用的龙袍、车驾、宝册、符印、旌旗等，赢得皇帝的赞许。

徽宗崇宁四年（1105），包绶调任谭州（今湖南省长沙市）通判，半路染重病去世。后来人们打开包绶的行李，发现除了任命状、书籍、文具、著述和日常用品之外，找不到任何一件值钱的东西，只在他的衣袋里找出四十六枚铜钱。

　　文彦博对包绶的关爱，正是对故交的缅怀与尽责。包绶后来成为文彦博的女婿，文彦博也是内举不避亲，而包绶也没有辜负父亲和岳父的期望，是名副其实的廉洁清正的好官。

第十六章　公心与无奈

北宋年间是个多事的时期，战乱、灾患，什么事都有，朝廷内部就更复杂了，那些奸臣、好事者、诽谤者纷纷登台，不让他们表演是万万不行的。

文彦博遇到一件十分荒唐的事情。

宋至和二年（1055），黄河在大名府馆陶县再次决堤。浑浊的黄河水像一头咆哮的野兽，挣脱堤岸的束缚，向下游扑去，村庄、房屋、良田，霎时被淹没……

那时正是春天，人们希望洪水能早日退去，以便春耕。但一天天过去，显然无望。饥荒来临，人们只能吃糠吃树皮度日。

掌管河渠事务的大臣李仲昌建议，在澶州商胡河道东南开凿六塔渠，分流黄河水，引黄河水东流入黄河故道，减轻水势，避免大的洪灾。

宰相富弼采纳了这一建议。

然而，第二年四月，意外发生，承担导流功能的六塔渠河道过窄，河水倒灌，决口造成较大危害。

当时，仁宗正在生病。留守京城的宰相贾昌朝素与富弼不和，他在六

四朝柱石文彦博

塔渠决口上大做文章，借机攻击富弼，企图置之于死地。

他暗中指使宦官刘恢，说六塔渠凿土时涉及禁忌日，开凿河流又在京城的正北方，这才使得"上体不安"。

富弼遭到政敌阴险卑鄙的玷辱诬蔑，有口难辩。

贾昌朝还私下买通内侍武建隆，唆使两名司天官上奏，说最近上天出现星变，是不吉利的预兆，暗示国家将要出现大的灾难。避免灾祸，唯一的办法是请皇后一同听政。

皇后姓曹，出身名门，贤德贤惠，与其他历史上那些皇后不同。她不搞权术阴谋，也不争宠争权，只是默默无闻尽心尽力支持自己的丈夫。她对皇帝的感情是真实的，而皇帝数次要给她的亲戚升职，都被她推辞。

仁宗只是偶感风寒，调理一下，过几天就好了，怎么能让皇后出来听政！明目张胆离间皇帝与皇后的关系，这可是大逆不道啊！

文彦博看过奏状，大为震惊。他敏感意识到这是有人在背后搞阴谋，于是迅速将奏状揣入怀中。

他当即命人叫来两名司天官，严厉斥责说："你们两个糊涂蛋，受点小恩小惠就敢胡言乱语。你们的职责是报告气象变化，擅自干预国家大事是死罪，依照国法完全可以将你们斩杀示众！念是初犯，这次免予治罪。若胆敢再犯，定斩不赦！"

二人吓得面如土色，跪地求饶。

文彦博又说："你俩以后长个脑子，不要被人利用，否则，掉了脑袋也不知怎么掉的。"二人千恩万谢，应诺而退。

有人认为这样处理太轻了，应当斩首。文彦博说，那样就会把事情闹大，陛下一旦怀疑皇后，后果不可想象。

历朝历代，有多少心怀叵测的大臣，唆使一些小人物出面，进献谗言，扰乱国政，最终将国家搞得四分五裂。

富弼对朝廷忠心耿耿，他支持开凿六河塔，只是出现了意外，最多也就是工程技术问题，而贾昌朝对富弼的诬告，上纲上线，夸大其词，用心险恶。

文彦博与富弼同榜进士，深知富弼刚正不阿，办事从来不感情用事，即使是自己的岳父晏殊干出不当的事情，也会当场批评，决不客气。他辅政多年，忠实行事，对国家做出了巨大贡献。

多年来，他与富弼一起抗击西夏，一起并肩反对变法，深信富弼是朝廷不可多得的贤良重臣，因此对富弼非常敬重。

出于正义感，文彦博岂能容忍小人对自己的好友落井下石。他用高超的智慧，巧妙地保护了这位政治盟友。

在中国历史上，祸国殃民的往往就是皇帝身边的小人。他们依靠一些偶然的闪光表现，赢得皇帝的欢心和信任，最终陷害君主，祸害朝纲。贾昌朝就是这样的奸臣。

文彦博骨子里渗透着正统的儒家思想，对奸佞小人深恶痛绝，但有些时候，他也无可奈何，只能使用迂回策略去处理。

仁宗曾多次警示后宫不许干政。贾昌朝心怀叵测，挑唆皇帝与皇后的关系，幸亏文彦博采取果断措施，避免了不可想象的后果，保护了皇后免受无辜牵连。

文彦博巧妙地保护了好友富弼，保护了皇后，可他使尽了浑身解数，也未能保护住为大宋立下赫赫战功的枢密使狄青。

汾阳市是狄青的故乡，狄青神道碑保存在当地的太符观中，碑额"旌忠元勋之碑"为仁宗亲篆。一次，当地朋友领我去参观，他撂了一句话："狄青是被文彦博迫害死的。"这使我很不高兴。

狄青之死，争议颇多。历史真相是这样的。

宋至和三年（1056）五六月间，京城连降暴雨，一片汪洋，决堤的洪水，冲毁了数以万计的房屋。

这是百年不遇的自然灾害。

大学士欧阳修是一个喜欢借天灾借题发挥的人，他的做法别出心裁到了极致。早在庆历年间，有一年大旱，他上书说因为朝中有奸臣，希望皇帝把这些奸臣轰出朝廷，这样上天就不会干旱了。

这次遭遇洪灾，欧阳修又认为，这次灾难是朝廷政治失误引发的，是上天对仁宗用人失策的惩罚。上天警示的这个人就是枢密使狄青，倘若不赶快将狄青清理出枢密府，上天还得发洪水，将有大灾大难。

不就是暴雨灾害吗？用得着拿"上天"来说事吗？

欧阳修这么说，是有政治智慧的，是有重大意义的。

欧阳修认为，只要皇帝还畏惧老天，就有办法达到自己的目的。

他联络多名大臣上书，要求罢免狄青枢密使职务。

狄青，字汉臣，汾州西河人。狄青与文彦博是汾州老乡。狄青出生于真宗大中祥符元年（1008）。早他二年时光，文彦博出生于真宗景德三年（1006）。青少年时期，两人同在汾州这方物阜民丰的土地上生活成长。

狄青布衣自奋，北宋中期立下不世殊勋，凭借显赫战功，登上枢相高位。

文彦博进士及第，从基层历练，辗转戍边，储才养望，入主中枢，后又几更节钺，耄耋之年仍匡扶时局，功在家国。

一方热土，同时孕育出两位对北宋做出巨大贡献的人物，创造出了汾州人的旷世奇典，成为两颗闪耀在北宋历史天空的璀璨之星。至今他俩仍令汾州人引以为豪，成为家乡人景仰的楷模。

狄青从军原因说法很多，当代作家张立新、贾平考证，狄青的部下和战友余靖为其撰墓志铭并序当为可靠。

▲ 狄青画像

余靖写道："公瑾重信厚，风骨异常，少以骑射为乐，期于功名自立。弱冠游京师，系名拱圣籍中。"①

① 张立新、贾平：《狄青传》，北岳文艺出版社 2019 年版，第 16 页。

狄青弱冠之时即渴望建立军功，十六岁代兄受罚，逮罪入京之说，恐怕就是民间附会了。从军后他从一名小兵做起，每次作战，头戴青铜面具，纵马冲锋，所向披靡，锐不可当。史籍记载："出入贼中，皆披靡，无敢当者！"

狄青并不只有匹夫之勇，他有文化，曾为乡书手。丰姿奇伟的他，"刚而能柔，威而不猛"，锤炼十几年后，狄青任都巡检司指挥使，统辖禁军，负责防务。

宋宝元二年（1039）十一月，西夏军数万人攻打保安（今陕西省志丹县）。宋军拼死抵抗，然士兵寡弱，败局已定。

危急之际，狄青领命出战夏军。胸怀凌云壮志的狄青，纵马冲入敌阵，率部反击。夏军从未遇到如此神勇的战将，军心涣散，鸣金撤兵。

这场保卫战宋军以胜利告终。

时隔十年，狄青在大西北遇到他人生中的贵人。范仲淹主管陕西防御事务，早闻狄青英名，见其人更是钟爱有加，待之益友。

在战火纷飞的抗夏前线，范仲淹将自己随身携带的《左氏春秋》赠给狄青，语重心长地嘱咐他："熟此可以断大事，将不知古今，匹夫之勇，不足为耳！"

从此，狄青无论在什么地方，干什么差事，总是带着这套书，刻苦攻读。他踌躇满志、意气风发，时刻准备为国家建功立业。

宋庆历二年（1042），文彦博任泾原路部署司事兼知渭州，狄青任泾原都监兼知原州。狄青英勇无畏的气魄，赫赫显著的战功，给文彦博留下深刻印象。在抗夏前线，二位谈论兵法，完固城池，部署防务，防御功能日益强大。

与狄青出身截然不同的文彦博，阅人识人有着独特的眼光，他确信狄青为不世之才，积极向朝廷举荐，建议仁宗亲自接见，激励前方将士斗志。

仁宗喜欢狄青，认为他既有关羽、张飞的英勇善战，又有诸葛亮的军事谋略，是最佳的枢密使人选。

枢密使一职，是宋朝的最高军事长官，相当于中央军委主席之职。任命狄青为枢密使的消息一传出，立即炸了锅。文人们放出话来，让武人当枢密使，没门！

官员们纷纷上书，从祖制、理论、文化方方面面论证这件事，狄青坚决不能当枢密使。

仁宗不愿意听他们乱嚷嚷，说出了一句让他们震惊的话："狄青必须当枢密使，这个没有商量的余地。"

然而，颁布诏书时，大臣们还是有意拖拉。一向好脾气的仁宗大动肝火，撂下一句话："不想干，立即滚蛋！"

见涵养性极好的皇帝发飙，大臣们才屈服。

仁宗重用狄青，意味着武将地位的提升。这深深刺痛了重文抑武国策宠幸者的文臣集团。他们感到文人失去了高于武人的优越感，一肚子怨恨之气。

他们和狄青并没有什么个人恩怨，只是对仁宗的做法不满，才把怨气发泄在狄青身上。至于遇到战事，谁来保家卫国，他们才不管那些。

就在此时，天高皇帝远的西南偏隅，发生了一场动乱。

宋朝灭南汉统一岭南后，设置广南东路和广南西路，许多少数民族居住在这里。

一位少数民族首领起兵造反了，他要做皇帝，此人姓侬名智高。

侬智高秘密积蓄反宋力量，大量收纳亡命之徒，先后攻占数十个州县，最后团团围住广州城发起猛攻，局势越来越严峻。

侬智高来势凶猛，战火迅速蔓延，宋军拼死抵抗，但无法阻挡侬军进攻。皇帝急得似热锅上的蚂蚁。

刚从大西北回到京城的狄青，主动请求南征。他慷慨陈词，愿为皇帝分忧，以身报国，领兵前去平乱。

狄青气宇轩昂的报国壮志，豪迈的爱国情怀，将仁宗连日的阴霾一扫而空。

仁宗对狄青深信不疑，任命为宣抚使，全权指挥平定之事。

宣抚使位高权重，掌管湖南、湖北、广东、广西四路军政大权。

按照惯例，大将出征必派宦官监军。让狄青独立统率军队，谏官韩绛坚决反对，说"武人不应当专任"。

仁宗询问宰相庞籍。庞籍说："狄青起自行伍，如果用文臣来辅佐，会造成号令不统一，还不如不派遣。"

同为宰相的文彦博深知，宋军屡次战败，重要原因就是宦官监军，他们不懂军事，却横加干预军务。狄青是当今最优秀的武将，拥有丰富的作战经验和才能，用他挂帅是最佳人选。他力挺狄青独立统率出征。

岭南各路大军在狄青指挥下，数月苦战，荡平叛乱，成功的捷报很快传到朝廷。

梅尧臣闻讯，激动不已，笔落诗成：将军曰青才且武，先斩逗挠兵后强。从来儒帅空卖舌，未到已愁茆叶黄。[1]

狄青为国建立功勋，称得上是能捍大患的英雄。反对他的那伙人视功劳而不见，依旧不依不饶，反而对他发起了更加猛烈的攻击。

首当其冲的仍是文坛领袖欧阳修。

欧阳修一代鸿儒，雄文万卷，举荐人才无数，政坛颇有盛名，没有理由对狄青猜忌和打压。然而，他却率先打头阵责难狄青，连续多次弹劾。

《宋史·欧阳修传》记载："狄青为枢密使，有威名。帝不豫，讹言籍籍。修（欧阳修）请出之（指狄青）于外，以保其终。遂罢知陈州。"

李焘《续资治通鉴长编》记载："臣（欧阳修）又见枢密使狄青，出自行伍，遂掌枢密。今三四年间外虽未见过失，而不幸有得军情之名。且武臣掌国机密而得军情，岂是国家之利？欲乞且罢青（狄青）枢务，任以一州。既以保全青，亦为国家消未萌之患。"[2]

清人昭梿《啸亭杂录》记载："有宋一代，武臣寥寥，唯狄武襄（狄青）立功广南，稍有生色。仁宗置诸枢府，甚为驾驭得宜。乃欧阳公（欧

---

①（宋）梅尧臣：《十一日垂拱殿起居闻南捷诗》，转引自张立新、贾平《狄青传》，北岳文艺出版社 2019 年版，第 219—220 页。

②（宋）欧阳修：《论水灾疏》，转引自张立新、贾平《狄青传》，北岳文艺出版社 2019 年版，第 264 页。

阳修）露章劾之（狄青）。至恐其有他心，岂人臣为国爱惜人才之道？狄公（狄青）终以忧愤而卒。其后，贼桧（指秦桧）得以诬陷武穆（指岳飞）者，亦袭欧阳故智也。"

以上三条史料来自不同史书，在语气和原因上有所区别，但都明确指出是欧阳修劾奏诬陷狄青。

也有为狄青鸣不平的人怀疑，欧阳修是否因为自己官运晦暗不如狄青青云直上而有私心呢？这倒不可能，估计欧阳修也不想去当枢密使。但他的影响太大了，一心想靠他提携的官员纷纷加入这个行列。

欧阳修提出罢免狄青的理由，是害怕狄青手中兵权，被小人利用，产生"奸萌"。

这实在是不是理由的理由，欧阳修指责狄青"奸萌"，实质上是诬陷狄青有篡位野心。

苏洵在这件事上也扮演了不光彩的角色。他指责狄青邀宠军心，是国家最大的危险和隐患。

狄青打仗有勇有谋，在军中有威望，这就是罪证。

刘敞是庆历年间进士，而且是第一名。他一直对超越文臣地位之上的武将心怀不满。他紧跟欧阳修，四处散布谣言，诬陷狄青像真龙天子降世，狄青府上奇光闪现，狄青家的狗身上长角。

文彦博器重狄青，也清楚朝廷重文轻武的风气，但大敌当前，国家还需像狄青这样血气方刚、舍生取义的忠贞将士。他顶着压力多次和诽谤狄青的大臣辩论，直言自己的观点，想说服保留狄青枢密使职务。

文彦博说："狄青忠谨有素，外面的那些传言，都是小人之语，不足置意。"

殿中御史吕景初威胁他说："大臣宜为朝廷虑，毋牵闾里恩也。"意思很明确，你文彦博为狄青说话，没有站在朝廷的立场上，你置国家圣上的安危于不顾，只是念及与狄青同乡之谊和个人私交。

为了罢黜狄青，那些人团结一致，天天逼迫皇帝让狄青下野。

仁义宽厚的仁宗不相信他们说的那一套，但也架不住这些人天天吵吵嚷嚷，耳朵起了茧子不说，心脏都受不了，他开始动摇了。

宁肯得罪文彦博，也不能得罪那么多大臣。

文彦博作为大宋国策的制定者和执行者，深知重文抑武大政策不可能更弦易辙。木秀于林，风必摧之，更何况人心叵测，随时都有邪风阴风横吹呢！他也实在是无奈！

不过，文彦博仍然初心不改，认为狄青这样忠心为国的将帅，倘若受到不公正的处分，无疑会伤害一大批边疆将领，严重损伤军事统帅的威信，于是上书提醒仁宗：

> 臣闻"谋攻料敌，老将所难"，不当与新进白面书生，唯务高谈虚论，容易而计画之。今已天下之大，士人之众，岂无深识远虑，怀忠守正，更事历事之人？愿陛下详求而审用之，如祖宗朝所用杆边守塞，宿将名臣，见于国史者多矣。乞详察之，臣之此言非不知触犯时怒，蒙陛下眷奖尤深，乃心本朝，义均休戚，岂当随例缄默，上负圣朝，伏望天慈亮其区区竭尽之诚。①

文彦博委婉含蓄批评朝廷用人不当，希望今后能够重用承担国家大任的人才。

狄青在战场上是名副其实的大将军、大英雄，在吃人的舆论面前也只能是由人随意摆布的小棋子。

最终狄青罢枢密使，出判陈州。不过，他护国军节度使大藩镇节职务依旧，另加赠平章事一衔，享受宰相待遇。

在那滚滚袭来的阴风寒潮中，四十九岁的狄青显得是那么渺小、孤单、无奈和伤悲，他带着一肚子委屈离开了这个世界。

狄青刚强无私、忠恕仁义、戡乱救国，大宋军魂，如日月同辉，光辉

---

① （宋）文彦博：《谢赐答诏》，文彦博《文潞公集》卷二十五《奏议》，山西人民出版社 2008 年版，第 248—249 页。

永照。狄青出任枢密使五年，尽管文臣们百般攻击，但仍无法改变仁宗对狄青忠勇、勤庸的印象。让狄青离开枢府，仁宗也是无奈之举。狄青去世后，仁宗满怀愧意，亲自为狄青篆碑额"旌忠元勋之碑"。

神宗即位后，也没有忘记一代忠勇兼备、为国立下殊勋的战将，亲自为狄青题写祭文，表彰他"奋于戎马间，捍西戎连取奇功"的卓越战绩。

两代皇帝如此旌表狄青，这在武人地位卑下的宋代是破天荒的一件事情。

狄青的离世像天空中一阵清风，霎时间将那些诽谤、诬陷、猜测、妒忌吹得荡然无存。那些攻击文彦博和狄青的人全都灰头土脸、哑口无言了。

文彦博没能挽救狄青的命运，他自己也再一次受到小人无端诬陷。没有办法，那就是一个忠臣与奸臣并存的时代。

嘉祐三年（1058），盐铁副使郭申锡奉命视察黄河，其间与河北都转运使李参意见不合发生矛盾，借机弹劾李参曾派人赠送《河图》给文彦博。

郭申锡进士及第后，担任御史台推直官，其间多次上书议论政事。

他是个给点阳光就灿烂的人，任职后毫无顾忌地诽谤那些元老大臣，希望引起皇帝重视，能够尽快晋级。

皇帝很不喜欢他，当面警告说："你在没有显达以前，喜欢指责时政，等到被重用以后，还是只管说别人长短。你这样做，难道就是为了晋升吗？朕希望你今后不要这样。"

同时，御史张伯玉也弹劾李参结交朋党，讨好宰相文彦博。

仁宗派人仔细调查此事，结果发现他们所言不实，大为恼怒。于是在朝堂上公开张榜，斥责他们泄私愤，诋欺宰相。

郭申锡被贬滁州（今安徽省滁州市），不久又改贬濠州（今安徽省凤阳县）。张伯玉则因参奏属于御史分内职责免予处分。

虽然郭、张二人奏章不实，文彦博还是因此事主动要求辞去宰相之职，希望以此减缓朝廷党争的激浪。文彦博以检校太师、同平章事出判河南府（今河南省洛阳市）。

引退的这段日子，他游览了洛阳的诸多佛寺、石窟和名人旧居，并写下了大量诗歌。

游览名山大川和名胜古迹，可以放飞心情，更主要的是阅读历史，感悟人生，从中获得精神力量。

少林寺，中国汉传佛教禅宗的祖庭，达摩曾在这里面壁九年，苦心修炼。

文彦博来到静谧幽深的古刹，仰望层峦叠嶂的嵩岳山峰，被深厚的佛教文化和绝美风光所陶醉。

那一晚，文彦博彻夜无眠，浮想联翩。

达摩祖师面壁九年悟出禅机，摒弃一切外缘烦恼，清心寡欲，稳如磐石。自己是应该抛弃杂念、避开纷扰的尘世隐遁山林，还是选择心系国运民危、继续投身到暗流涌动的宦海之中力挽狂澜，为自己当初追求的以天下为己任的理想去奋斗？

文彦博经过反复思考，做出了最终的决定，自己真正的梦想，不是离尘遁世，不是要做一个"无心于事，无事于心"，享受悠闲自在生活的人。

文彦博感慨颇深，挥笔写下了《宿少林寺》诗：

> 六六仙峰绕静居，俗尘至此暂消除。
>
> 西来未悟禅师意，北去还驰使者车。
>
> 五品封槐今尚在，九年面壁昔何如。
>
> 心知一宿犹难觉，花藏重寻贝叶书。[1]

文彦博战胜了自己，坚定了为国尽忠的理想信念，期待时局的转机。

仁宗没有忘记文彦博。第二年十月，朝廷在太庙举行祫祀大典，他特意通知文彦博到京城参加。

祫祭是皇帝举行的集合远近祖先神主于太祖庙的大合祭，三年一祭。

明代大学士郭之奇《宛在堂文集》卷一五有《祫祭陪祀四首》，其中

---

[1]（宋）文彦博：《宿少林寺》，文彦博《文潞公集》卷五《律诗》，山西人民出版社 2008 年版，第 62 页。

一首写道：

> 嗣岁之朝袷祭行，丰年欲向孔皆迎。
>
> 繹来肇祀能无悔，直到雍歌见靡争。
>
> 穆穆曾孙相越对，皇皇多士介昭明。
>
> 在庭柷敔俱和肃，祖德维人不但声。

根据礼制，每逢大典，都要封赏天下，文武百官都要予以加恩。这一次，文彦博被封为潞国公。

潞国公，是中国古代第一等公爵，是朝廷对元老重臣的最高封爵。历朝可考者仅有十人。

三年后，文彦博以枢密使兼群牧制置使的身份再次进入宋王朝的政治权力核心。

第十七章　王安石的心事

在文彦博政治生涯中，王安石是一个绕不过的人物。

一千年来，人们对王安石褒贬不一。有人捧他上天，有人踩他入地。

贬者认为，王安石执政与民争利、任用奸臣、打击忠义、胡乱变法，导致天下大乱，是历史的罪人。理学大师朱熹在《朱子全书》中说："安石汲汲以财利兵革为先务，引用凶邪……流毒四海……而祸乱极矣。"在晚清前的八百多年间，王安石的形象一直是祸国殃民的罪魁祸首。

更有人把王安石和秦桧相提并论，认为王安石和秦桧同样导致国家分裂。

褒者认为，王安石是伟大的思想家、政治家、文学家、改革家，以至列宁评价其为"中国十一世纪时的改革家"。

这种极端反差的评价，仁者见仁，智者见智。

对于这样一位在历史上影响巨大的人，史学大师黄仁宇的说法是："对其的褒贬评析，遂成为国际学术界的一大题目……"

对于这么一个人，还是让我们从多角度认识他吧。

一些史书对文彦博冠以"保守派",认为他因循守旧、暮气沉沉,然而事实上,文彦博只是性格守成持重,稳健圆通,他不愿急功近利,矢志不渝主张的是匡扶大局稳健的革新方式。

文彦博和王安石,两人都是信仰坚定、道德纯粹、学识渊博的大师级人物,都是一腔热血报效国家,其政治主张和动机都是力图通变革弊,振扬时政,只不过政见相左而已。

从个人道德品质而言,二人都是洁身自好之士,不图私利,在金钱与私德上无任何瑕疵。

神宗评价文彦博:"无羡于功名,而有厌于富贵,其所以忘身徇国。"

神宗评价王安石:"不好官职,奉养甚严,可谓贤者。"

的确,在廉洁自律方面,文彦博和王安石都无可挑剔。

然而,日后两人却成为政治上的劲敌,成为变法派和反变法派的领袖人物。

我们还是从王安石说起吧!

王安石,字介甫,号半山,抚州临川人(今江西省抚州市临川区)。他的父亲王益,是真宗时期的进士。北宋时期,王安石家族一共出过八个进士。可见,他出身于一个世代为官的家庭,是一个名副其实的官宦子弟。

王益给儿子取名"安石",有着深刻的含义。

东晋时期,有个赫赫有名的人,叫谢安,字安石。谢安名气大,但他不愿意做官。有人举荐他做官,他干了不到一个月就辞官归隐。前秦大军压境,东晋岌岌可危,百姓惊恐不已,说"安石不出,将如苍生何"。

在危难之际,谢安挺身而出,复出当官。在淝水之战中,他从容镇定,指挥有方,把苻坚大军打得土崩瓦解,丧魂失魄,惊吓得发生了风声鹤唳、草木皆兵的错觉。最终谢安取得胜利,挽救了东晋王朝。

显而易见,王益希望自己的儿子像谢安一样匡扶社稷,拯救苍生,安如磐石。王安石很争气,没有让父亲失望。

《宋史·王安石传》记载,王安石"少好读书,一过目终身不忘。其属文动笔如飞,初若不经意,既成,见者皆服其精妙"。

庆历二年（1042），王安石参加科举考试，以优异成绩荣登一甲，名列第四。

王安石中进士后，给舅父寄去一首诗："世人莫笑老蛇皮，已化龙鳞衣锦归。传语进贤饶八舅，如今行货正当时。"他为什么要这样写呢？原来，王安石从小皮肤粗糙，如同蛇皮。舅父看不起这个蛇皮郎，觉得他再怎么用功读书也白搭，挖苦说："行货亦欲求售耶？"这首诗不言自明，是对舅父的反击。

王安石的主考官晏殊，是北宋著名的文学家，被称为"宰相词人"，脍炙人口的"无可奈何花落去，似曾相识燕归来"便是他的名作。

晏殊也是政治家，是有名的为国惜才之人，范仲淹、富弼、欧阳修都出自他的门下。他名满天下，桃李也满天下。他和王安石是江西老乡。王安石金榜题名，晏殊格外高兴，特地在家中设宴庆贺。

晏殊看出了王安石偏执的性格，临别时，特地赠予他两句话：能容于物，物也能容。

不知王安石是如何理解晏殊赠言的，他一向恃才自傲，表面尊重晏殊，心里却瞧不起这位老乡。

背后他讥讽说："堂堂的国家宰相，却教导我这些凡夫俗子的世俗规矩，见识太一般了。他只能填写一些小词，哪能治理国家！"

王安石不能容人的性格，也决定了他的命运。

王安石中第后首先出任签书淮南东路节度判官，主要帮助州府长官韩琦处理事务。

韩琦是个很严谨的官员。一日早晨，他看到王安石满脸污垢、头发散乱来到府上，大为不满，以为他彻夜纵情声色，就以领导兼长辈的身份劝导他多用功念书，不要荒废学业、耽误前程。王安石黑着脸未作分辩。

后来韩琦才知道，王安石读书一夜未眠，黎明时才在椅子上打了个盹儿，来不及洗漱就上班了。

办公期间，王安石觉得韩琦有些事情处理得不妥，提出自己的看法。韩琦觉得所说跟实际不符，没有采纳。

王安石毫不客气，直言不讳道："大人这样做，与普通俗吏有什么区别？"

人与人之间，最需要的是互相沟通，互相尊重。王安石当面骂自己的顶头上司，也为日后埋下伏笔。

王安石邋遢是出了名的，他穿的长袍从来不换洗。

一次，朋友们同他到一个寺院里洗澡，在他出浴池之前，朋友们特意给他留下一件干净的长袍，测验他是否知道。王安石洗完出来，看也没看就把袍子穿上，他根本不在意。

还有一次朋友聚会，朋友们发现他特别爱吃鹿丝肉。于是告诉他夫人。夫人说："我不相信，在家里他从不吃鹿丝肉。"朋友们说："他把摆在面前的全吃了。"夫人恍然大悟说："他吃饭从来不在乎吃什么，只吃离他最近的。"

当了三年签书淮南判官后，按照朝廷规定，王安石可以进入馆阁。这是一条升官的捷径，他可以沿着范仲淹、欧阳修等前人的道路，快速晋级了。

这条大路，也是所有宋朝位极人臣的大臣们必走的路线。

大臣们认为，王安石这个才华横溢的年轻人，前途一片光明，前程锦绣。

然而，王安石却大出大家的预料，拒绝了朝廷召唤，要求去当一名县令。

就这样，他先任鄞县（今浙江省宁波市东南）县令，再任舒州（今安徽省潜山县）通判。

《宋史·王安石传》记载："起堤堰，决陂塘，为水陆之利；贷谷与民，出息以偿，俾新陈相易，邑人便之。"这个时期，王安石政绩突出。

王安石从二十一岁考中进士，到四十六岁得势，二十五年一直拒绝进入朝廷为官。

王安石的这种行为，官员们大惑不解！大家都搞不懂他葫芦里卖的什么药。是沽名钓誉，还是韬光养晦？

人们看不懂王安石，但他每一次拒绝朝廷任命，都会引来一片赞叹声，随之声望也越来越高，朝廷官员都希望目睹此人的真面目。

其实，王安石心如明镜，他有自己的宏伟目标和远大理想，他不想升官发财，不图光宗耀祖，他要干一番轰轰烈烈的事业。

按照道德标准，爱护人才，选拔举荐士子，是宰相的责任。文彦博觉得王安石在基层政绩不错，年轻有为，是可塑之材，是政坛的清流，因此多次举荐他入朝。

欧阳修也看好王安石，他赠给王安石一首诗："翰林风月三千首，吏部文章二百年。老去自怜心尚在，后来谁与子争先。"①意思是：你的诗可与李白媲美，文章可与韩愈比美。我老了，后辈中谁能比得过你呢？

司马光同样赏识王安石。《司马光传》记载，司马光《与王介甫书》称他："远近之士，识与不识，咸谓介甫不起则已，起则太平立可致，生民咸被其泽矣。"意思是远近的人，不管是认识的还是不认识的，大家皆认为，只要王安石一旦被重用，天下马上就能太平繁荣了！

欧阳修喜欢王安石的文采，文彦博欣赏的则是王安石低调恬淡的品格。他想树立王安石当一个淡泊名利的典型，用以抑制那种找路子升官的不良风气。

嘉祐五年（1060）五月，汴河码头上，站满了迎接客人的人，这群人中有三品官员欧阳修和司马光等。

一艘官船靠岸后，下来一位皮肤黝黑、目光如炬、蓬头垢面的中年人，走到众人面前一一行礼，他就是大家期望中的王安石。此番进京，他是来赴任三司使支判官的。这个官职不大，地位也不显赫，但却是一个极其重要的职位。因为，这个职位负责管理整个大宋的财政收支和漕运收入。

赴任后，王安石总喜欢摆出一副高高在上的架势，给人一种"独步天下，舍我其谁"的感觉。他和同僚经常争吵，事事想变动常规，照自己的想法办事。

王安石不近人情，许多人对他厌恶，而有一个人对他更为反感，这个人就是苏轼的父亲苏洵。

---

①（宋）欧阳修：《赠王介甫》，沈利华等《欧阳修文集》（解评），三晋出版社 2008 年版，第 60 页。

那时，苏洵在京城名声很响亮。王安石巴不得结交苏氏父子，但是，苏洵拒绝了。

苏洵的理由在那篇著名的《辨奸论》里写得很透彻：

夫面垢不忘洗，衣垢不忘浣，此人之至情也。今也不然，衣臣虏之衣，食犬彘之食，囚首丧面，而谈诗书，此岂其情也哉？凡事之不近人情者，鲜不为大奸慝，竖刁、易牙、开方是也。[①]

一个邋里邋遢的人，一个成天跟犯人一样的人，居然满嘴的治国理论，这样的人，极有可能就是大奸臣。

当时，有人认为骂得过分了，更多的人则认为骂得一针见血，苏洵果然有真知灼见。更有甚者，仁宗举行御筵，令大臣自己在池塘捕鱼。小球状的鱼饵摆在金盘子里，王安石将鱼饵吃个精光。

王安石古怪的举动，惹得仁宗很反感。他对文彦博说："我不喜欢王安石这个人。"

文彦博问其缘故，仁宗说："王安石吃掉一盘子鱼食，是别有用心。这个人是一个不择手段的伪君子。"

文臣理应讲究斯文体面，穿戴整洁，彬彬有礼，而王安石则邋遢脏乱，行为举止荒诞。

《宋史·王安石传》记载："性不好华腴，自奉至俭，或衣垢不浣，面垢不洗。"

王安石经常不洗脸，不洗衣，导致身上长了虱子。可他满不在乎。

有一次，他去面见皇帝，虱子竟爬到了胡须上。皇帝看到后忍不住笑出了声。

王安石很纳闷，不知道咋回事，等出了门问同僚才明白过来。他让人

---

① （宋）苏洵：《辨奸论》，许啸天译注，《古文观止》卷十《宋文》，天津古籍书店1981年版，第905—909页。

把虱子抓走，同僚挖苦说："你脸上的虱子是被皇上亲自鉴赏过的，怎么能轻而易举抓走哇！"

不顾他人感受的人，肯定不受他人喜欢。

文彦博看中的是王安石一心干大事的才干和风格。至于他的个人习惯、衣着装束和举止行为不像士大夫那样斯文雅致，文彦博并不在意。

王安石一心想做大事，仁宗在位时，他上书《上仁宗皇帝言事书》，陈述他的政治改革主张，希望皇帝能够变法，革除社会弊端。

王安石的政治热情，仁宗没有理会。在他看来，王安石提出的改革措施，付诸实施的可行性不大，与现实社会距离太远。

那时，朝廷上德高望重的政治大腕群星闪耀，范仲淹、文彦博、司马光、富弼、韩琦、欧阳修、包拯等，哪一个不是人中龙凤！

所以在仁宗眼里，根本看不上王安石。再说，他已经没有雄心壮志再折腾了，只想稳稳守住这份家业。

王安石很快意识到自己的处境。他知道皇帝讨厌他，大臣们指责他，在这个论资排辈的游戏规则中，自己还没有资格去指手画脚。

无奈，忍着吧！毕竟自己还年轻，还有时间，以后有的是机会。

不久，王安石等来了一次机会。仁宗认为，王安石和大臣们合不来，干脆让他在自己身边听候差遣吧。

这次仁宗的诏令是命他去任"同修起居注"一职，负责记录皇帝的言行。王安石做梦也没有想到皇帝竟然让自己干这个差使。太伤自尊了，他连上八次辞章，不肯接受。

仁宗也有脾气，干也得干，不干也得干，派人直接把诏令送到他的办公地点。王安石依旧不肯接受，干脆躲避到厕所中。

来人回去没法交差，只好把诏令放下而去。王安石气急之下，又派人追还之。

王安石的"神奇举动"，大臣们不理解，仁宗也不理解。毕竟，成天在皇帝身边，用不了多久就会有个好前程。有多少人梦寐以求都想得到这个职位。

仁宗绝对对得起他那个"仁"字，他没有治罪王安石，只是此后再没有重用他。

宋嘉祐八年（1063）三月，仁宗去世，八月，王安石的母亲也病逝，王安石护送母亲的棺椁回江宁府（今江苏省南京市）安葬，回家丁忧。

英宗继位，为北宋第五位皇帝。

英宗局量宏远，性情谦和，对待国家大事他都能征求群臣意见，因此亦被称为一代明君。其间，王安石被召入京，他仍然拒绝了。

英宗病重罢朝数月，韩琦、文彦博担心皇帝久不视朝，引起上下猜疑，请早立接班人，英宗深知他们苦心，遗诏"立颖王顼为皇太子"。

宋治平三年（1066）正月，京城朔风怒号，阴霾四塞，三十六岁的英宗走完了自己人生里程。

文彦博得到英宗病逝的消息，震惊不已，万分悲伤，作《英宗皇帝挽词》三首，其中一首写道：

> 在隐推龙德，重明协帝华。
> 蓼萧均泽及，四海謩威加。
> 就日心方切，腾天驭已赊。
> 攀髯不可跂，泪目送云霞。①

赵顼继位，为北宋第六位皇帝。

神宗年轻没有理政经验，尊皇太后曹氏为太皇太后，与皇后高氏一同听政。

神宗年方二十，像一般年轻人一样，血气方刚，壮志凌云，此刻他在思谋着如何国富兵强这件大事。

---

①（宋）文彦博：《英宗皇帝挽词》，文彦博《文潞公集》卷八《挽词》，山西人民出版社 2008 年版，第 100—101 页。

神宗所用的年号，可以看出他热切的心情。

所谓年号，代表的是皇帝对今后的期望和憧憬。因此，选择年号时，一定是慎重谨慎、力求完美的。

宋朝刚刚建立，太祖赵匡胤渴望国家繁荣昌盛，第一个年号叫"建隆"，意欲建立一个繁荣昌盛的国家。

太宗赵光义继位后，希望国家安定，他的第一个年号叫"太平兴国"。

宋真宗继位时，国家内忧外患，故取名"咸平"。

太后刘娥垂帘听政时，用的年号是"天圣"。所谓"天圣"，就是告诉天下，如今的天下，太后和皇帝共同治理。

仁宗用的第一个年号叫"景祐"，意即期望老天保佑一个闪耀光彩的国家。

英宗用的年号叫"治平"，本希望"平安"，结果西夏不断骚扰，当了三年多皇帝也没有平安过。

神宗用的第一个年号叫"熙宁"，满心希望这个国家光明、兴盛、吉祥、安宁。

神宗继位时，开国已一百零七年。他上任第三天，三司使韩绛奏报：自仁宗朝宋夏战争以来，征调财力，动用国库，"百年之积，唯存空簿"。

听到这条惊人的消息，神宗不由自主地从龙椅上站起来，大声高呼："穷吾国者，兵也！"

祖宗留下的偌大江山，真是不好打理啊！

神宗脸色阴沉，心事重重，他脑海中反复出现的是："国库亏空一千五百七十多万。"

怎样才能扭转这个颓废的局面？

神宗立志励精图治，有一番作为。悠悠万事，唯此唯大，他每天做梦都想大宋国一夜之间富强起来。

二月，寒冷的天气没能阻挡神宗沸腾的热血，似乎是上天的刻意安排，在这节骨眼上，神宗为太子时的老师韩维向皇帝举荐王安石。他告诉皇帝："王安石素有变法图新大志，如今重用他，正当其时，他必然会大有作为。"

　　韩维，字持国，是朝中元老韩亿的儿子。文彦博欣赏他"不出仕宦，好古嗜学，安于退静"，是一位值得培养的青年新秀，曾在皇祐二年（1050）五月举荐朝廷予以重用。后韩维官至门下侍郎、少师。

　　宋代的少师，并不是教谕太子的老师，而是加封的虚职，品级属于从一品。这个不是普通官员能够得到的，足见神宗对韩维的信任与尊重。

　　元老大臣曾公亮也竭力举荐王安石，不过，他并不是考虑国家大事，而是有自己的小算盘。

　　他与韩琦同为宰相，资历威望远不及韩琦，一向嫉恨他。因此想借机拉韩琦下马，希望将王安石作为自己的有力同党。

　　他对神宗说："王安石是难得的王佐之才，足胜大任。"

　　然而，并不是所有人都看好王安石。深知王安石为人的大臣们，也提醒皇帝，此人是一个沽名钓誉之辈，处理事情迂腐，为人执拗，厌故喜新，若使王安石执政，必致天下大乱。

　　神宗征求文彦博、富弼、韩琦一帮重臣的意见，他们认为王安石"论议迂阔、狷狭少容"，因而极力反对！

　　一时间，王安石成为朝臣议论的中心，褒者誉之为"当世能臣"，贬者视之为祸国奸佞。

　　神宗拿不定主意，又询问韩维，韩维一再推荐王安石："陛下求贤若渴，王安石有变法大志，此时正是陛下大有作为的时代。"这番话如醍醐灌顶，正中神宗下怀。

　　韩维在关键时刻的关键提醒，决定了王安石的传奇一生，决定了大宋王朝的命运走向。否则，历史就会重新改写。

　　神宗一心革故鼎新，是决策者，他的这次拍板成就了王安石。

　　他顶住元老重臣的压力，起用王安石为翰林学士。起用王安石，就得先把宰相韩琦免了，因为他知道韩琦与王安石水火不容。

　　韩琦临行前，神宗为他饯行，问道："公离京后，谁可任大事？"

　　韩琦道："文彦博，其宜也。"

　　文彦博确实是合适人选，早在仁宗时，就是国家的首相，资格老，文武全才，足智多谋，德高望重。

对于这个人，神宗确实考虑过，认为文彦博老成持重，难以与之共谋宏图大业！他更喜欢生龙活虎、敢想敢干的年轻人。

神宗皱着眉头问："你看，王安石如何？"

韩琦掷地有声："王安石沽名钓誉之辈，如此小人，不值一提！"

史料记载，王安石也毫不掩饰地回击韩琦："别无长处，唯面目姣好耳。"对其的憎恨鄙视，可见一斑。

两人关系如此恶劣，一山不容二虎，神宗忍痛割爱，只好罢免韩琦，让他给王安石让位。

神宗坚信自己的选择，坚定向着自己的目标挺进。

这次接到调令，王安石没有像以往一样辞而不受，而是满心欢喜。为什么这次如此痛快呢？

原因有两点：其一，是好朋友韩维推荐的，韩维是神宗的高参，他信任韩维；其二，神宗是个年轻人，阅历不深，又极其对自己有好感，容易沟通。这个机遇千载难逢。

从他离开江宁府时所作的诗中，可见当时他的兴奋心情。王安石《王临川集》之《出金陵》记载：

白石冈头草木深，春风相与散衣襟。

浮云映郭留佳气，飞鸟随人作好音。

王安石的朋友王介，觉得王安石屡次辞官入京，美名远扬，是一个不折不扣的不贪之人。

这回一召唤，王安石迫不及待上路，王介明白了，原来他是个伪君子、假隐士。

宋代叶梦得《石林诗话》卷下记载，王介有意讽刺他，写了一首诗，其中两句是："草庐三顾动幽蛰，蕙帐一空生晓寒。"质问其为何不能坚守初衷。

四朝柱石文彦博

　　王安石在《松间》诗中回赠道："偶向松间觅旧题，野人休诵北山移。丈夫出处非无意，猿鹤从来不自知。"

　　大意是，你哪里知道我王安石的深谋远虑，大丈夫出仕不是为了贪图名利，隐居也不是为了求名求官。我要干的是一番惊天动地的大事业。

　　王安石对宋神宗充满期待，宋神宗也对王安石寄予厚望。

　　在未来的岁月里，这对君臣将在相互理解、相互支持、相互信任中，共同携手开始一场载入史册的变法。

第十八章　变法风云

八年过去了，王安石终于等来了他人生最美好的时刻，这是一个值得永远纪念的日子——熙宁元年（1068）四月。

刚获任为翰林学士的王安石越次入对，神宗单独召见了他。

这一天，他第一次与神宗对面长谈。王安石胸有成竹，同神宗畅论天下大事。他就宋朝建国百年以来的利弊做了全面陈述，希望神宗把全国的危急之时作为大有为之时，鼓励神宗挺身做一个大有为之君。

神宗问道："开国以来，祖宗守天下，能够百年之久，没有大的变故，保持太平，用的是什么办法？"

王安石说："现在政治、经济、军事方面存在很多问题，所以造成国弱民穷。幸好边境没有战事，国内没有灾害，才使天下百年没有变故。但是，这种局面不可能长久维持下去。如今正是大有作为的时候，希望陛下能为国家做一番事业。"

神宗惊喜地看着眼前的这个人。是的，这正是自己所希望的，说得太对了！

神宗很高兴，说："从来没有人这样跟我说过，你赶快帮我改革弊政吧。"

王安石生怕神宗变卦，说："陛下真要用我，不必过急，请先听我讲学吧。"

王安石盼星星盼月亮，终于盼到了赏识自己的一代明君。他在《孤桐》诗中，表达了"明时思解愠，愿斫五弦琴"的心愿。意思是愿像梧桐那样，献出自己的身躯，斫成五弦琴，让明君奏出为民解愠的美妙乐章。

王安石用儒家经典讲述他的变法主张。神宗急不可耐地说："变法应当先从哪里入手？"

王安石胸有成竹地说："变风俗，立法度，是当务之急。"神宗连连点头。

熙宁二年（1069），神宗任命王安石为参知政事。参知政事仅次于首相，是朝廷重要决策者之一。

王安石很快创置主持变法的机构三司条例司，将财政经济的规划、决策权从三司独立出来。

新成立的机构，骨干人员由中书省、枢密院、三司抽调组成，相当于政务、军务、财务大权全部集中在王安石手中。

宋朝的中书省主管政务，枢密院主管军务，三司主管财务，三权分立，各司其职。这本来是皇帝害怕朝臣专权、集权的一种手段。如今，君权交宰相手中权力集中。

神宗不是不明白这一点，如果专权是结党营私，打死也不可以。但宰相掌握权力是便于临机决断，便于处理非常纷繁和复杂的变法，协助自己实现国富民强的理想。

君臣彼此信任，肝胆相照。皇帝愿意，但大臣们不干了。

在他们看来，王安石是一个破坏祖宗规矩的人，是一个包藏祸心的独裁者。这个人比历史上以往的奸臣更可怕，如此下去，后果不堪设想。

一个叫吕诲的谏官挺身而出，他正气凛然，慷慨激昂，矛头直指王安石，上奏弹劾王安石"大奸似忠，祸国殃民""误天下苍生，必斯人也"。

他给王安石列了八大罪状，请求皇帝将其罢免。

一、有政治野心。仁宗让他做同修起居注，他嫌官小断然拒绝，神宗给他做翰林学士，他立马就到了，这叫前倨后恭。

二、坐着给皇帝讲课，对皇帝大不敬，属于十恶不赦。

三、和同事关系恶劣，听不进不同意见，屡屡单独和皇帝商量政务，对的揽到自己身上，错了推给皇帝，包藏祸心。

四、起用奸邪之人，把自己多年科举屡试不中的弟弟弄成进士。

五、跟副宰相唐介激烈争论，导致其愤懑而死。

六、将中书省、枢密院、三司大权集于一身，蛮横专权，居心叵测。

七、安插亲信，结交朋党。

八、漠视法律尊严，以权代法。

吕诲有个特殊身份，是毛泽东在"诸葛一生唯谨慎，吕端大事不糊涂"诗句中提到的吕端的孙子。

吕端是个很奇特的人。吕端被太宗任命为宰相，寇准为参知政事。吕端知道寇准办事干练，但性格刚烈。他担心寇准心中不平衡，主动把相位让给寇准，自己当参知政事。这种主动让权，在世人的眼中自然是糊涂之举。

太宗去世后，得宠宦官王继恩担心太子继位后对自己不利，暗中勾结皇后、大臣图谋拥立太宗长子。

吕端唯恐局势有变，果断把王继恩锁在屋里，然后拥立太子登基。

太子继位后，坐在大殿垂帘接受群臣朝拜，吕端站在殿下不肯下跪，要求卷起帘子，然后登上台阶查看确实是太子，才率领群臣跪拜。接着，他又把犯上作乱的那些人予以流放，平稳过渡了政权交接。

吕端大事不糊涂，吕诲大事敢直言，在关系国家前途命运的问题上旗帜鲜明，祖孙何等相似！

神宗极为震怒，我好不容易发现了一个真正能横身为国家担当大事，有雄才大略的奇才，让他协助治理国家，为什么就要跟他过不去呢？这股歪风邪气必须打压下去，否则，变法将胎死腹中。对付这样的人，就四个字——轰出朝廷。

贬职，是宋代的著名特产。很快，吕诲被贬出京。

吕诲先是被贬邓州，后改西京。

江山易改，本性难移。吕诲临死仍不忘反对变法。

他给皇帝上书，以己身之病暗讽王安石祸害朝廷："臣本无宿疾，医者用术乖方，妄投汤剂，率任情意，差之指下，祸延四肢。一身之微，固无足恤，奈九族之托何？"

神宗的本意，杀鸡给猴看，保证顺利变法。对于这一点，他很自信。然而却引起了一场轩然大波，后果大大出乎他的意料。

宋朝是一个特殊的时代，言论自由，读书人自幼聆听圣贤之言，不怕掉脑袋，于是纷纷上书，言论如潮。

吕诲倒下了，数十个吕诲站起来，大家一拥而上，指责声、叫骂声不绝于耳，余音绕梁。

弹劾王安石的奏章雪片般飞来。开封府知府滕甫、翰林学士郑獬、宣徽北院使王拱臣、知谏院公辅等，从不同的角度指责他，说什么的都有，怎么说的都有。

神宗变革的决心依然坚定。

王安石不愧是一个有主见的人，是拗相公，现在他得到了自己想要的一切，头戴"钢盔"，身穿"防弹衣"，手里握着尚方宝剑，他将用皇帝赋予的权力去实现自己的梦想，眼下最最重要的是变法，变法将使大宋王朝变得富可敌国，富国强兵，开始变法！

很快王安石制定新法，颁布天下。

王安石认为，这些新法，必定会重振朝纲，改变国家积贫积弱的局面。他雄心勃勃，仿佛看到一个崭新的辉煌的大宋王国即将到来。

青苗法，增强国家税收。

农田水利法，改良农田、兴修水利。

免役法，民户出钱替代服役。

均输法，促进全国物质商品流动与供应。

……

王安石变法，规模宏阔，既广且深，涉及政治、经济、军事、科举各个方面，过去祖宗留下的所有的法律都有弊端，都要彻底改革。

年轻而富于理想的皇帝，听惯了用仁义道德治理国家的说法，对王安石财政经济学说感到既新鲜，又佩服。

神宗向往做唐太宗李世民那样的君主，所以想听听王安石对唐太宗的看法。

孰料，王安石的回答，完全出乎神宗的意料。

王安石道："陛下为什么要以唐太宗为榜样呢？要学就要学尧舜的治国之道，他们才是真正的明君。"

神宗激动不已，自己要做尧舜那样的明君，就得用这样的奇才。

王安石期望神宗学尧舜，他却并不想做诸葛亮那样的大臣。他曾写过一首诗句："当时诸葛成何事？只合终身作卧龙。"意思是诸葛亮一生没有啥造就，只配一辈子隐居隆中，远不是他王安石心中的偶像。

神宗对王安石变法坚信不疑，听取他那些政治、经济、军事的改革谋略后，豁然开朗。连日来，他紧皱的眉头舒展开了，脸上经常洋溢着即位以来少有的微笑，他在热切期待着变法胜利的成果。

王安石大刀阔斧推行新法，把祖宗之法说得一无是处，贤德干练深孚众望的老臣，公开激烈反对，朝廷上下抗争之声此起彼落。

文彦博怒不可遏地指称，什么青苗法、市易法，那不就是逼着老百姓往火坑里跳吗？

文彦博愤然上书《言青苗钱》，提出青苗法是"广图利息不顾道理"，其结果是"提举之官徼冀旌赏，务成功利，剥下媚上，何恤于人，州县承风不敢申理"。

此时的苏轼初出茅庐，只是馆阁负责编写历史的直史官，级别很低，按说他可以不管这些事，但也多次上书，激烈反对王安石变法。他在《拟进士对御试策》中说："譬如乘轻车，驭骏马，冒险夜行，而仆夫又从后鞭之，岂不殆哉！"意思是说，变法好比深夜驾车，周围都是万丈悬崖，车夫还玩命纵马狂奔，这随时会车毁人亡。

在《再上皇帝书》中，苏轼又说："今日之政，小用则小败，大用则大败。若力行而不已，则乱亡随之。"意思是说，如今的变法之政，小用导致小失败，大用导致大失败。如果一意孤行进行下去，必然会导致国家衰败。

他还尖锐地指出，青苗法好比偷鸡贼，朝廷应立即废止。

红得发紫的王安石，对苏轼恨得咬牙切齿。他吩咐手下人收集罪证，然后上报神宗，说苏轼学问来路不正，危害江山社稷。

神宗本来欣赏苏轼的才华，经王安石一挑唆，也认为苏轼的学问是异端邪说，开始厌恶苏轼了。

苏轼被迫无奈，只好自请离开这个是非之地，去任杭州通判。

变法一开始，神宗就先给司马光升了官，由翰林学士提拔为枢密副使。

神宗驾驭大臣的做法是"异论相搅"，让不同政治派别的人相互制约。用王安石变法，改革行政，搞活经济，用司马光主管军务，稳定社会。这样即使有什么不测，也能进退自如。

司马光政治地位提升，名气提升，俸禄自然也要提升。提升多少？原来的四倍，五十千增加为二百千。真是名利双收。

对于皇帝的恩赐，司马光只说了一句话："何异于自地升天。"

神宗这一招，等于巧妙地告诉司马光，给你高官厚禄，你不要干涉王安石的政事了。

司马光就是司马光，软硬不吃，什么高官，什么厚禄，我不在乎。陛下还是把我免了吧！

神宗说，真没见过这样的人，让他来见我。

司马光对宦官说，对不起，我膝盖生疮，好转后再见。

神宗马上派人慰问，并附亲笔信。你好好养病，至于辞任，我不同意。你是不是嫌官小，再给你加个右谏议大夫，这回你该满意了吧？

司马光让宦官告诉神宗，如能撤销王安石那个三司条例司，不再推行青苗法、水利法等法，我甘愿什么官都不当。

司马光与王安石本来是关系密切的朋友。司马光对王安石的文采文章极其推崇，请他为伯父写墓志；王安石对司马光的道德德行心悦诚服，住处必须与司马光为邻。

朋友归朋友，司马光"牛"，王安石"拗"，两人在政见上势不两立，展开了激烈的交锋。

司马光上书《上体要疏》，亮出反变法利剑，一针见血指出："臣闻为政有体，治事有要。自古圣明帝王，垂拱无为而天下大治者，凡用此道也。"

司马光一心阻止青苗法推行，每隔两三天就上一份奏折，言辞一次比一次犀利。

他在《乞罢条例司常平使疏》中说，青苗法将使天下老百姓普遍贫穷，"十年之外，贫者既尽，富者亦贫。常平又废，加之以师旅，因之以饥馑，民之羸者必委死沟壑，壮者必聚而为盗贼，此事之必至者也"。

为了表明自己绝不妥协的立场，他前后六次辞呈。"臣愿尽纳官爵，但得为天平之民，以终余年，其幸甚矣！"其言外之意，有我没新法，有新法没我。

元老重臣的强硬态度，使神宗感到巨大压力，他知道，这些人都是忠臣，不能轻易得罪他们，更不能失去他们。

但他又不能因此而停止变法，于是召见王安石，说，青苗法一无所害，为什么那些人死命反对呢？

王安石说，他们抵制青苗法，实质是反对陛下。他告诉神宗三句话：天命不足畏，祖宗不足法，流俗不足恤。

神宗不废新法，司马光一气之下辞掉枢密副使。让王安石折腾吧，看他能干出啥名堂！我还是回翰林院干老本行去。

文彦博对司马光举动大加赞赏："君实做事，今人所不可及，须求之古人。"

韩琦对司马光的评价是："大忠大义，充塞天地，横绝古今。"

那些一摞一摞反变法的奏折，给神宗泼了一身凉水。然而论战愈演愈烈。

青苗法是在春秋两季作物未熟以前，官府将粮食折成现钱贷给农户，收成后加息纳还，贷款利息统一规定为百分之二十。

在王安石的眼中，青苗法是一个利国利民、公私两利的大法、好法，用国家的粮食抵押贷款，既能解百姓燃眉之急，也能用钱生钱，增加国库收入。

然而，现实并不是他想象的那样美好。

王安石手下执行青苗法的地方官员，为了突出政绩，为了提升官职，为了多收利钱，常常强迫老百姓强行贷款。

青苗法明确规定，贷款自愿！然而，当地官府不管这些，百姓不贷款，官员就挣不到钱；官员挣不到钱，就没法升官。

总之一句话，贷也得贷，不贷也得贷。这样，百姓平白无故地增加了一笔"高利贷"。

遇到旱灾、风灾、雨涝，收成不好而又得及时偿还贷款，老百姓只得借高利贷偿还。偿还不起，人跑了，钱要不回来，咋办？官府有办法——找人担保。

除了抵押百姓田地房产，富户要对贫困户担保。贫困户还不起钱，跑了，富户要替他偿还。

这还不算，他们还随意提高利息。有些地方，利息竟然是原来的三十五倍。

在官府的层层加码下，青苗法彻底变成了一种敛财术。无数百姓倾家荡产。

从宰相之位自请调任河北安抚使的韩琦，亲眼看到青苗法导致无数百姓苦不堪言，忍无可忍，决定来个鱼死网破，死磕到底。

他明白，要彻底动摇神宗，驳倒王安石，最重要的是拿出铁的事实。

青苗法在河北试行四个月后，他就将暴露的问题精心总结，上书神宗，痛斥青苗法四大弊端。

一、官府规定借贷数额，摊派到农户头上，已不是济民，而是敛财。

二、把青苗钱作为考核官员的标准。官员完不成任务怕受处分，强行摊派。

三、富户贫户混编为保，富户不愿贷，贫户贷了无力还，全保遭殃。

四、利息不是二分，而是三分。

享受到新法"好处"的，不只是老百姓，那些知识分子也很快体验到了"甜蜜的滋味"。

老百姓无力反抗，而知识分子手中有笔，他们纷纷以笔为武器，风雷在笔下涌动。

邵雍是个落魄书生，一直过着衣食无忧的生活。现在，他也成为变法的受害者。

他写的《无酒诗》在社会上广为流传："自从新法后，常苦樽无酒。每有宾朋至，尽日闲相守。必欲丐于人，交亲自无有。必欲典衣买，焉能得长久？"

知识分子如此，老百姓更是黄瓜苦到了"圪蒂"上，苦苦在死亡线上挣扎。

文彦博作为三朝宰相，既有"贯穿经史古今，不可穷诘"的学术根底，又有多年各地从政积累而成的实际经验。他不忍心眼睁睁看着老百姓家破人亡，倾家荡产。于是再次上书，谴责青苗法是对老百姓争夺小利，要求将其废除。

此时，韩琦、文彦博虽然已被贬到地方，但神宗与他俩还是有感情的。一方面，他们横刀立马反变法的立场让他头疼；另一方面，他们铮铮铁骨的节操又让他欣赏，令他陷入两难境地。

看到两人的奏折，神宗感慨颇多。他没有责怪他们反对新法，只是找来王安石询问。

"韩琦和文彦博指责青苗法于民不利，是否属实？"王安石火冒三丈，反驳说："陛下宁愿相信两个远离朝堂的人，也不相信我！请您派两个宦官到民间调查，如果真如他俩所言，我愿辞职回家。"

见王安石如此信誓旦旦，神宗暗地派两个宦官前去民间考察。

他俩转了一圈，不知是什么原因，回来汇报说，青苗法很受老百姓欢迎，所谓乱摊派、逼贷款之说全是谣言。

神宗找来文彦博，阴沉着脸对文彦博说："我派遣两名宦官专门考察青苗法利弊，老百姓反映非常便利。为什么你们总要主张废除呢？"

文彦博反问道："您不信任宰相，反而信任两名宦官吗？"

文彦博再次向神宗呈上《言青苗钱》，指出这样下去，老百姓无法生存，导致国运衰败。

青苗法的论战，火药味越来越浓，另外关于免役法的论战又爆发了。

王安石制定的免役法，主要包括两个内容：

第一，凡是大宋子民，无论等级贵贱，全部一视同仁服差役；

第二，若不愿意服差役，可缴纳一定钱财，由官府雇用他人代役。

司马光、文彦博、韩琦、富弼等众多大臣认为，那些寡妇、家中无子女或只有独子、或虽有子女而尚未成年者、尼姑与和尚道士，也要交免疫税，不符实情。

此外，免役配额之外，还须多缴纳百分之二十，更使百姓雪上加霜。

一天朝会，神宗聊到免役法，说："为了验证这个法的好坏，朕派了很多宦官到民间考察民情。老百姓都说这个法非常好，利国利民，功不可没。"

文彦博说："陛下不可轻信这些宦官之言，老百姓怨声载道，都在痛骂王安石误国害民呢！挨家挨户强迫交助役钱，逼得他们走投无路，只好自杀了之。"

王安石大怒："文大人此言差矣。中书省三令五申，不许地方官员胡乱收钱，定是有人挑拨是非。"

王安石不容许任何人对新法有异议，文彦博不屑一顾，两人又展开激烈辩论。

保甲法是邻居连保制度，每十家为一保，每五十家为一大保。一保中如有人窝藏贼犯，保内各家要负连带责任。每一大保中壮丁必须组队接受军事训练，一家有壮丁二人者抽其一，如超过二壮丁，则依比例多抽。凡抽去者每五天离田受训。

文彦博认为，其一，一人有罪，全家受罚，剥夺了老百姓自由生活的权利；其二，壮丁离田受训，严重影响正常生产，官权滥用。

对于文彦博的看法，王安石难以容忍。散朝后，他单独面见神宗，要求严惩文彦博，以儆效尤。他要让所有反对变法的人都知道，反对变法将是一个什么下场！

在神宗眼中，王安石和文彦博各有所长。前者，有胆有识，敢于开创新局面；后者，稳成持重，能为国家保驾护航。若这两人能精诚合作，绝对是一对"黄金搭档"。

而今双方各执一词，支持王安石，就得罪以文彦博为首的官员，同意文彦博的主张，就等于杜绝变法的后路，神宗只能单项选择。

两害相权取其轻，两利相权取其重。最终，神宗选择了支持王安石。

第十九章 龙争虎斗

王安石深知，变法虽然已在全国铺天盖地展开，但来自各方面的阻力仍然很大，随时有夭折的可能。唯一的办法，就是换血，组建一支忠实于自己的核心团队。王安石举荐起用了一批新的官员，朝廷重要岗位全部换成他的心腹。

神宗同意了，他相信由这些精英变法，国家很快会迎来一个美好的明天。

君臣达成共识，任用吕惠卿为副相。

历史上大臣基本可以划分为两种，一种治世之臣，殚精竭虑治理天下，尽力去延续一个朝代的寿命；另一种乱世之臣，弄权误国，残害忠良，欺压百姓，往往能将一个大好的国家推入深渊。

吕惠卿就是一个典型的乱世之臣。

吕惠卿，字吉甫，号恩祖，福建泉州人。王安石变法中的二号人物。

最初，吕惠卿是真州（今河北省正定县）推官（法官），调京编校集贤殿书籍后，只是一个七品芝麻官。

如果正常升职，他恐怕至死也进不了核心决策层。王安石设立条例司后，任命他为条例司检详文字，级别很低，但权力很大，实际主持条例司日常工作。

这正应了一句话：金鱼岂是池中物，天一下雨就翻身。

欧阳修善于惜人，在与吕惠卿一番交流后，认为他才华出众，是一颗政坛新星。于是，力荐朝廷重用，并且保证道："如有差错，甘愿领罪！"

欧阳修看错眼了，吕惠卿确实有才，但却是一个地地道道的小人。

按理说，吕惠卿应该好好感谢欧阳修，可是没几天，他就和这位恩师拜拜了。理由很简单，欧阳修不满变法，王安石视欧阳修为坏人，说"如此之人，在一郡坏一郡，在朝廷坏朝廷，留之何用！"王安石如此憎恶欧阳修，他还敢和欧阳修来往吗？

有奶便是娘，吕惠卿毅然决然登上王安石"变法的大船"。因为他明白，只有登上这条大船，才能有光辉灿烂的未来。变法中他充分展示才干，成为王安石最得力的左膀右臂，深得王安石赏识。

王安石把自己比作孔子，将吕惠卿比作颜回，称其为"吾之颜回"。

知人知面不知心，王安石只是看到吕惠卿积极推行变法，却没有看到他的狼子野心。变法取得节节胜利后，吕惠卿突然变脸，抽出宝剑，指向了自己的这位恩师。

史籍记载，吕惠卿这只白眼狼，干了七件载入史册的大事。

第一，背叛恩师欧阳修。

第二，扳倒司马光。司马光被迫离京去洛阳编纂《资治通鉴》。

第三，赶走自己的同伙、变法派骨干曾布和吕嘉问。

第四，陷害恩师王安石，状告他参与皇族谋反，把与王安石来往的书信作为罪证，里面有"无使上知"四个字，导致王安石彻底结束了政治生命。

第五，打压看城门小吏郑侠。原因是他画流民图，公开攻击变法。将他流放到千里之外的汀州。

第六，肆无忌惮抓捕数千人入狱，以致监狱人满为患。

第七，对老百姓的所有财产进行登记，一只鸡、一口缸、一棵树，统统登记在册，全部收税。美其名曰"手实法"。凡举报者，可获得被举报者的三分之一财产。

从此，吕惠卿成为独相，位极人臣，风光无限，更加丧心病狂地排挤元老重臣。

当然，大力推行新法的不只是王安石、吕惠卿两个人，他们是一个巨大的政治派系。

《宋史》列入《奸臣传》的除他俩外，还有诬陷苏轼的李定、两面人邓绾、乌台诗案制造者舒亶、王安石之子王雱、王安石女婿蔡卞、王安石亲家谢景温、帮助王安石推行新法的铁血宰相章惇、市易法主要推行者吕嘉问。

这些人成为实施新法的新党骨干力量。就是他们，最终把大宋王朝送进了谷底深渊。

黑云压城城欲摧。

在这种淫威下，文彦博和老臣吕公弼仍然不屈不挠，联名上书指出，条例司是非编机构，违背祖制，有伤政体，请求拆除这座"庙"，让那些"长老和尚"散伙，废除新法。

这下捅了马蜂窝，吕惠卿怒不可遏，立即状告二人结党营私，三下五除二就把吕公弼贬到地方去了。文彦博在朝廷的威信极高，吕惠卿没有实力一下扳倒他，只好等待时机。

文彦博眼见吕惠卿如此疯狂，痛心疾首，上书：

> 臣切见近年以来，中外刑狱颇有枝蔓淹延……人主而失人心，邦本何由宁固？臣谓今之收守监司，宜得明惠厚重之人，宣布朝廷宽大之泽，施恺悌之政，变刻薄之风，则太平之隆，可垂拱而至。[1]

眼看新党旧党剑拔弩张，展开殊死之战，神宗不明白，为什么那么多

———— 四朝柱石文彦博 ————

---

[1]（宋）文彦博：《乞恤刑》，文彦博《文潞公集》卷二十四《奏议》，山西人民出版社2008年版，第241页。

大臣群起反对新法，于是问王安石是何原因。

王安石强言回答："陛下要师法先王之道，不得不清除这些旧臣。这是一场反动旧臣与陛下之间的夺权之争。倘若他们获胜，朝廷大权将落在他们手中；若陛下获胜，大权仍将在陛下之手。那些自私的大臣存心要执掌朝廷大权，因此才死命反对变法。"

这是一盘决定宋朝命运的棋局。神宗没有动摇，他相信只有变法，国家才能富强。他更加坚定地支持王安石。

王安石占据了上风，一件突如其来的超级上访事件，使文彦博处于更加不利的处境。

开封府管辖的东明县百姓，不堪忍受官府强行征收助役钱和保甲制，聚集千余人集体抗议，来了一次超级上访。

实施新法后，官府每天集中新兵军事训练，田地顾不得种，又听说受训后要去边境打仗，新兵中有人断腕予以抗争。

百姓先是到开封府告状，让开封知府韩维替他们做主申冤。

这个韩维就是当年竭力举荐王安石的那个人。他到开封府任职后，耳闻目睹了新法给老百姓带来的灾难，对新法也产生了不满。

韩维是个实事求是的好官，他上奏仁宗："免役法、保甲法毒害百姓，闹得天怒人怨。地方官员为了迎合新法，天天上门收钱，天天组织训练。一旦不从，立即抓人打人，百姓已经忍无可忍了。"

韩维成天和老百姓打交道，所说绝对没有半点虚假。按理说，应该引起皇帝高度重视。

可是，此时神宗连自己的老师也不信任了，韩维的奏折石沉大海。

开封府解决不了问题，那就只能找能解决问题的宰相王安石。于是，一千多名百姓"包围"王安石府邸，嚷嚷着要王大人给一个说法。

王府的人吓坏了。来了这么多人，谁知道会发生什么事情？

王安石毕竟当过多年县令，知道如何对付这帮老百姓。

他走出王府，对大家说："我就是王安石，你们有什么冤屈，敬请告知。本官一定为你们做主！"

老百姓立即派代表与王安石交涉，一五一十诉说冤屈。

听完后，王安石对百姓说："朝廷颁布新法，是为老百姓好，但绝对没有害人的规定。这件事我一定为你们做主，三五天一定给大家一个满意的答复！"

听王安石这么说，大伙渐渐地离去。在百姓离开前，王安石问道："你们上访的事情，东明县令可知？"

百姓道："不知，贾大人知道这件事情，怎么能让我们上访呢？我们知道他解决不了问题，就来找你了。"

面对上访事件，王安石对神宗汇报说："东明县令贾藩，是文彦博的亲信，一贯说坏话反对新法。东明出动千人聚众闹事，很可能是文彦博指使贾藩故意破坏新法形象，使百姓产生误解，这是一个蓄谋已久的阴谋。"

神宗倒也没有轻信王安石之言，他派亲信宦官秘密调查。贾藩确实与文彦博有过来往。在东明百姓上访前，贾藩还出入文彦博府邸，只是不知为何事。

结果，贾藩免职，文彦博受到猜疑。因为没有任何证据，神宗也不好说什么。但是，从那以后，他就不再像过去那样信任文彦博了。

韩维是王安石的恩人，若不是他多次在神宗面前力荐，王安石绝不可能飞黄腾达。

但是，此时的王安石像痛恨文彦博一样，把韩维当作文彦博一伙。他接连上书，硬把韩维贬到襄州当知州去了。

王安石整人，可以不费吹灰之力找出很多理由。

王安石痛下杀手，接连把很多反对变法的人轰出朝廷。他明确发出信号，反对变法绝没有好下场，即使是自己的恩人也不例外！

文彦博深知自己的政治主张一时难以实施，可是，他仍然坚定地认为，祖宗之法不能全盘否定。祖宗之法，是祖先智慧的结晶，必有其合理性，即使有弊端，也要循序渐进改革。

这就是文彦博的执政理念。

每次见到皇帝，文彦博就抓住机会，谈古论今，引经据典，阐述不能擅自更改祖宗家法的原因。从周朝沿用商朝祖制，到汉高祖刘邦去世后曹参继续沿用刘邦的治国方略……

随后，文彦博把"萧规曹随"的典故告诉了神宗。

刚即位的汉惠帝看到丞相曹参整天喝酒聊天，感到很不爽。有一天，他终于按捺不住质问道："你身为丞相，整天无所事事，从来不请示报告政务，你是不是欺我太年轻了？"

曹参吓得跪地叩头，连忙道歉，随后道："陛下，您跟先帝相比，谁更贤明英武呢？"

惠帝道："我怎么能和先帝相提并论呢？"

曹参又道："臣和萧何比，谁更贤明呢？"

惠帝笑着说："你好像不如萧相国。"

曹参道："陛下说得非常正确。您比不过先帝，我比不过萧相国，那还折腾什么？我们继续执行先帝完备的法令，谨慎从事，恪守职责，不乱改，不乱来，不是很好吗？"

惠帝一听，茅塞顿开，高兴地说："我明白了！"

曹参任丞相三年，不扰民，政局稳定，经济发展，百姓生活日渐提高。

当时有一首歌谣：萧何定法律，明白又整齐；曹参接任后，遵守不偏离。施政贵清净，百姓心欢喜。

讲完后，文彦博又说道："请陛下三思，臣希望您遵循先帝祖制治理天下！治国在于得人，而不在变法，适时予以革除时政弊端最为稳妥。"

神宗"嗯嗯"两声，也就过去了。

文彦博的主张，没有影响神宗变法的决心。神宗有一次质问文彦博："国家已有百年历史，哪能没有一些变革更张？"

王安石也步步紧逼，说："朝廷只是想把对老百姓有害的政策去掉，有何不可？"

文彦博自如地应对说：治理国家，关键是应该由合适的人推行祖宗之法。太祖太宗统一天下以后，政治清明，太平盛世，百年来社会稳定，证明祖宗之法并没有错，现在只是用人有问题。虽然用了一些贤臣，但小人也占据了不少职位。正确的言论，陛下未必听得进去，错误的主张，却常常被采纳。长此下去，国家怎么可能富强呢？

在文彦博的眼中，祖宗之法没有错，错的是没有用对人。他一向主张治国之道在于得人，只要官员忠于职守，清正廉洁，勤民、益民、安民、利民、养民、恤民，不变法也能把国家治理好。

届时，只要老百姓能过上安稳的日子，自然会创造出无数财富。反之，那些如狼似虎的奸佞官员，肯定会借变法之际，中饱私囊，践踏百姓。

司马光力挺文彦博，他说："若是好人，不愁法不好；不是好人，即使有好法，实行起来也会颠倒变形。因此，应急于求人，缓立新法。"

文彦博与王安石政见不同，文彦博想要"为民"，王安石想要"富国"，这两者本来没有冲突，但在北宋当时的窘境下，必须有一个优先选择，文彦博选择前者，王安石选择后者。

实践证明，变法最终失败，也正是用人不当导致的结果。

国家要强盛，用人是关键。真正有才能的人，光明磊落，却被排挤，被埋没，而那些善于奉承、见风使舵的人，却可以取悦于人，能使人主信而不疑，占据要职，得以专权。再好的政策也需人才去执行，广纳贤才，广用众才，才是治理国家的根本大计。

神宗理政的天平已经倾斜到王安石一边，王安石占据了上风，掌握了全部权力，所有人都在他的掌握之中。看上去一切都很完美，但他不会想到，文彦博在对待契丹的问题上同他又产生了严重分歧，双方展开了大辩论。

神宗得到契丹准备进犯的消息，立即召集众位大臣商议对策。

王安石固执地认为，时下宋朝国力不强，应持克制忍耐的态度。即使契丹占领了雄州也无所谓，只要最终战胜它就是胜利。

文彦博则坚持寸土必争，他严正指出：彼占吾地，如何不争？雄州不争，瀛州不争，大宋岂不成了西夏的天下？这不是大宋的耻辱吗？

文彦博所说，引来王安石怒目相向，他大声辩解：这种做法，完全是为国家利益着想。

朝堂气氛如箭在弦。在一旁的大臣直捏一把冷汗。文彦博泰然处之，毫不掩饰自己的政治观点，他要力挽狂澜。为了国家命运，他已将一切置之度外，像一个远行者执着地走向自己瞄准的目标。

双方争执不下，朝堂弥漫着浓烈的火药味，神宗无法裁决谁对谁错，只好草草收场。

在激烈的斗争中，所有人都清楚地看到，文彦博从未屈服于那位红得发紫、热得发烫的王大人，无论多少攻击诋毁，他从未低头放弃。

在政治盟友纷纷被迫离开朝廷权力核心、在政治抱负一时难以施展的情形下，文彦博仍然保持着内心的光明和力量，自己与这帮人志不同道不合，倒不如暂时离开朝廷，去地方踏踏实实地为百姓干一些实事，届时依旧可以上书朝廷，清除奸佞，造福于民，于是毅然递上辞呈。

文彦博已经做好离开朝廷的准备，但他仍然牵挂着国家的前途命运，渴望朝廷能重新回归到正常的运行轨道上来，于是特意给神宗上书《论人才》，一方面表示对富国强兵的愿望大力支持，另一方面就稳健改革、延揽人才提出了建议。

更愿陛下广开言路，兼采博纳，使下情上达，收揽权纲。无使权臣卖弄。爵人于朝，须协公议，与众共之。任官令久于其任，候所职成败明著，而后赏罚。用人当兼取群才同济时务。若专一才，即明党胶固者，希时而并进；孤忠自立者，望风而敛退。更望法天地简易之道，守祖盈成之业，使上下安静，则不治而自治。①

文彦博言辞切切，忠心可鉴。此时的神宗已被那些奸佞之人洗脑入心。但文彦博的坦荡胸怀，正直无私，仍然赢得了神宗发自内心的敬重。

文彦博在政治失意的环境下，又一次感受到世事多变、宦海沉浮的险恶。怀着难以施展政治抱负又不得不退隐的矛盾心理，文彦博写下一首流

①（宋）文彦博：《赴河阳陛辞日面奏》，文彦博《文潞公集》卷二十二《奏议》，山西人民出版社 2008 年版，第 218 页。

传千古的诗：

> 孤筠劲质异纤柔，欲假携持助胜游。
> 不为凌霜高节在，对公灵寿合包羞。[①]

这首诗以邛竹制成的手杖为吟咏对象，赞美邛竹杖材质的优良和广泛的用途，表达了自己不畏权势、匡世报国的理想。

王安石一派处心积虑排挤文彦博，当场给文彦博种种难堪，甚至挖空心思削夺文彦博枢密使的权力。

宋朝规定，审官院负责选文官，枢密院负责选武将。王安石又想出一招，分审官院为东西院，东主文、西主武。

文彦博主宰枢密院，这明白着是架空文彦博。大臣们纷纷为其鸣不平，上书驳斥做法违反祖制。

神宗心里明白，这样做确实过分，但仍然偏护王安石。

文彦博对神宗说："审官院兼选文武，枢密院还有何用？臣无从与武臣相接，不能妄加委任，陛下还是令臣休息吧！"

神宗虽然治国方略与文彦博有所不同，但他非常敬重这位胸怀坦荡、屡建功业的老臣，他舍不得文彦博离去，没有批准辞呈。

神宗听从王安石的推荐，任用陈升之为礼部尚书、同平章事。

陈升之并非新党，也不是旧党，而是一个骑墙派的老好人。

他被王安石看好，主要是两点：其一，在王安石复相这件事上投了"赞成票"；其二，在条例司处处迎合王安石，因而被举荐为宰相。

谁知，陈升之一当上宰相就不再任由王安石摆布。王安石恼羞成怒，看见陈升之就来气，翻手为云，覆手为雨，很快以变法立场不坚定，首尾两端的罪名，将他驱逐出朝廷。不过这是后话。

---

① （宋）文彦博：《邛竹杖》，文彦博《文潞公集》卷四《律诗》，山西人民出版社 2008 年版，第 57 页。

在神宗心目中，文彦博依然是一位值得信赖的股肱之臣。他执意安排文彦博排位在宰相陈升之之上。

神宗特别下了一道圣旨："彦博朝廷宗臣，朕方倚以疆埸之事，虽用陈升之为宰相，其令升之仍位彦博下，以称遇贤之意。"

按照朝廷惯例，皇帝上朝前，宰相带领两府、两制、六部、开封府等官员，在承明殿站列排好，等待皇帝圣临。

官员上朝时，有一个固定的站位顺序。这个顺序是：宰相为首，亲王次之，使相第三，枢密使第四。

这个排列顺序秉承着宋朝"尊崇士大夫"的传统。按照这个规制，上朝时，所有人都要排在宰相后面。神宗执意安排文彦博位在宰相之上，很明显是让他率领群臣上殿。对于皇帝的美意，文彦博再三推辞，认为这样做违背祖制，他上书道："诏书宰臣陈升之，位在臣下者，朝有着定国之彝仪，是紊纲纪……臣本书生，粗知礼节，事出姑息，决不敢从。"[1]

神宗仍然不许，御批道："卿两朝旧德，顾命元勋，位右升之礼体甚顺，其勿过为谦抑久郁，朕待卿之志，兼已降诏旨，来日不可不入视事也。"[2]

文彦博依然坚持己见，上书道："臣以谓忝备近司，当守法度，朝班之制不可僭逾。盖圣慈曲有褒优，在愚臣固非谦抑，况兹礼例之起，自于利用之初，臣实畏之，岂可当也？必冀轸天慈，俯从人欲，诏旨令来日不可不入视事，臣今日即未敢随班入殿，已依禀入本院视事，听候谕旨。"[3]

神宗再次御批道："卿翼亮三朝，周旋二府，国之耆雟，望实素隆，卿谦恭久著于此，何嫌往安？乃居毋逆，朕命所乞，宜不允。"[4]

　①（宋）文彦博：《中书劄子》，文彦博《文潞公集》卷三十五《辞免》，山西人民出版社2008年版，第330页。
　②（宋）文彦博：《中书劄子》，文彦博《文潞公集》卷三十五《辞免》，山西人民出版社2008年版，第331页。
　③同上。
　④（宋）赵顼：《手诏》，文彦博《文潞公集》卷三十五《辞免》，山西人民出版社2008年版，第331页。

文彦博又接连上书道："臣累奏合班尤为不便，班在升之下，正朝廷素定之仪，安愚臣所守之分，区区之诚必其从可。"①

文彦博三次推辞，神宗三次不允。文彦博只好单独求见，给神宗讲了一个故事。

真宗去世后，刘太后主政，朝廷频繁换宰相，一直没有一个固定的"领头人"，刘太后就让枢密使曹利用带领群臣。

新任宰相王曾不肯，双方争抢第一排，一来二去，推推搡搡，扭打在一起。刘太后回避了宰相和枢密使打架的问题，特意让人转告枢密使，以后朝会，请遵从祖训，排在宰相之后。

神宗听后，思量再三道："卿往事仁朝，再为上宰，予嘉旧德，进而迩联，而固执谦为，恳辞避至于再三，勉从所请，不忘嘉叹。"②

神宗清楚，文彦博自变法以来，受到很多委屈，在受人排挤的情况下，依然一如既往坚守操守，实在难能可贵。文彦博多次谦让他打心眼里更加敬佩。

这件事若是放到吕惠卿一类人身上，那可是求之不得的好事。他们绞尽脑汁争名夺利，不择手段大权独揽。和文彦博相比，他们确实是一群当之无愧的奸佞之臣。

按照宋朝规定，大臣七十岁致仕。元丰三年（1080），已经七十五岁的文彦博再次上书请求致仕，神宗没有核准，而是命他陪同前往京城南郊参加祭祀大典。

在随后职官制度改革中，文彦博获得侍中一职，加封太尉、开府仪同三司、依前河东节度使判河南府。随后又加封河东、永兴军两镇节度使。这是极为优厚和荣耀的礼遇。在宋朝，只有亲王和德高望重的将相才能获得这个荣衔。也许是爱屋及乌，神宗还授予文彦博八子文宗道为承事郎，

---

①（宋）文彦博：《中书劄子》，文彦博《文潞公集》卷三十五《辞免》，山西人民出版社 2008 年版，第 331 页。

②（宋）赵顼：《手诏》，文彦博《文潞公集》卷三十五《辞免》，山西人民出版社 2008 年版，第 332 页。

授予六子文及甫秘阁校理。

换成别人，估计早就高高兴兴地去大摆筵席庆祝一番了，文彦博坚辞不受，他认为自己不应当享受这样的高官厚禄。

在这个世界上没有人会嫌弃做大官，文彦博是个例外。

文彦博接连三次上书道："臣岂敢贪天之功，越本朝之制，冒宠以居。匪唯于臣难胜，实乃为国惜法。"

神宗大为感叹，见过多少伸手要官的、争官的，拒绝加官晋爵的还真不多见。

元丰七年（1084），文彦博致仕，神宗给予无比荣耀，在玉津园赐御宴饯行，神宗亲自作御制诗，赐诗诏书中说："卿在二祖朝，早冠三事，怀忠奋策，迄有大勋。来觐外延，相成宗祀，崇进公品，往莅洛师。锡燕赐诗，昭示殊礼。仍敕近辅，序而识之，庶传无穷，着见贤业。其承朕志，体服眷恩，今赐卿诗序，至可领也。"[1]

神宗诗云：

> 四纪忠劳著，三朝闻望隆。
> 享兹难老祉，报在不言功。
> 富矣勋弥大，居焉貌甚冲。
> 西都旧士女，白首伫瞻公。[2]

这首诗高度赞扬了文彦博近五十载的政治生涯和"不言功"的高尚品质，描写了洛阳民众对文彦博的仰慕。

对于神宗的恩宠礼遇，文彦博感激为甚，挥笔作诗，其中有"身在洛

---

[1]（宋）赵顼：《赐诗诏书》，（宋）李焘：《续资治通鉴长编》卷三〇九，转引自侯小宝《文彦博评传》，四川大学出版社 2010 年版，第 107 页。

[2]（宋）赵顼：《御制诗》，（宋）李焘：《续资治通鉴长编》卷三四四，第二十三册，第 8253 页。

阳心魏阙，愿倾丹恳上公车"之句。

　　临行前，神宗再次召见文彦博，询问英宗立储之事。文彦博禀告始末，与元老所言一致。神宗由衷赞其"为定策社稷之臣，有蓄德深厚，身之功善不自矜伐"。

　　《宋史》："（文彦博）身虽在外，而帝眷有加。"

　　文彦博离开朝廷后，朝政仍然掌握在王安石一派手中，他们要依靠变法，维护自己的权力地位，朝廷党争愈演愈烈。

第二十章　力挽狂澜

王安石变法，不久遭到重创。热切期盼变法成果的神宗，此时也失去信心和热情。

文彦博一次又一次地和王安石义正词严地辩论，反反复复苦口婆心地讲述祖宗家法的主张，得到了元老重臣和太皇太后曹氏、皇太后高氏的鼎力支持。

自古以来，太皇太后和皇太后都是不可忽视的政治力量，同样肩负着国家命运的历史责任。

太皇太后曹氏是太祖赵匡胤时枢密使曹彬的孙女，系出名门。曹氏和高氏关系非同一般，曹氏是高氏的姨妈。

曹彬有七子，六子中有的封王，有的任枢密使，有的任禁军首领，还有的官至节度使，堪称北宋时期最显赫的武将世家。唯有第五子曹玘为文官。

曹玘父亲是开国名将，兄弟们是朝廷重臣，女儿是仁宗皇后，儿子是当朝宰相，孙子是仁宗女婿，可谓风光无限。这位任尚书虞部员外郎的皇帝国丈，却辞官从京城迁至山西介休北盐场。在此定居的族人奉其为该族始祖。

介休北盐场，古称仁安里，民国十年（1921）立的《曹玠碑志》，有一段很重要的记载，北宋以来五次为纪念曹玠重新立碑。

曹玠为仁宗乙亥进士，曾参加贝州平乱，历任并州副都部署、武安军节度使，后为殿前都指挥。因功勋卓著，仁宗授其尚方宝剑。曹玠在西夏作战中战死。皇帝赐"太子太保总理兵马大元帅"，谥号"武庄"。

碑文记载："（曹玠）原真定灵寿人氏，由汴开封自武惠王少子玘公迁陕至晋西河，复徙介休县人安里。次世俏字公伯，仁宗皇后弟也。"

武惠王即曹彬，少子玘公即曹玘，次世俏即曹玘儿子曹俏，即传说中的八仙之一曹国舅，曹玠是三世祖。

此碑成为最直接的实物证据，很有史料价值。

介休北盐场是仁宗皇后父亲的居住地，介休曹氏值得荣耀。

曹玘放弃高官厚禄，远离繁华都市，迁居介休仁安里，扑朔迷离。

史籍记载，曹玘迁徙原来是和"曹半朝"有关。

有一年，仁宗举行盛大祭祀，典礼主官是曹玘的弟弟曹琮。曹玘看到满朝文武多为曹氏族人，甚感惶恐，便上书说："我家族中一旦有人敢违法乱纪，请陛下一定严惩。"世事无常，谁也不知道意外什么时候会降临自己头上。曹玘请求离开京师去往外地。

曹玘迁徙的原因，与曹氏族谱中记载"为避宫亲之祸"同出一辙。

世事沧桑，历史巨变，曹玠碑风蚀日剥，久残难识，然一代皇后家族世居介休之事实，从一个侧面体现了宋朝中期风云变幻的历史。

限于史料，细节仍有待深入探讨。

曹皇后不简单，有两件事情可以佐证。

宋庆历八年（1048），一天夜里，仁宗在宫中休息，崇政殿侍卫颜秀、郭适、王胜和孙利等人，突然趁夜深人静杀死守宫卫士，冲进仁宗寝室。惊慌失措的仁宗连忙准备逃跑，镇静的曹皇后一把抱住了他，并关紧门窗，命令侍卫前来护驾，这才使仁宗安全脱险。

还有一件与曹皇后有关的事情，那就是她把苏轼从鬼门关拉回来，救了苏轼一命。

苏轼以抨击新法罪名锒铛入狱，那些奸臣一心想把他置于死地。

太皇太后曹氏得知消息后，对神宗说："仁宗皇帝当年举行科举后，高兴地说：'今天，朕录取了两名宰相之才，一个叫苏轼，一个叫苏辙，他俩是我为儿孙们找到的良才啊'！苏轼因写诗而入狱，我朝开国至今尚无先例，切不可滥杀忠臣，万不可再生冤屈之事。"

如此，苏轼才保留下性命。

那天，神宗带回一幅画卷，给太皇太后、皇太后和皇后看。

这幅画画的是流民图。它是王安石被免的一个导火索。

画者叫郑侠，他是一个勇敢的人，值得敬佩的是，他并不是在职官员，只是一名皇宫门吏。

他没有任何背景，只是为了告诉皇帝真相。就是他，一个普通的看门官员，却导演了一场震惊朝野的令人瞩目的好戏，做出了无数人没有想到的一件事情。

面对厄运，他选择了正义和良知。

不顾个人安危，坚持理想信念，去履行自己的行为。郑侠就是这样的人。

他为什么要画难民图呢？这还得从头说起。

郑侠，字介夫，福建人。出身贫寒，但他人穷志气大，从小立志摆脱生活窘迫，读书很刻苦。为了节省费用，常年居住在一所寺庙内。

一次偶然的机会，他遇到来庙里拜佛的王安石。王安石很欣赏他，送给他钱物，鼓励他好好读书，尽早成为国之良士，为国效忠。

郑侠很争气，二十七岁中了进士。在王安石的关照下，他成为光州（今河南省潢川县）司法参军。

其间，王安石大力推行变法，郑侠目睹了变法的后果——老百姓流离失所。

三年任满后，郑侠重回朝廷。这一年，中原地区暴发了一场严重的旱灾，整整十个月，滴雨未下。老百姓叫苦不迭，祈遍各路神仙，终无效果。

郑侠把自己的所见所闻所感，如实告诉了自己的老师和恩人。

郑侠本以为，自己实事求是反馈情况，提醒王安石采取必要的措施。可惜，他的想法大错特错。

在王安石这个"拗相公"眼中，是非界限分明：凡是支持变法者，就是朋友，反之，就是敌人。

郑侠背叛自己，王安石恼羞成怒，打发这个进士当了一个看城门的小吏。

郑侠并没有因为自己是一个看大门的，就放弃自己做人的原则，他有一股子天生的"大侠"气魄，毫无顾忌地把实施新法的所见所闻，全部写下来，上奏朝廷。

一个小小的门吏，根本没有资格上书。再说，王安石当政，谁也不愿引火烧身。

三年，无数份奏折送上去没人理睬，极有可能早就被撕得粉碎。三年来的辛苦石沉大海，郑侠十分沮丧。

不能就这么算了，郑侠打定主意孤注一掷。他灵机一动，画了一幅《流民图》，写了《论新法进流民图疏》，再次送到朝廷，请求朝廷废除新法。

他也是个聪明人，估计会遭到拒绝，于是谎称紧急边防军事秘密。那些人不敢怠慢，这才送到神宗手中。

神宗展开流民图，只见画的是老百姓卖儿女、典妻子、拆房毁屋卖房梁、砍伐桑柘换钱交税等悲惨景象。

形象比文字更有说服力。这幅真实生动的《流民图》带给神宗极大的震撼。神宗的理想是通过变法使百姓安居乐业，但看到《流民图》中却是百姓流离失所。神宗由此夜不能寐，陷入深深的沉思和叹息中。

第二天上朝，神宗拿出《流民图》及奏折，命太监大声宣读。

奏折内容是这样的：

我是一个看城门的小吏，今天反映的就是城门的税收问题。新法"市贸法"规定，老百姓出入城门，无论是干什么，都要交税。这对老百姓简直是雪上加霜。再加上下层官吏乱改规则，层层加码，老百姓走投无路，苦不堪言。我亲眼看到，老百姓为了偿还青苗法的贷款，卖房卖地，卖儿卖女，吃树皮，四处流浪……新法完全违背了天道，丧失了人性，请求陛下尽快废除新法。若顺天意，十日之内必会降雨。如果不下雨，小吏甘愿一死！

郑侠作为一个普通人，他没有为自己的前途着想，也没有享受当官的欲望，他想的是全天下老百姓的苦难，他凭借自己的才气勇气完成了个人的壮举。这位门吏将被载入史册。

历史不会遗忘他。

先说话的是太皇太后曹氏："我听说百姓为了免役税和青苗贷款，其苦不堪，我们不应该擅改祖制。"

神宗回答说："王安石实行新法也是为民谋福，并无害民之意。"

太皇太后又说："王安石自认为有大才，他树敌甚众，还是把他的职务中止吧。"

太后也哭着对太皇太后说："王安石把天下搅乱了，还离间我们母子兄弟关系，请太皇太后做主！"

太皇太后拉着神宗的手说道："过去我听到民间疾苦，都会及时告诉陛下，他都会颁布诏书，予以改正。如今，你也应该如此才对……"

自变法以来，王安石不断遭到官员弹劾，但只要神宗还信任他，王安石就能安然无恙。

但这回不同了，反对者是自己的祖母和母后。

神宗浮想联翩，自己的帝王宝座、朝廷的命运是和上天密切联系的，君权神授，天人合一，上天是惹不得的。老天爷之所以不下雨，是否因为新法弊端太多？老百姓怨气太重？难道这是上天在警示自己？

联想到文彦博、司马光、富弼这些元老重臣对新法的一片反对声，难民图展现的情景，再加上太皇太后、太后的竭力劝阻，他不得不陷入沉思。

神宗将《流民图》让群臣过目，王安石怒不可遏，抗辩道："郑侠欺君罔上，诽谤新法，臣只知百姓称新法便利，哪有这种流民惨状呢？"

神宗长叹几声道："民苦如此，天怒人怨，新法还是暂停吧！"

几天后，上天果然下了一场大雨。

也许是上天感念郑侠的良苦用心，神宗被这场大雨浇得清醒了许多。

不久，又发生了一件令神宗闹心的事，陕西华山山崩，又是旱灾又是山崩，这不明白着警示自己吗？人说什么话他不怕，他怕的是上天说话。

文彦博提醒皇帝："王安石所进用者多小人，以致天降责罚，诸处地动、灾异，所以宜且安静。"

富弼上书道："废除新法，如救焚溺，势不可缓。"

御史程颢上书道："天时未顺，地震连年，四方人心日益摇动，此皆陛下所当仰测天意、俯察人事也。"

翰林学士范镇上书道："乃者天雨土，地生毛，天鸣，地震，皆民劳之象也。唯陛下观天地罢之变，罢青苗之举，归农田水利于州县，追还使者，以安民心而解中外之疑。"

岂止是这些，神宗的案头奏折堆了有一尺高，他越看越心烦意乱，大臣们表述不一，但大意相同，再不停止变法，国家就要出现天塌地陷的大劫难了。

神宗问身边的宦官："你们怎么看王安石？"宦官伏地叩头说："今祖宗之法扫地无遗，安石所行，害民虐物，愿陛下除安石。"

连宦官都这么说，神宗终于动摇了。

王安石说天变不足信，神宗却害怕天变，不敢不惧。

神宗苦笑着脸，随即颁旨，免去王安石宰相。

王安石从参知政事做起，在朝中执政七年之久。此时，见仁宗不再信任自己，不由发出一声长叹，感慨"才薄何能强致君"，然后"一马黄尘南陌路，眼中惟见北山云"，回了江宁府，闲居半山园。

王安石被免，但他仍希望自己的门生们能够继续一致变法，共同辅佐神宗。

王安石离京前，向神宗推荐了自己的接班人——韩绛和吕惠卿。

不用多说，这两人都是铁杆坚定的变法拥护者。

韩绛，号称"传法沙门"；吕惠卿，号称"护法善神"。神宗任命韩绛为宰相，吕惠卿为副相。这两个人的组合，完美地组成了"护法金刚"。

韩绛与王安石关系不寻常。宋庆历二年（1042）韩绛高中进士甲科第三名，王安石为第四名。他始终支持王安石变法。

吕惠卿和王安石是师生关系，两人政治理念相同，是推进新法的主要人物。

可惜，两个接班人无法体会王安石的用心。在他们看来，这位变法的领军人物早就应该去享受天伦之乐了，他们关注的只是他过去手中的权力。

王安石走后，吕惠卿最担心的事，是神宗退缩，神宗一变卦，自己就什么都不是了。

他面见神宗，请求仍继续执行新法，神宗沉思不语。吕惠卿生怕他改变思路，进言道："陛下自即位以来，忘寝废餐，成就今日之美政，天下四方都在赞美您英明神武。千万不能相信那些流言蜚语，废除新法，那就太可惜了！"

说罢，泪流满面，泣不成声，继而又号啕大哭，痛不欲生。

鳄鱼的眼泪往往能起到意想不到的效果。神宗为吕惠卿的敬业精神所感动，顿时心肠发软，应允大政方针照常。

吕惠卿富有阴谋，又具有才干，确实有点能耐，他一上来就把反对变法的主帅司马光给扳倒了。

能扳倒司马光，吕惠卿颇费心机，司马光可是民间"真宰相"，足见吕惠卿有两把刷子。

吕惠卿和司马光当着神宗的面展开辩论。司马光引经据典，阐述不可擅自变更法令，不能轻易变法。

吕惠卿反驳说："一个国家要不要变法，应当根据当时的国情来定。《尚书》有句话说：'无作聪明乱旧章'。这句话不是不让后人去变法，而是不要自作聪明，在时机不成熟的时候胡乱更改法令。如今，吾皇宏图大志，振兴祖宗大业，变法上可利国，下可裕民，时机已经成熟，为什么不能变法呢？"

吕惠卿靠着三寸不烂之舌，说司马光是自作聪明，说神宗是英明君主。

神宗不由感慨，这个人果然厉害，能把司马光驳倒，真可谓王安石第二。

司马光无论学识还是人品，吕惠卿是绝对不可比的，只不过神宗坚持变法，他说的那一套不合神宗口味。

一气之下，司马光去洛阳著书立说了。他虽把主要精力全放在编纂《资治通鉴》上，但仍然和文彦博、富弼一起，关注着朝廷的动态，相信明天太阳会照常升起。

吕惠卿大权独揽后，扬眉吐气，自以为老子天下第一，开始排除异己，包括反对变法的、同伙中不顺眼的，凡是障碍，统统驱逐。

吕惠卿为了独揽大权，没有不敢干的事。

王安石在位时，他就想取代王安石。有了这份野心，他悄悄保存了王安石的一些私人信件，因为信里有"不要让皇上知道"一类的话语。这可是欺君之罪。

后来时机一到，他把这些信呈交给皇帝，状告王安石结党营私，图谋不轨，参与皇族谋反。

王安石倒台，应该有吕惠卿的一份功劳。

对于那位画《流民图》的郑侠，吕惠卿也没有放过。他弹劾郑侠"越级上告，诋毁宰相，抨击新法"，必须严惩不贷。最终将郑侠流放到汀州。

吕惠卿疯狗一般往死里整人，一下子成为众矢之的。弹劾他的奏折雪片般飞到神宗手中。

神宗这才明白，自己选错了人。吕惠卿不是维护国家利益，而是利用这个平台维护自己的相权。这样一个卑鄙无耻的小人，必定是一大祸害。

不久，吕惠卿就被撵出朝廷，贬到陈州去了。

这时的神宗并没有完全熄灭心中燃烧推行新法的火焰，间隔一年零八个月之后，他又重新起用了王安石。

苏轼听到这个消息，非常气愤，当即写下一首《花影》诗。《东坡全集》一百十五卷记载：

重重叠叠上瑶台，几度呼童扫不开。

刚被太阳收拾去，却教明月送将来。

这首诗乍一看是以花影为主题，但却暗含了对王安石的讽刺。

第一、二句描写亭台上的花影，一层又一层，接连叫仆童扫了几次，怎么也扫不掉。诗人对于王安石变法，一直持反对意见，而且反对了一次又一次，可变法还是如期而至。

第三、四句描写傍晚的太阳刚刚下山，那些花影刚刚消失，可是等到了夜间，明月又把花影送来了。生动地讽刺王安石第二次拜相。

王安石复相后，像变了一个人，更加肆无忌惮地安插亲信，结党营私，排除异己。

他提议将三司、枢密使、中书省的主要官员全部换掉，请皇帝批准。没想到这回却触到了神宗的"雷区"。

"江有蛟龙山虎豹，情光虽在不堪行。"[1]王安石自己种下的恶果，只能自食其果了。

熙宁九年（1076）十月，神宗再次罢免王安石宰相。

这一次，56岁的王安石彻底结束了自己的政治生命。王安石变法至此宣告结束。

王安石虽然下岗了，但依然享受"荆国公"待遇，这是神宗对王安石的一种安慰吧。

他过起了普通老百姓的生活，身穿一身便装，骑一头小毛驴四处闲逛。在家中嘴里每日念叨着"吕惠卿误我"，反复写着"福建子"三个字（福建子指吕惠卿）。

王安石在痛苦中醒悟了，文彦博、司马光、苏轼那帮人是真正的正人君子，作风正派，品格高尚。他们与自己仅是政见不同，而自己提拔重用的那些人，为了权力和利益，一个比一个阴险毒辣，贪权误国，坏事就坏

---

① （宋）王安石：《咏月》，转引自刘振鹏《王安石文集》，辽海出版社2010年版，第50页。

在他们手里。

元祐元年（1086），司马光、文彦博重新执政后，已经把那些新法废除得差不多了，正在酝酿废除免役法。

王安石没有了当年"达则兼善天下"的万丈豪情，但藏之于其内心的那份变法造福大宋江山社稷的情结并未完全泯灭。

得到最后废除免役法的消息，王安石顿时气得面上青筋突出，胸口像堵了一块石头。他老泪纵横，喃喃自语："竟然变成这样，一切全完了！……"

他亲眼看见自己奋斗一生的心血被毁灭，悲愤交加，不甘心地闭上了双眼，去了另一个世界，享年六十五岁。

对于这样一个影响时代潮流的人物，如何为他盖棺定论？

有人说他是"集古今所有大奸大恶于一身的小人"。

也有人说他是"中国古代最完美的圣人"。

看看朝廷对他的评价吧！

这时的苏轼任翰林学士知制诰，主要为皇帝草拟圣旨。他总共拟了约有八百道圣旨。苏轼文采飞扬，文字简练明确，铿锵有声。

这回他以皇帝的名义颁布圣旨，措辞巧妙，寓贬于褒，说王安石"网罗六艺之遗文，断为己意，糠秕百家之陈述，作新欺人。胡不百年，为之一涕"。大意是说，王安石富有巧思，妄自尊大，欺人欺己。是赞颂还是诽谤，读者自明。

从北宋始，至清代止，王安石一直骂声滚滚，以致南宋高宗把王安石视作北宋亡国的元凶。

王安石政治生涯结束后，神宗仍然沉浸在力图通过变法而富国强兵的热情中，依然全力支持变法派。熙宁六年（1073），文彦博政治抱负难以施展，辞去担任九年之久的枢密使一职，以守司徒兼侍中、河东节度使判河阳（今河南省孟县）。

河阳是唐代古文运动文坛领袖韩愈的故里。

河阳是有名的桃李花之乡。

李白有诗曰：

> 河阳花作县，秋浦玉为人。
> 地逐名贤好，风随惠化春。[1]

文潞公要来河阳了！河阳城轰动了，官员们激动了，做买卖的激动了，农民也激动了。大家争先恐后跑到大道上，目睹这位老宰相的风采。

由于人山人海，导致文彦博一直未能进城，被堵在路上，直到衙门派出护队，才把他迎进城。

春天的河阳，微风吹拂着千万条低垂的柳丝，袅袅飘逸。柳条上的嫩黄细叶，松柏针叶泛起的新绿，杨树上的穗儿，海棠树上萌发的细芽，泻出了无限风光，处处一派生机。

文彦博远离了喧嚣纷争的朝廷，深深呼吸着沁人心脾的新鲜空气。

处理政务之余，文彦博一面查看民间疾苦，一面优游山水，寻觅胜迹，作为闲暇的乐趣。

河阳风景美，百姓好，可文彦博心里却始终忧虑新法给百姓带来的灾难。同时，深深感到官场险恶复杂和世态炎凉，写下《即事偶书》：

> 世道逢消长，人情徇爱憎。
> 光华如石火，明灭似风灯。
> 巢幕堪忧燕，垂天不羡鹏。
> 危心戒行险，视履益兢兢。[2]

---

①（唐）李白：《赠崔秋浦三首》其三，《李白集校注》卷一，转引自侯小宝《文彦博评传》，四川大学出版社 2010 年版，第 79 页。

②（宋）文彦博：《即事偶书》，文彦博《文潞公集》卷六《律诗》，山西人民出版社 2008 年版，第 76 页。

细细品读这首诗，可以体会文彦博当时如履薄冰的政治环境和苦闷惆怅的心情。

忠臣和奸臣有着不同的心理。忠臣无论身在何方，总是忧虑国家大事。奸臣则想的是怎样获取更大的利益。

文彦博离京在外，没有绝望、没有失落、没有委屈，只是提醒自己，尽管权臣当道，阴霾笼罩，总会有阳光灿烂的一天。在他的心中，只有两个字——坚持。

文彦博身在河阳，依旧心忧国家，心系百姓。他上书神宗，希望广开言路，收揽权纲，延募人才，稳健治国。同时举荐刘庠、范纯仁、苏辙、吕公懋等大批青年新秀，把复兴国家的希望寄托在他们身上。

熙宁六年（1073），他看到老百姓因水旱灾害而不堪重役时，立即上书朝廷：

所过河阳、济源两县界，以秋末至于冬中，久无雨雪，田畴干旱，种麦全少。况此两县在本州稍为富庶，尚乃村落萧然，例有菜色，若不减重役，必不聊生。[1]

文彦博无论大事小事，事事为老百姓操心。

那时，河阳没有一家医院。文彦博看到，因贫穷加之病疫流行，许多年老多病者、妇女、儿童被夺去了生命，很是揪心。

洛阳龙门山有座胜善寺，规模雄峻，高僧云集，是国花牡丹的馨园、茶道医道的殿堂。这里交通便利，环境优美，人来人往，文彦博在此建立了一座医疗救助小屋。

他把自己多年收藏的数万卷医书，家中的一些中草药和储存、调制药品的器物都捐献在这里，并安排寺中医术高明的圣僧把脉问诊。凡是来治

①（宋）文彦博：《乞免夫》，文彦博《文潞公集》卷二二《奏议》，山西人民出版社 2008 年版，第 220 页。

病的人，都可以得到免费治疗。

文彦博离开河阳后，这里还照常为人治病。

文彦博的勤政爱民之举，百姓看在眼里，记在心里，他得到人们衷心的拥戴和发自内心的感激。

一年后，文彦博到大名府主政，那里是防御契丹南下的军事重镇，是大宋国门，年逾古稀的他深感责任重大，全力以赴加强战备。同时，他一如既往关注百姓疾苦，施惠于民，强烈反对那些劳民伤财的事情。不料，又出现了两个小人……

第二十一章　大名府守国门

在契丹人眼里，北宋贫弱不堪，外强中干，只要兵临城下，自然会不战而胜。此时，西夏李元昊也想趁机捞取油水，毕竟，大宋的壮美河山、金银财宝、古玩稀珍，都是他们垂涎许久的，于是派使者来到辽国，表示愿对辽国称臣纳贡，并以此为理由，商议夹攻宋国。辽国认为有利可图，果真集结重兵进入宋朝边境。一时间，战争阴影席卷宋朝北部。

边境危急，神宗大惊，"虏情无厌，势恐未已，妄起衅端，万一不测，何以待之？"连忙召集大臣商议对策，大家不知所措，一片寂静。但大宋并不全是吃干饭的，此时一个洪亮的声音响起：

"臣愿去大名府镇守国门！"

这个人，就是七十岁的文彦博。

文彦博接着说："一旦大名失守，大势必不可挽回！"

他的话震醒了所有人，也打动了神宗，坚定了他守卫国土的决心。他把防守大名府的重任交给了文彦博。熙宁七年（1074）四月，文彦博赴任。

大名府，是宋朝三个陪都之一，人口百万之众。辖境相当于今河北省易县、雄县、霸县和天津市海河以南，以及山东、河南两省黄河以北的大部。

大名府始建于十六国时期，经历过九个朝代，两次作为国都，七次成为陪都，是黄河北面一座重要的军事重镇，有"控扼河朔，北门锁钥"之势，历来都是兵家必争之地。

坚守住大名，就堵塞了敌人南渡黄河的通道，是防御契丹南侵的战略要地。史书记载："夫大名者，古之魏地，以其襟带两河介于山东西之间故，常为天下枢。"

离开京师前，文彦博向神宗辞别，赋诗一首：

> 报国丹心明皎皎，恋轩疲足去徐徐。
>
> 群公尽出都门祖，盛事光于汉二疏。[1]

这首诗表达了三个意思：感激皇帝多年的重恩和礼遇，抒发了报效国家的一片丹心，同时暗含了在朝廷政治抱负不能施展的无奈心情。

前往大名府前夕，文彦博也给老友西京留守王拱辰寄了一首诗，诗中有这么两句："畏日临倾藿，惊飙走断蓬。"大意是：太阳光照射不到的叶子，但始终向着太阳，即使遇到狂风暴雨，也是如此。表达了他忠于朝廷，又无法左右时局的复杂心情。

居庙堂之高则忧其民，处江湖之远则忧其君，达则兼善天下，而不可穷则独善其身，这才是做人应有的品质。

拥有此等品质的人，即使政治上失意，也能始终如一为强国安邦而奋斗。而没有这种品质的人，即使身居高位，也只能是碌碌而为。

文彦博把全部精力集中在防守上，抓紧粮食储备、军队训练，加强备战。

大战在即，辽国却怂了。

辽国正准备出战，意外得到消息，守护大名府的是文彦博，他们明白，

---

①（宋）文彦博：《西归日琼林苑赐宴即席》，文彦博《文潞公集》卷七《律诗》，山西人民出版社 2008 年版，第 86 页。

文彦博最难对付，派去的情报人员也神色慌张回来汇报，大名府城坚固，防守严密。契丹做出判断，不能轻易冒进，放弃了这次进攻。

辽国虽然强大，但他们一向是捏软柿子，这次碰到的是一块坚硬的花岗岩石头。

进攻不成，不等于放弃了野心。于是有人建议，派使者前往谈判，让他们割地赔款，宋朝担心两面开战，为求平安，也只能答应咱们的请求了。

宋神宗得到这个消息，又一次陷入窘境，不知如何应对。

北宋和辽国的博弈，始于宋真宗时代。两国打打谈谈，一直没消停过。

宋景德二年（1005），宋真宗与辽国签订《澶渊之盟》和约，辽宋约为兄弟之国。

和好的条件是，两国以白沟河为界，宋朝每年给辽国银十万两、绢二十万匹。和约基本维持了四十年和平。

这回，辽国提出宋朝每年增加二十万岁币，即可达成停战协议。神宗拿不定主意。国有疑难可问谁？他第一时间想到了远在大名府的老臣文彦博，写信询问对策：

朝廷通好北虏几八十年，近岁以来，生事弥甚。代北之地素有定封，而辄起衅端，妄求理辨。比敕官吏同加按行，虽图籍甚明而诡辩不服，今横使复至，意在必得。朕以祖宗盟好之重，固将优容，虏情无厌，势未已，万一不测，何以待之？古之大政必询故老，卿夙怀忠义，历相三朝，虽尔身在外，乃心罔不在王室。其思所以待遇之要，御备之方，密具以闻，朕将亲览付某。[1]

文彦博多年御边，积累了丰富的军事经验，是一个高瞻远瞩的战略家，

---

①（宋）赵顼：《神宗咨访诏》，文彦博《文潞公集》卷二十二《奏议》，山西人民出版社 2008 年版，第 226 页。

对一直威胁宋朝政权的契丹和西夏，他胸中蕴蓄着一整套经过独立思考和深思熟虑形成的对策。

这是一场军事战，也是一场政治战，比拼的是政治智慧。

现在，皇帝向自己征求国家大事，这是信任，更是重托。

宰相韩琦在军事谋略上很有一套，但他对文彦博的兵法也十分钦佩，曾和文彦博探讨过这个问题：你的兵法由何处学来？

文彦博告诉韩琦，我读的书叫"孙子兵法"。

几千年来，《孙子兵法》在全世界影响极大，法国、德国、日本、美国不知有多少人在研究它，把它奉为经典。

文彦博读书，不是照搬，而是取其精华，灵活运用。《孙子兵法》有一句：不战而屈人之兵，善之善者也。不用流血牺牲就能赢得战争，现在，运用它恰到好处。

文彦博上书回应道：

臣以谓中国御戎守信为上，必以誓书为证。彼将何词以亢？纵横诡辞，难夺正论。若虏人不计曲直利害，肆其贪狠犯顺之心，朝廷固已严于预备之要，足食足兵，坚固城壁，保全民人，以战则胜，以守则固，止此而已。[①]

文彦博认为，目前契丹力量强大，想制服他、击败它，时机还不成熟。目前国家积贫积弱，在这种情况下作战，不是明智之举。

文彦博给出的对敌之策是，有盟约在手，铁证如山，应据理力争。如敌人进犯，严阵以待；如敌人仅是小打小闹，则宜按兵不动，固守防备。待契丹有了可乘之机，然后再大举进攻。

文彦博的对策，不是没有维护国家民族的尊严，也不是畏敌屈服忍让，

---

① （宋）文彦博：《答奏》，文彦博《文潞公集》卷二十二《奏议》，山西人民出版社 2008 年版，第 227 页。

四朝柱石文彦博

而是一种理性的分析。敌强我弱，盲目出战，国情不允许。有利、有节、有理予以对抗，才是政治智慧。

在文彦博使用这种战略战术的三百年后，也有人借助了这种做法，最终成为开国皇帝，他就是朱元璋。他在和其他起义军决战中，最终成为胜利者，很重要的一点，就是采用了"高筑墙，广积粮"的决策。

神宗看到文彦博的奏章，心里一块石头落地，脸色马上阴转晴了。

他发布谕令，各地坚固城防，积聚粮草，以静待敌，对辽国的小动作不予理睬。

果然，辽国瞎闹腾了几天，见无人理睬，自觉无趣，便偃旗息鼓了。

大名保卫战是一次十分重要的战役，如果一旦失陷，大宋半壁江山丢失，国运将会改变。文彦博力挽狂澜，终使国家转危为安。

神宗由衷敬佩这位老臣。在朝堂上，神宗十分感慨地对群臣道："彦博为定策社稷臣，蓄德深厚，身之功善不自矜伐。"[1]

宋熙宁八年（1075）正月，春寒料峭，文彦博组织三万军民维修加固大名府城。城墙建有楼橹（瞭望台）九百余所，八千余间，毁坏者大半。文彦博奏请予以修复。下令城池该加固的加固，该重建的重建，该延长的延长。修筑不惜花费重金，外城扩至四十八里，宫城扩至周长三里。强调质量第一，发现豆腐渣工程，军法论处。

两年后，工程竣工，大名府城城高地险，堑阔壕深，鼓楼雄壮，形成一道坚不可摧的防线。

文彦博上书：

臣唯知夙夜防虞，常若寇至，不敢终食之间，懈于为备，但患才拙，不能上副倚寄，致烦圣念，屡赐戒励，内省不称，伏增惶惧。本路沿边要害城堡楼橹，自去秋以来，增修各得完固，以至甲仗战守之器添补并及分

---

① 申利：《文彦博年谱》，四川出版集团巴蜀书社 2011 年版，第 233 页。

数，臣今一依圣旨，丁宁更切，及躬检阅。守御之备，训士养马，磨砺兵器，及遍指挥诸塞，增葺城堡战守之具，及更差官分头点检，比至防秋，委得不误大事。①

大名府防御工程做得如此完备，神宗十分高兴，御赐内外城门名，鼓励将士斗志。

契丹听说文彦博将大名府修筑得固若金汤，知道讨不到便宜，心里胆怯，便打消了南侵的念头。

文彦博是一个始终保持冷静、头脑清醒的人，练精兵、选强将，提高军队素质，打造一支能打胜仗的军队，一直是他不懈的追求。

文彦博深知，军中将领无权治军是个严重弊病。

北宋从宋太宗赵光义开始，打仗排兵布阵，朝廷都给你规定死了。违背阵图，打了胜仗要杀头；反之，打了败仗也没责任。

从此朝廷对武将采取"夺其权、收其兵"政策，避免将权过重导致叛乱。但直接造成了将领号令处处掣肘，将领也不敢大胆管理。将权不专，军法不峻，无法严明军纪，谈何能打胜仗？

针对这一弊病，文彦博上书直言，请求朝廷将军队指挥权和执行军法权交给统军将领，允许将领"便行军令"，从而进退从令。他还十分注意从优秀士兵中选拔人才，唯才是举，甭管出身如何，只要有真本事，就能得到重用。

不久，文彦博接到神宗的手诏，询问防洪工程情况。文彦博上书禀报，大名府为防洪修建的石堰堤坝被冲垮。历时多年的浩大工程刚刚完工，堤坝就被冲垮，这显然是"豆腐渣"工程。文彦博请求追责治理不力的官吏。

九月，黄河横溢，民田损坏，受灾者上万，文彦博请求朝廷免除灾民的税赋。

---

① （宋）文彦博：《答奏》，文彦博《文潞公集》卷十四《奏议》，山西人民出版社 2008 年版，第 151 页。

　　突然，一盆脏水泼到文彦博头上。泼脏水者是澶河提举范子渊。他上奏皇帝，说文彦博反对浚川耙，反对新法。

　　这罪名可就大了，这不是和急于推行水利改革的皇帝较劲吗？

　　说来话长。原来北宋时期，黄河水患接连不断，黄河下游不是淤泥就是决口，所以治理黄河是皇帝最为重视的一件事。

　　水利工程无论在哪个年代都是国家重点，政府投入大笔金钱，动用众多劳力治理，以确保畅通无阻。

　　王安石为了推行他制定的农田水利法，让各地官员畅所欲言，上报治理水患方案。若此法可行，予以重赏。

　　有个叫李公义的人，向朝廷上奏，说水患不断，是河道拥堵所致。即使增高堤坝，也无济于事，治标不治本。

　　他出了一个"奇招妙想"，用"铁龙爪扬泥车法"疏浚黄河河道。简单说，就是用铁铸成爪形，拴在船尾，借黄河水流力量耙开河底淤积泥沙。

　　靠几条小船、铁爪疏浚滚滚黄河，真是异想天开。然而，王安石却坚信不疑，他把大名府作为试点，打算用三百只船和三百副铁爪做试验，让范子渊主持。

　　接到这个任务，范子渊真是喜从天降。他清楚地知道，千载难逢的升官发财的机会来了，干出成绩，就能得到王安石的赏识，一步登天。

　　接到任务后，他立即调动人马，加班加点，制作"浚川耙"。

　　文彦博也希望试验成功，结果看到的却是，河道有深有浅，铁耙长度短了，到不了河床，铁耙长了，拉不动淤泥。文彦博将真实情况上报神宗："浚川司所浚河身，始末尽在河底，深浅固难详验。"

　　王安石急于要农田水利法的改革成果，要范子渊汇报。

　　范子渊明知铁耙一无是处，却舍不得放弃这次向上爬的机会，干脆蒙混过关吧！

　　他向王安石汇报说："浚川耙非常好用，河床不堵了，排泄效果好！"王安石高兴坏了，这可是推行农田水利法的巨大成果，于是报告神宗说，此项每年可节省千万治理费用。

文彦博愤怒了，他不允许这班人糊弄神宗，于是再次上书："河水浩大，非耙可浚。夏溢秋涸，固其常理。河水涨落，不由耙之疏浚，虽河滨至愚之人，皆知浚川耙无益于事。"

文彦博没有想到，他们竟然糊弄过去了——神宗要改革成果，王安石要政绩，范子渊要升官发财。

范子渊推行农田水利法"功不可没"，王安石举荐他为都水监丞。

范子渊由小小的县级官员，鲤鱼跳龙门。赌注下对了，范子渊来劲了，在全国玩命推广治水神耙。

王安石与范子渊同流合污，弄虚作假，演出了一出惊天闹剧。

明明是废品，却偏偏要吹捧成精品。文彦博忍无可忍，第三次慷慨上书道："去年用耙疏浚，退出地少，今年不曾用耙，却退出地多。显是自因秋深霜降，河水减退。"

文彦博三次上书揭露这种耙法毫无用处，但都被王安石压制了。

黄庭坚在《神宗实录》中记载此事："用铁龙爪治河，有同儿戏。"直到王安石被免职，文彦博再次上书，这才引起神宗重视，派制诰熊本等实地考察。结果真如文彦博所言，熊本奏请神宗废掉浚川司。范子渊不服，反而参了文彦博一本。

范子渊告诉神宗："那些说治水神耙无用的官员，全是反对变法的人！他们真正的目的，是以治水神耙为借口，达到废除新法的目的。"

这话打动了神宗，他清楚，一旦否认了治水神耙，反对派就会乘势而上，大举进攻其他新法。到那时，自己呕心沥血的改革成果就付诸东流了。

最终，神宗颁布圣旨，肯定了治水神耙的功效。

尽管这样，文彦博仍对这种劳民伤财的做法疾恶如仇，耿耿于怀。他接连向朝廷递上了《言运河》《不保明浚河》《奏黄河水势》《再奏运河利害》《奏黄河曹村决溢利害乞择税官》等诸多治水的独到见解。

乌云遮不住太阳。司马光、文彦博重新执政后，全面废除新法，浚川耙这场闹剧才彻底落幕。范子渊这个投机取巧的奸臣，也得到应有的下场。苏轼在贬范子渊起草的诏书中，有四句脍炙人口的名言："汝以有限之材，兴必不可成之役；驱无辜之民，置之必死之地。"

明杨慎《升庵诗话》："用铁龙爪浚川耙，天下皆笑其儿戏。积以数年，糜费百十万之钱谷，漂没数十万之丁夫，迄无成功。"

在神宗热血沸腾的改革浪潮中，王安石为了推行新法，起用唯利是图、如狼似虎的小人，范子渊只是其中之一。

一波刚平，一波又起。

有个叫汪辅之的官员，向皇帝告状，说文彦博政务不作为。

汪辅之恃才傲物，气量狭隘，对下属和长者都端着一副架子。他曾责难过宰相富弼和一些老臣，属于典型的小人。文彦博早有耳闻，有心教训他一下。

汪辅之由河北西路转运河北东路转任河北判官，依照惯例拜谒文彦博。文彦博正在府衙厅堂处理公务，看过汪辅之书函后，没有说话，走进内室。过了很久才走出来。他故意用这种方式冷淡汪辅之。

按照惯例，汪辅之这类人到达任上，要设立宴会接待，文彦博却故意取消了这个仪式。

汪辅之发出公文要检查府库，文彦博不予理会。

为此，汪辅之弹劾文彦博政务不作为。他认为，这回会让文彦博吃不了兜着走。

神宗了解汪辅之，他历来行为不端，一个区区小吏，竟敢对德高望重的文彦博大不敬，决定将他交由文彦博予以严惩。于是把奏章转给文彦博，并批复道："以侍中旧德，故烦卧护北门，细务不必劳心。辅之小臣，敢尔无礼，将别有处置。"

文彦博遇到汪辅之，拿出神宗御批，汪辅之吓得大惊失色。文彦博淡淡说了一句："以后好好做人！"汪辅之从此再也不敢嘚瑟了。

韩琦外判大名府时，时任河北转运使的李稷等新任官员，对他轻慢无礼，出言不逊。文彦博听说后，十分气愤。

正巧，文彦博接到接任韩琦的通知，马上命人传出话来："李稷的父亲李绚，是我的门客，李稷怠慢魏国公，一定是他父亲去世早，缺少教养。

他就像我的儿子一样，我有责任代其父教育他。"

李稽拜见文彦博，在客厅等了很久，才见文彦博穿着居家服装踱步出来。文彦博毫不客气地对他说："你的父亲是我的门客，你就对我行八拜之礼吧！八拜之礼，是朝东南、西北、东南、东北、西南、西北八个方向下拜行礼，拜的是知音之交、刎颈之交、胶漆之交、鸡黍之交、舍命之交、生死之交、管鲍之交、忘年之交。"

面对文彦博的威严，李稽规规矩矩行了八拜之礼。这件事情过后，李稽再也不敢怠慢朝廷老臣了。

文彦博对于汪辅之、李稽这类轻狂之人，如同眼里容不得半粒沙子，寻找机会惩治教训他们，从内心只想帮助他们吸取教训，改正错误，做一个心胸宽广的人。而对于唐介等耿直人士，即使他们有偏激、有误会，他也宰相肚里能撑船。

第二十二章　雪香亭前悼韩琦

宋熙宁八年（1075）六月，一代名臣、太师、魏国公韩琦在相州（今河南省安阳市）去世。

在著名的戏剧《韩琦杀庙》中，陈世美赶考中状元被招为驸马，妻子秦香莲上京寻夫，陈世美绝情绝义，不肯相认，派韩琦半夜追杀，韩琦不忍下手自尽求义。不过，这都是戏剧化的文艺作品。

文彦博与韩琦是同榜进士。论私交，两人是姻亲，文彦博的孙女是韩琦的孙媳妇。

韩琦溘然而逝，朝廷失去了一位响当当的社稷之臣。对于文彦博来说，失去了一位同心为政的盟友，失去了一位品性相近的朋友。

得到韩琦去世的消息，文彦博夜不能寐，赋诗一首：

出入三朝共，周旋四纪同。

论交最知我，经世独推公。

观水惊川逝，升堂失栋隆。

悲怀与声泪，远寄绋讴中。①

韩琦，字稚圭，号赣叟，生于北宋大中祥符元年（1008），比文彦博小两岁。他一生历经仁宗、英宗、神宗三朝，经历抵御西夏、庆历新政等重要事件。

在朝廷，他运筹帷幄；在地方，他忠于职守，勤政爱民。他疾恶如仇、敢于直谏的性格，给文彦博留下深刻印象。

文彦博任殿中侍御史时，就听说了韩琦"片纸落去四宰执"的壮举。

宋宝元元年（1038）对于宋朝而言，是一个多事之年。这一年，天灾不断，流民四起，各地陆续发生抢劫、杀人、放火等恶性事件。

宰相王随、陈尧佐，参知政事韩亿、石中立应对措施不力，事态越发严重，朝野上下一片骂声。

骂归骂。但谁也奈何不了四个当朝宰相。

这时候，有个不出名的年轻官员挺身而出，他不顾越权之嫌，上书皇帝《丞弼之任未得其人奏》，弹劾四人昏庸无能，要求把他们全部罢免，以谢天下。一向仁慈的仁宗查明真相后，极为恼火，据说连杯子都摔了，当日就给这四位位高权重的人物罢了职。

这个人就是韩琦。

《宋史·韩琦传》这样记载："琦早有盛名，识量英伟，临事喜愠不见于色，论者以重厚比周勃，政事比姚崇。"

韩琦和范仲淹任陕西路安抚经略招讨使，共同负责抵御西夏军。但二人战略思想不同。那时的韩琦，年轻气盛，血气方刚，仁宗对其寄予厚望，他也是一腔热血，渴望上报皇恩，下拯黎民，恨不得踏平李元昊老巢，因此主张速战速决，主动出击，老成持重的范仲淹则坚持防御为主。文彦博以务实的态度，力挺范仲淹，批评韩琦激进的主张做法。

---

① （宋）文彦博：《尚书令魏国忠宪韩公挽词》，文彦博《文潞公集》卷八《挽词》，山西人民出版社 2008 年版，第 103 页。

结果在好水川之战中韩琦大败。他反思到自己的错误后，马上采纳了范仲淹持久防御的战略。有错就改，这就是优秀人才的个人魅力。

两人治军有方，在军中享有很高的威望，人称"韩范"。

当时边塞有一首歌谣："军中有一韩，西夏闻之心骨寒；军中有一范，西夏闻之惊破胆。"

文彦博和韩琦友情深厚，常有诗词唱和。皇祐五年（1053），韩琦任知并州（今山西省太原市）。当时并州所辖地区与契丹接壤，北部防备责任重大。文彦博勉励战友尽忠报国，赋《寄太原韩太尉》：

> 旧说男儿本分官，更将诗句报长安。
>
> 虚庸自省尤非据，深玷君家汉上坛。[1]

韩琦《次韵答永兴安抚文公》：

> 建牙非称冢司官，正是宸襟注意安。
>
> 即日太平归辅翼，侍祠重陟岱宗坛。[2]

宋熙宁元年（1068），韩琦因与王安石水火不容，离开朝廷任大名府安抚使。

到达大名府，正赶上地震和黄河决口。他立即奔波在救灾现场，果断开仓放粮，帮助灾民恢复生产、重建家园。

韩琦主政大名府时，坚决抵制新法，将亲眼看到青苗贷款的真实情况，如实上报神宗，希望废除新法。

王安石诋毁韩琦，说他阻挠新政。神宗派出两个太监到外地视察。回

---

①（宋）文彦博：《寄太原韩太尉》，文彦博《文潞公集》卷四《律诗》，山西人民出版社 2008 年版，第 53 页。

②（宋）韩琦：《次韵答永兴安抚文公》，北京大学古文献研究所编《全宋诗》，北京大学出版社 1999 年版，第六册，第 4025 页。

来后，他们禀报说青苗法甚得人心。

文彦博很气愤，反问皇帝："韩琦三朝十年为相，陛下乃信太监之言而不信韩琦吗？"

文彦博敬佩韩琦德量才智，敬佩他有一颗忠于国家之心。他们一道反复劝说仁宗早立太子，终使仁宗下决心立养子宗实为太子，太子继位为英宗。

英宗病重，他俩又建议英宗早立太子，英宗这才立颖王赵顼为太子。英宗病逝，赵顼继位为神宗。

文彦博在神宗面前赞扬韩琦："自至和以来，中外之臣献言甚众，臣等虽尝有请，弗果行。其后韩琦等讫就大事，盖琦功也。"

欧阳修称颂韩琦："临大事，决大议，垂绅正笏，不动声色，措天下于泰山之安，可谓社稷之臣。"就连韩琦的政敌王安石也赞叹："心期自与众人殊，骨相知非浅丈夫。"

神宗即位不久，御史中丞王陶弹劾韩琦，说他自嘉祐以来，专执国柄，君弱臣强，专权跋扈。

王陶原是东宫詹事（太子府总管），可谓从龙之人。他之所以能当上御史中丞，是韩琦推荐了他。

文彦博提醒韩琦，此人浮躁，须防其见利忘义。可惜，韩琦不以为然。

文彦博得知韩琦以司徒兼侍中判相州，赋《诗寄相州侍中韩魏公并序》：

某顷陪高躅，常议攸居营水竹之清虚，较相洛之优劣。莫如韩乐，宛在邺中。近缘幕客之来，颇诧府朝之盛。陪后车而弗及，随飞盖以无由。追维绪言，形于善谑，辄成拙诗一章。

> 鼎邑从来事足夸，冰台近岁景尤嘉。
> 天平峰秀堪图画，昼锦堂高可宴衔。
> 新表门闾通德里，旧栽桃李相君家。

　　　　　　　　　　仍闻降志相希慕，林下时乘洛样车。①

　　韩琦去世后，神宗为他恸哭举哀，下诏配飨英宗庙庭，特赠尚书令，谥号"忠献"，亲撰"两朝顾明定策元勋"墓碑。

　　次年寒食节，霏霏小雨，文彦博怀着沉痛的心情，专程来到压沙寺雪香亭。这座小亭是韩琦镇守大名府时构筑的。

　　压沙寺，景致幽旷，植梨千树，春光之时，梨花雪白似海，香气袭人，游人前来观赏，在花下畅饮。

　　文彦博睹物思人，忆起韩琦邀他和苏轼在梨园饮酒赋诗的情景：

　　韩琦的诗自然高雅，直抒胸臆。他所撰的《安阳集》记载了《压沙寺梨》诗：

　　　　　　　　压沙千亩敌侯封，珍果诚非众品同。

　　　　　　　　自得嘉名过冰蜜，谁知精别有雌雄。

　　时任县令的强至那天喝得有点多，故而赋诗：

　　　　　　　　花前烂醉如泥淤，犹恐花过嗟空林。

　　　　　　　　压沙梨开百顷雪，春晚未赏计已疏。②

　　文彦博得知韩琦去世的消息，茶饭不思，寝食难安，在昏暗的灯光下接连写三首挽词，赞其一生政绩，回顾情同手足的深厚感情。

　　这天晚上，他再次写下一组怀念故友《寒食游压沙寺雨中席上偶作》的诗：

---

　　①（宋）文彦博：《诗寄相州侍中韩魏公》，文彦博《文潞公集》卷五《律诗》，山西人民出版社2008年版，第70页。
　　②（宋）强至：《寒食安厚卿具酒馔邀数君子游压沙寺》，转引自《大名府》杂志2018年夏季卷。

其一

魏公前岁朝真去，寂寞阑干尚有情。

莫道甘棠无异种，至今留得雪香名。

其二

沙路无泥地侧金，满园香雪照琼林。

一枝带雨樽前看，还是去年寒食心。[①]

韩琦归葬故里，文彦博为老友墓志篆盖，表达真挚的怀念之情。

寒食节过后，天气渐渐变暖，迎来了阳光明媚的春天，文彦博让人买来了刚刚采摘的新茶，准备送给朋友一同分享。这位朋友就是著名诗人黄庭坚。

[①]（宋）文彦博：《寒食游压沙寺雨中席上偶作》二首，转引自侯小宝《文潞公诗校注》，三晋出版社 2014 年版，第 282 页。

第二十三章　诗友盟友黄庭坚

在宋代，黄庭坚是个大腕级的文化名人。

他的诗词书法与苏轼齐名，被称为"苏黄"；与张耒、秦观、晁补之并称为"苏门四学士"；与苏轼、米芾、蔡襄被称为宋代四大书法家。

大腕归大腕，当时他却只是一名极为普通的学官——北京大名府国子监教授。

一天，黄庭坚收到顶头上司文彦博派人送来的礼品，打开一看，竟是一包上好的蒙顶新茶。

四川蒙顶茶，相传为汉甘露慧禅师吴理真亲手种植，共八株，后存七株。蒙顶茶有祛病延年的功效，唐代已作为贡品，极为名贵。清代赵懿《蒙顶茶说》："名山之茶美于蒙，蒙顶又美之上清峰，茶园七株又美之，世传甘露慧禅师手所植也，二千年不枯不长，其茶叶细而长，味甘而清，色黄而碧，酌杯中香云蒙覆其上，凝结不散，以其异，谓之仙茶。"

黄庭坚感动得不知如何是好。他对茶的爱好，看看这两句诗就明白了：宁为人间一茶客，不为俗世庸碌官。

他当即决定取出一部分馈赠好友分享，一面抑制不住激动的心情，赋《以潞公所惠拣芽送公择次旧韵》。《黄庭坚文集》记载：

庆云十六升龙样，国老元年密赐来。

披拂龙纹射牛斗，外家英鉴似张雷。

文人雅士都喜欢品茗，文彦博更是重量级的爱茶人。在茶文化发达的时代，他遍尝天下好茶，但却对蒙顶茶情有独钟，常常以古法亲手煎茶招待客人。他曾赋诗：

旧谱最称蒙顶味，露芽云液胜醍醐。

公家药笼虽多品，略采甘滋助道腴。[①]

"旧谱"指昔日的诗作；"露芽"指蒙顶茶；"醍醐"指精致的奶酪；"公家药笼"原指国家储备人才。在这里文彦博赞蒙顶茶堪比醍醐，可入国家珍贵财富之列。这首诗言及三层意思：一是重新评价蒙顶茶；二是对蒙顶茶尊贵地位的认可；三是赞扬茶的滋味。

茶有茶道，茶道即人道。

文彦博给黄庭坚赠茶，揭晓了一段他俩鲜为人知的深厚友情。

黄庭坚，字鲁直，号"山谷道人"。幼年机警聪明，读书过目成诵。二十二岁考中进士，在北京大名府担任国子监教授。其文超凡绝尘，妙绝当世，其字纵横奇绝，自成一格。

大名府任上，文彦博与黄庭坚初次谋面，文彦博一眼认出他是老友黄庶的儿子。文彦博许州任上，黄庶为文彦博幕僚，性嗜书，为政有治声，是文彦博得力助手。如今这位青年才俊，满腹才华，诗文高雅，文彦博十

---

①（宋）文彦博：《蒙顶茶》，文彦博《文潞公集》卷四《律诗》，山西人民出版社 2008 年版，第 57 页。

分喜欢。黄庭坚见到这位德高望重的老前辈更是激动不已，他对文彦博的品性、学识和功业慕名已久，与文彦博多次接触后，更觉得文彦博身上有两股力量：一股是国家利益至上，时刻关心国家前途命运，为国家兴盛出谋划策，经常伏案疾书，向朝廷反映地方真实情况；另一股是心系天下苍生，看到老百姓艰难困境，立即上书请求减免税赋。黄庭坚钦敬与感动交织，提笔赋诗赞扬文彦博：

> 澶渊不作渡河梁，由是中原府库疮。
> 白首丹心一元老，归来高枕梦河湟。①

对于文彦博这位正直人士被排斥于政治权力中心，黄庭坚给予了同情而愤愤不平，写下了《二月丁卯喜雨吴体为北门留守文潞公作》一诗：

> 乘舆斋祭甘泉宫，遣使骏奔河岳中。
> 谁与至尊分旰食，北门卧镇司徒公。
> 微风不动天如醉，润物无声春有功。
> 三十余年霖雨手，淹留河外作时丰。②

诗歌上半首描绘文彦博不辞辛劳日夜操作，下半首以润物无声的春雨，比喻文彦博多年为国为民所做的贡献，同时也为这位他崇敬的老人鸣不平。

按照规定，黄庭坚在北京国子监任职四年后可以离开大名府，文彦博热情加以挽留，黄庭坚也毫不犹豫应邀留下。一直到文彦博离开大名府，他也才离开。

---

① （宋）黄庭坚：《题文潞公黄河议后》，《黄庭坚诗集注·山谷外集诗注》卷下，转引自侯小宝《文彦博评传》，四川大学出版社 2010 年版，第 90 页。

② （宋）黄庭坚：《二月丁卯喜雨吴体为北门留守文潞公作》，《黄庭坚诗集注·山谷外集》卷一，第一一一三册，转引自侯小宝《文彦博评传》，四川大学出版社 2010 年版，第 90 页。

两人在大名府相处八年之久，黄庭坚深受文彦博影响，他秉持了文彦博对国家和民族的责任心与政治抱负，像文彦博一样关心国计民生和国家命运。

在北京的最后两年里，黄庭坚作了一篇议论时局政治的七十二韵的五言长诗《次韵奉送公定》。

黄庭坚深刻批评自王安石变法以来一些趋炎附势的新进人物的骄横，揭露改革派内部如王安石和吕惠卿之间的互相倾轧，对像文彦博、司马光、苏轼等正直的大臣遭到打击与迫害给予极大的同情，抒发了自己对现实险恶的感慨。

"大槐阴黄庭，女萝绵络之"说的是新贵们攀缘结党趋炎附势，"昭阳两兄弟，还自妒蛾眉"则影射新派内部王安石与吕惠卿互相倾轧。

在激烈动荡的情况下，官微言轻的黄庭坚敢于作这样的诗，抨击新法，坚持正义，难能可贵。

黄庭坚欣赏文彦博的书法，认为"清劲飞动，英爽凝重"。他在《山谷集》中评价道："潞公……笔势清劲，真不愧古人。"

宋元丰三年（1080），黄庭坚任吉州太和县（今江西省泰和县）县令。

太和人称"难治"。他为政宽厚，深得民心。当时朝廷正大力推行新的盐茶专卖法，规定盐茶只能由政府专卖，禁止私贩私卖。

买盐买茶要上税，而官盐、官茶大都为伪劣之品。盐里掺有杂物，茶里掺有树叶。如此坑害百姓，各县都不敢违命，反而纷纷争售，邀功行赏。

黄庭坚多年深受文彦博的影响，看不惯这种做法，拒不执行。

不执行就罢了，他还直言上书朝廷"茶之新法既行，使民破产亡家，怨嗟愁苦，不可堪忍"。

宋元丰七年（1084），黄庭坚任德州泰和县县令，因反对新法被降为德平（今山东省德县）监税。

朝廷大力推行市易法，黄庭坚认为"镇小民贫，不堪诛求，若行市易，必致星散""名为利民，其实害之"。

德州通判对此大为不满，大发雷霆。黄庭坚没有退缩，只是撂下一句话："其他地方执行我管不了，在我的范围内绝对不干"，然后拂袖而去。

怪不得当地老百姓称他为"黄青天"。

黄庭坚给文彦博的信中说："孝友忠信是此物之根本，极当加意，养以敦厚纯粹，使根深蒂固，然后枝叶茂耳。"

他一生恪守传统的儒家学说，把文彦博当作自己的人生楷模，把以民为本作为为官之道。

黄庭坚一生仕途并不顺利，屡遭贬斥，但始终坚持节操。每次做地方官都能做到省刑薄敛，实施仁政。

他在诗中写道"当官莫避事，为吏要清心""不以民为梯，俯仰无所怍""但愿清官不爱钱"，这是他一生的信念。

黄庭坚一生写作两千余首诗歌，其中不少是反映民生疾苦谴责官吏贪暴的作品。

苏轼写讽刺新法诗身陷囹圄，黄庭坚不怕触犯时忌，依旧"行歌类楚狂"。公开表示，苏轼是忠君爱国的。

有人劝他："你不要命了！小心有人告你，治你的罪。"

黄庭坚掷地有声："苏公乃天下贤士，我是他的学生，怕他们干甚！"在当时，敢于这样说的只有黄庭坚。

黄庭坚一生有三任妻子。第一任是大学士孙觉之女，诰赠兰溪县君；第二任是北宋诗人谢景初之女，诰赠介休县君，尊谢介休；第三任石氏，诰赠宜人县君。

介休县君、谢介休，这两个词引人注目。作者为此查找了很多资料，终于厘清了来龙去脉。

谢景初，字师厚，号今是翁，浙江富阳人，二十六岁中进士。嘉祐年间以朝奉郎、尚书屯田员郎、通判汾州军州兼管内劝农事。

谢景初博学能文，尤善于诗，他非常喜欢文化考古。汾州期间，曾在属地介休对介之推、郭泰等历史人物的遗存进行考究，并有文章传世。他曾作《禁烟即事》诗，对介休寒食民俗进行了记载，为后世留下一首有名的寒食诗。其诗曰：

时节一百五，疾风收雨天。

鸟催青帝驭，人重子推钱。

蹴鞠逢南陌，秋千送晚烟。

墦间无限醉，唯我独萧然。[1]

史籍记载，黄庭坚在论及自己的诗道时，曾写下"自从见谢公，论对得濠梁"，承认其诗法得自谢景初亲传。

黄庭坚在大名府期间，娶第二夫人谢氏，谢氏去世后诰封介休县君，尊为谢介休。这从另一个侧面体现了黄庭坚和文彦博之间的深厚情谊。

文彦博和黄庭坚的友谊，不只是诗，不只是书法，他们更是政治上的盟友。而文彦博和黄庭坚的老师苏轼之间，同样也有着精彩的故事。

----

①（宋）谢景初：《禁烟即事》，转引自张立新、贾平《狄青传》，北岳文艺出版社2019年版，第7页。

第二十四章　忘年之交苏东坡

　　宋嘉祐二年（1057）正月的一天，一位身穿紫袍的老头儿领着一个年轻人来到文府。

　　老头儿脸色白皙，头发稀疏，两耳长垂，眼睛高度近视，他就是大名鼎鼎的文坛领袖、"唐宋八大家"之一的欧阳修。

　　欧阳修自诩为"六一居士"——藏书一万卷，辑录夏商周三代以来的金石遗文一千卷，一张琴，一盘棋，一壶酒，外加一个三朝老头儿。欧阳修一生都在战斗中度过，晚年厌倦了官场无休止的争斗，转向在读书中寻找快乐，在金石遗文中体验智慧，在琴声中感受生活，在下棋中体验喜悦，在美酒中回归自我。

　　尽管他不想再关心国家大事，可是永远改不了喜好人才的癖好。

　　天下人都晓得，欧阳修爱才如命，王安石、司马光、包拯都是他举荐过的。

　　这一年，文彦博为吏部尚书、平章事、昭文馆大学士。欧阳修是科举考试的主考官。

考试的题目是"刑赏忠厚之至论"。欧阳修阅卷时发现苏轼的文章言简意赅，独特新颖，大加赞赏。苏轼以优异成绩获得第二名。他的弟弟苏辙也金榜题名。

欧阳修深知文彦博求贤若渴，有"山不厌高，海不厌深。周公吐哺，天下归心"的境界，是他信任的宰相，所以兴致勃勃赶来向文彦博举荐苏轼。

欧阳修对文彦博说："这个后生可畏，日后必定独步天下……再过几年，恐怕就不会再有人提到我的名字了！"

年轻人清瘦干练，两眼炯炯有神，操着一口浓重的四川口音，他就是后来成为文彦博忘年之交的苏轼。

文彦博慈祥地看着苏轼。苏轼由于过分紧张，激动而又兴奋，一时不知说什么好。他脑海中大家人物可望而不可即的神秘形象，瞬间消失得无影无踪。

文彦博告诉苏轼，前不久他父亲苏洵也来过府上，是蜀中雅安太守雷简夫引荐的。

苏洵的两个儿子双双金榜题名，自己却名落孙山，他没有灰心，依旧苦读不懈，终于写出了一部《论为政之道》的著作，从此在京城有了一些名声。他给文彦博递上《上文丞相书》，阐述自己治国理政的见解，赞慕文彦博"慨然有忧天下之心，征伐四国以安天下，毅然立朝以威制天下，名著功遂，文武并济，此其享功业之重，而居富贵之极。"[①]

文彦博与苏轼年龄相差三十一岁，是名副其实的两代人，但这并没有影响他们之间的心灵沟通。在一番愉快的攀谈后，文彦博微笑着对苏轼说："你的文章我看过了，虽然只有六百多字，可令人快哉！你真是一代大才子呀！"

千里马遇到了伯乐，苏轼大有相见恨晚的感慨。

从此，两人书信不断，成为忘年之交。

---

① （宋）苏洵：《上文丞相书》，《全宋文·苏洵文》第四十三册，第19页。

有文彦博的赏识和栽培，苏洵三父子开始得到朝廷重视，脱颖而出，踏入仕途的阳光大道。文彦博因而被后世称为"旷世伯乐"。

苏轼一向坦白直率，疾恶如仇，遇到对国家不利的事情，正如他所言，"如蝇在食，吐之乃已。"

青苗法出台，他按捺不住心中的怒火，洋洋洒洒，雄辩滔滔，先后上奏《上神宗皇帝书》和《再上神宗皇帝书》，坚决反对新法。

敢于和红得发紫的王安石叫板，其结果可想而知。王安石指使他的亲戚兼亲信谢景温诬告苏轼，说他送父亲灵柩回四川时运私盐牟利。

宋代盐业是个垄断行业，私盐价格低，质量好于官盐，是个发财之道，朝廷对私运私卖处罚力度很大。王安石给苏轼戴上这个帽子，苏轼就在劫难逃了。

神宗欣赏苏轼才华，准备对他委以重任，但架不住王安石的再三挑唆，虽然他不相信苏轼贩运私盐，也只好将苏轼外放杭州，让他去那里当一个通判。

临走时，神宗召见他，很客气地对他说了几句话。大意是：杭州风景秀丽，富甲天下，到了那里好好工作，今后不要掺和变法之事，免得受连累。

苏轼是一个刚正不阿的人，一个舍身为国的人，一个敢于为老百姓鸣不平的人。

他坚信，三军可夺帅，匹夫不可夺志。坚持正义，实话实说，不怕得罪人，他天生就是这种性格。

文彦博时刻关注着这位才华出众、坦荡磊落的晚辈，时常与他书信往来，探讨国是，交流思想。为此，苏轼十分感动，"颇得潞公手书，皆详悉精好"。在苏轼的心目中，文彦博是他始终最为信赖和尊重的长者。

宋熙宁八年（1075），苏轼由杭州通判调任密州（治所在今山东省诸城市）军州事。密州无论从哪方面都比不上杭州，从人间天堂到僻壤之乡，苏轼十分苦闷。诸城西北墙上有座"废台"，苏轼将其修缮后，其弟苏辙命名为"超然台"。苏轼有志难酬，经常率幕僚在此消遣，举杯浇愁，他借景抒情，写下《超然台记》，慰藉心境。

这样的日子，苏轼过得没滋没味，他想到和自己一同踏入仕途的人，才能远不及自己，却飞黄腾达，位置不仅在自己之上，还总是在地理优越的地方做官。想到这些，他心里很不平衡，一些弄不清说不明的事理，总像一团乱麻塞在心里。于是他给文彦博写信吐露自己的郁闷心声。

文彦博作《寄题密州超然台》：

> 莒侯之燕处，层台逾十寻。
>
> 俯镇千乘国，前瞻九仙岑。
>
> 勿作西州意，姑为东武吟。
>
> 名教有静乐，纷华无动心。
>
> 凭高肆远目，怀往散冲襟。
>
> 琴觞兴不浅，风月情更深。
>
> 民被袴襦惠，境绝枹鼓音。
>
> 欲识超然意，鸰原赋掷金。①

文彦博劝导苏轼摆脱纷华，不要浮躁，净化心灵，平和心态，安心做自己的事。

苏轼回赠《和潞公超然台次韵》：

> 我公厌富贵，常苦勋业寻。
>
> 相期赤松子，永望白云岑。
>
> 清风出谈笑，万窍为号吟。
>
> 吟成超然诗，洗我蓬之心。
>
> 嗟我本何人，麋鹿强冠襟。
>
> 身微空志大，交浅屡言深。

---

① （宋）文彦博：《寄题密州超然台》，文彦博《文潞公集》卷三《古律诗》，山西人民出版社 2008 年版，第 30 页。

嘱公如得谢，呼我幸寄音。

但恐酒钱尽，烦公挥橐金。①

苏轼赞扬文彦博气度儒雅，形容他的谈笑犹如甘甜的清风，连大自然中无数看不见的孔穴都能感觉到。诗中表示，如果他从官位上退下来，愿意天天和文彦博一起喝酒。他还诙谐地说，如果酒钱不够了，您可得解囊买酒，咱俩继续喝。

在文彦博的劝导下，苏轼渐渐摆脱烦恼，心情豁然开朗，重新振作起来。他先后就推行新法后榷盐之害，写了《上文侍中论榷盐书》《上文侍中论强盗赏钱书》，希望协助文彦博治理国家。

宋熙宁九年（1076），苏轼在密州创作了那首公认最好的中秋词《水调歌头》。他感悟到，即使受挫、折磨、磨难，也不要因此失落，怨天尤人。他同时祝愿天下所有人热爱生活，热爱生命，共享一轮明月。

苏轼一向直率豪放，诙谐幽默，是性情中人，加上名气太大，与文彦博的沉稳、司马光的正经形成鲜明对比，文彦博总担心他会惹祸。

果然，元丰二年（1079）七月，苏轼在湖州惹上大祸。其所作的诗词，墨迹未干就竞相被人传抄，出版了三本诗集。

御史中丞李定、御史舒亶、何正臣抓住只言片语，

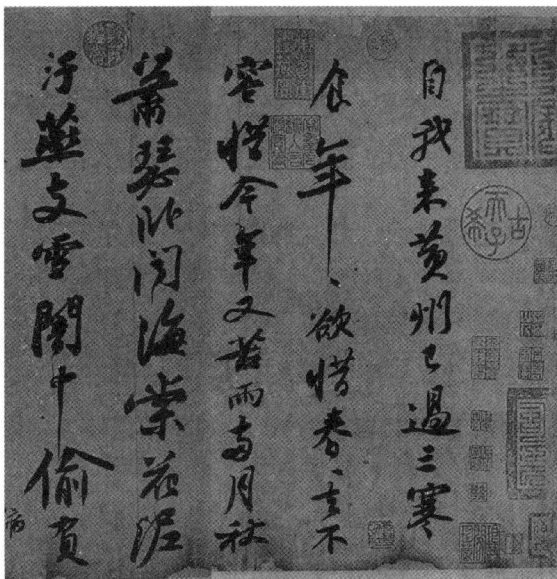

▲ 苏轼《寒食帖》

①（宋）苏轼：《和潞公超然台次韵》，《苏东坡全集》卷七，中国书店1986年版，第118页。

无限上纲，弹劾他讥讽朝政，诋毁皇帝。

"赢得儿童语音好，一年强半在城中。"①

苏轼的本意是，青苗法贷款手续繁多，农民有半年的时间进城办理，小孩都学会说城里话了。

变法派认为，这是反青苗法的罪证。

《苏东坡全集》《八月十五日看潮五绝》中有两句诗："东海若知明主意，应教斥卤变良田。"

苏轼的本意是：杭州钱塘江弄潮时，许多人下赌注获利，皇帝下令，但屡禁不止。龙王应该把盐碱地变成良田，百姓就会老老实实去种地了。

变法派认为，这是恶意攻击水利法。

苏轼的诗中，有鸣蛙、鸣蝉、乌鸦、鸡鸭这样的词汇，那些人上报皇帝，说这是他抨击朝廷、诽谤皇帝。

《苏东坡全集》中苏轼《王复秀才所居双桧二首》是写两株老柏树的，其中有句"根到九泉无曲处，世间惟有蛰龙知"。

那些人认为，这是对皇帝大不敬。龙是皇帝的象征，应当说有龙在天，怎么能说在九泉之下，这是故意诋毁皇帝早死。这样的人，必须处死。

由此，苏轼被逮捕入狱，这就是著名的"乌台诗案"。

得知苏轼因莫须有罪名入狱，司马光作诗劝慰，也因此被追究，罚铜二十斤。

后来，高太后为之说情，苏轼才逃过一劫，贬为黄州（今湖北省黄冈市）团练副使，成为被监管的闲官。

宋元丰五年（1082）四月，苏轼给文彦博写信，陈述自己的遭遇和痛苦，说家人烧毁了他大部分与友人的通信和手稿。家里人到了安徽宿县，朝廷又派人搜查他们的行李，找他写的诗和书信。那些人把东西翻得乱七八糟。兵丁走后，家属埋怨这都是苏轼写书惹的祸，让家人胆战心惊。一气之下，

---

①苏轼：《山村五绝》其四，王新龙《苏轼文集》，中国戏剧出版社2009年版，第52页。

焚烧了他的全部手稿。

苏轼自从到黄州后，无所用心，着手研究《易经》《论语》，整理《易传》九卷，《论语说》五卷。

他知道自己命运多舛，不知哪一天会被人以莫须有罪名害死。

考虑到自己刚以文字获罪，许多过去的朋友对他敬而远之，他又不想把这些托付给不靠谱的人，把五卷书抄送给文彦博，让他珍藏。因为文彦博是他最信赖的前辈。

人生在绝望的时候，最需要得到温暖与关怀。文彦博将五卷书收藏好，及时给苏轼回信，鼓励他一定要坚强、自信、乐观，光明迟早会到来。

对于"乌台诗案"，不同的人有不同的解释和理解。文彦博认为，坦诚的批评与恶意的中伤区别很大。正直人士认为那些诗是坦诚的批评，而别有用心的人则认为是对朝廷和皇帝的诽谤和中伤。

无论苏轼被贬在何处，他始终与文彦博保持书信来往。每逢收到文彦博的来信，苏轼都感到一种欣慰与力量。"有自京师来转示所赐书教一通，行草烂然，使破甑敝帚，复增九鼎之重。"[1]这是苏轼发自肺腑的感受。苏轼视文彦博为老师、为长辈、为朋友，更视为亲人。他的痛苦，遭遇，心里话，只愿意讲给文彦博。甚至他的后事，也愿意托付给这位信赖的人。

宋元祐四年（1089），苏轼又饱尝了宦海倾轧，倾轧他的有变法派和旧党官员，他再次被迫离开朝廷。

临行前，苏轼专程来向文彦博道别。深谙文祸险恶的文彦博，深知时局暗藏风啸波涌，语重心长告诫他要吸取教训，以免被小人捕风捉影而遭受不白之冤。

文彦博再三叮嘱苏轼，劝他不要再写诗："某虽老悖，愿汝不忘鄙言。"苏轼已经上马，文彦博还笑着说："若还兴也，便有笺云。"苏轼在马上说："我若写诗，我知道会有很多人准备作注疏呢！"

①（宋）苏轼：《黄州上文潞公书》，《苏轼文集》卷四八，第四册，第1379页。

文彦博关切的话语，像阵阵春风拂过，苏轼顿时感到抚慰、力量与温暖，忘掉了这次贬职带来的痛楚。

此后的岁月里，在苏轼的心目中，文彦博始终是他最为信赖和尊重的长者。文彦博为人胸襟豁达，涵泳海量，处处着想国家社稷，时时忧悯黎民苍生，匡时济世的政治思想，一直深深影响着苏轼。他在《苏轼文集》卷六八《题文潞公诗》中赞道："不藏金似粟，倾降雨如丝。每见求民瘼，宁闻拾路遗。责躬还掩阁，察吏更褰帷。好续循良传，宜刊德政碑。"表达了推崇和仰慕之情。文彦博一生与苏轼有着长期而密切的交往，政治抱负投缘，诗文唱答频繁，苏轼对文彦博渊博学识和精神底蕴，更是赞叹不已，高度评价，他感慨道："轼尝得闻潞公之语矣，其雄才远度，固非小子所能窥测，至于学问之富，自汉以来，出入驰骋，略无遗者，下迨曲技小数，靡不究悉，虽笃学专门之师，莫能与之较，然世不以此称公，岂勋德所掩覆故耶？"

第二十五章　高寿第一人

在宋代文人士大夫中如果要评选最长寿的人，此荣誉实非文彦博莫属。司马光有诗称颂，"元勋茂德古无伦，海内高闲第一人。"[1]"师臣首冠三旄贵，岁历行开九帙新。"[2]

这位传奇宰相活跃四朝，虽风光无限，却坎坎坷坷。他能走到这一步，实属奇迹。

列一张文彦博时期著名人物的寿命表：

宋仁宗享年五十三岁，

宋英宗享年三十六岁，

宋神宗享年三十八岁，

宋哲宗享年二十四岁，

范仲淹享年六十四岁，

---

[1]（宋）司马光：《庆文公八十会口号》，《温国文正司马公文集》卷六九，第十四册，第7页。

[2] 同上。

欧阳修享年六十五岁，

韩琦享年六十七岁，

富弼享年七十九岁，

包拯享年六十四岁，

王安石享年六十五岁，

司马光享年六十七岁，

苏轼享年六十四岁。

人人都向往健康长寿，可是确实不容易做到。

文彦博高寿，史籍中没有留下他的养生之道，我们只能从点滴中去寻找蛛丝马迹。

宋元丰七年（1084），文彦博以河东节度使、太师、开府仪同三司致仕西京洛阳。

能以太师殊荣致仕是莫大的荣耀。在宋代，太师、太傅、太保是最高文官的三个荣誉称号，太师为最大，只有功勋卓著的元老重臣才能获得。

宋朝开国以来，以太师、太傅、太保致仕的只有三位：赵普（太师）、张士逊（太傅）、王旦（太保）。

神宗以隆重恩礼送别文彦博，嘱咐他过了清明再离开京城，并为他准备了两只官船，方便他从水路回到洛阳。

清明日，春和景明，桐花盛开，神宗在皇家园林为文彦博赐宴。文彦博心情复杂，感恩神宗的恩宠和礼遇，同时又涌起政治抱负不得施展的惆怅。文彦博在宴会上赋诗，抒发了他报效朝廷的赤诚之心和对国计民生的牵念。

临别，文彦博入宫觐见神宗辞行。神宗多年倾注心血变法，心神疲惫，身体虚弱。

在宴席上，神宗看到文彦博气色饱满，容光焕发，身体硬朗，既羡慕，又惊奇。这位老臣起起落落，历经坎坷，竟能有如此饱满的精气神，便饶有兴趣地询问他养生长寿的诀窍。

文彦博对答说："没有别的秘诀，我只是能够自己调整心态，随遇而安，不以外物伤和气，不敢做过当事，恰到好处，适可而止罢了。"

神宗命内侍斟御樽酒一卮赐给文彦博，并对他说："知酒量未退，可饮尽。"

文彦博所谓的长寿秘诀，看似平淡，却意味深长，奥秘无穷。这个道理，一般人都知道，但很难做到。

文彦博认为，人生如白驹过隙，生命在拥有和失去之间会很快流逝。人生不会一帆风顺，不如意的事十之八九，关键是怎样正确看待。

政治环境、自然环境、物质环境的好坏，固然可以影响人的思想与心情，但努力加强自我修养的人，同样能够以自己的心去改变这一切。

文彦博操劳一生，心安身安，安然自得，这着实不容易做到。但他始终持一颗清净的心，理性、清醒地对待现实，处世泰然，宠辱不惊，安稳如山，自在如风。文彦博懂得，世间的事纷至沓来，只有放下过于沉重的东西，才能得到心灵的放松。

从容淡定，是一种活法，更是一种境界。

不知道文彦博是否研究过《黄帝内经》，但他确实和内经上说的一样：只有淡泊欲望，宁静心神，勤于事务，身心安泰，才能百病不侵。

北宋时，朝廷有不少邪恶之人，奸恶之事，文彦博憎恨这些，但他并不记挂在心，只是不喜爱这些人而已。在他的文集中，他如此说："人不我誉，吾不为沮。人不我毁，吾不为喜。"

从神宗赐酒可以看出，文彦博是有酒量的。酒对宋人而言，是一种很重要的饮用品，上至君臣，下至平民，酒是不可少的。尤其是文人，更对饮酒充满偏爱。苏轼、黄庭坚、欧阳修等都是爱酒之人，饮酒、赋诗、填词，酒助文兴，文助酒香，酒文为伍，好似体魄相伴一般。

如此高龄，活动自如，精力旺盛，思维敏捷，"酒量未退"，和他独特的健身养生方式有关。闲暇时，他充分享受生活工作本身蕴含的乐趣："临清风，对朗月，登山泛水，肆意酣歌。"这不只是一种生活享受，更是一种精神寄托。

文彦博精通儒学，对治国理政有自己独特的见解，对人生有着无限美好的向往。

在错综复杂的政治斗争中，他屡遭贬谪，可谓坎坎坷坷，但他的情绪从未消沉。经过险恶的政治环境磨炼后，他铸就了从容应对、信念坚定的达观性格。在逆境中乐观处世，是长寿的一大法宝。

文彦博一生大度乐观，胸怀宽广，忧国忧民，关心民间疾苦，为黎民百姓做好事，具有高尚的道德和情操，自然健康长寿。大德者必寿。

文彦博对生活充满热爱之情。他希望自己多为国家做事，希望自己健康长寿，因而他生活得逍遥自在，豁达明朗。

文彦博晚年常与僧释道士来往，研究修身之道，调养身心，消除疲劳，清神明智。

饮食养生，药食同源，文彦博认为药物和食物并无截然界限，所以在日常生活中以饮食防病治病，注重饮食滋补强身，抗衰益寿。

他的朋友苏轼对饮食养生也有精深的研究，有"软蒸饭，烂煮肉；温羹汤，厚毡褥；少饮酒，惺惺宿；缓缓行，双拳曲；虚其心，实其腹；丧其耳，立其目；久久行，金丹熟"的养生秘诀。

文彦博没有像苏轼一样，留下更多自己如何养生的方式方法，只是可以看到他九十岁时，依然保持着一颗平静的心，他有首诗写道：

> 人生七十古来稀，老境来侵老病随。
>
> 自箅愚年垂九十，也须惭愧耳聋迟。[①]

文彦博二十二岁进入仕途，政治生涯历经七十年，上至天子百官下至底层的穷苦百姓都有接触，对人世间的疾苦和富贵了然于胸。

他亲眼看到那些贫民看不起病胡乱吃药，也看到同僚被一些庸医治不好而早逝。这方面，他自己也有切身体会。多年来，他患头晕目眩症，多

---

① （宋）文彦博：《偶书扇面》，文彦博《文潞公集》卷七《律诗》，山西人民出版社 2008 年版，第 99 页。

方医治，多年未愈。后经一位有名御医诊治，只用了香芎散半剂就根治了。推己及人，闲暇之时，他就去研究医书药理。

为了弄清药物的疗效，他查找了张仲景的《本草方》、孙思邈的《千金方》、王焘的《外台秘要》等中医本草书籍，并亲自品尝各种药材，亲自登门拜访名医。

他没有想到要做一个名医，却凭借自己努力，完成了比李时珍早几百年的伟大医学著作《药准》和《节要本草图》。这两本书记载了植物药材的采集、制作、特性和治疗病症，全部附有手绘插图。《药准》意即依《本草》立方，用之有准。《节要本草图》以期按图而验，用药精准。

嘉祐年间，朝廷正式刊行了这两本著作。

文彦博用一己之力去挽救无数人的生命，也使自己延长了生命的长度和宽度。只有大爱精神超越信仰的人才能做到。

北宋时期，文人士大夫精研中医药医书屡见不鲜。苏轼也是喜欢研究中医药的。他曾经遍读中国医书，写下《养生论》，说，"任性逍遥，随缘放旷，但凡尽心，别无胜解"。苏轼著名的《苏学士方》便是他多年收集的中医药方。后人把苏轼的医方与沈括的良方合编成《苏沈良方》，至今犹存。

文彦博的长寿秘诀是什么？纵观其一生，无论是养生理念，还是齐家、治国、平天下，都与个人的伦理道德、学识修养密切相关。

"致虚极，守静笃"，是老子摄生养神的妙方。文彦博善于以理节情，排忧适性，自我解脱，最终达到旷达的人生境界。这句至理名言，古今通用。

宋朝风行一种高雅的娱乐——弈棋（围棋）。它和酒、茶一样，天天伴随着人们的生活。

寇准、范仲淹、欧阳修、苏轼等文人雅士都喜欢此道。

文彦博在日理万机的闲隙，也会和朋友们博弈一番，棋艺如何不知，但他留下了两首棋诗。《宋诗纪事》卷一二记载《赠李戡》：

赠李戡

昌元建邑几经春，百里封疆秀气匀。

鸭子池边登第客，老鸦山下著棋人。

偶书答岐守吴卿几复北京作

君说归期未有期，西风又是鲙鲈时。

何当会集香山伴，同赴松窗烛下棋。①

司马光《潞公游龙门光以室家病不获参陪献诗十六韵》也有描写文彦博弈棋诗，诗云：

棋局移依石，茶炉坐荫松。

醉醒皆众共，小大尽公从。

顾以私恩累，难追胜赏踪。②

毕竟，弈棋是修养人生、延年益寿的一大法宝。

写了这么多，其实我也不知道文彦博有什么养生妙法。但我隐约感觉到，在生命与长寿之间，隐藏着已为人知的秘密。这个答案是：大智、大仁、大德。三者缺一不可。

文彦博是一个有道德的人，一个有高尚品格的人，一个有丰富心灵的人，一个有益于他人的人。他的过人之处就在于，永远追求品德的完美。

从现藏于台北故宫博物院文彦博画像可以判断，他老年时气质不凡，丰满的圆脸，高鼻梁，眼睛长而炯炯发光，神情庄重威严，威严中透露着

---

①（宋）文彦博：《偶书答岐守吴卿几复北京作》，文彦博《文潞公集》，山西人民出版社 2008 年版，第 94 页。

②（宋）司马光：《潞公游龙门光以室家病不获参陪献诗十六韵》，《温国文正司马公文集》卷一四，第九十六函，第 10 页。

慈祥，有着似松风逐清月的儒雅。

在他身上，体现的是一种特有的精气神，体现的是浩然之气，体现的是蓬勃的道德力量，至大至刚。

文彦博健康长寿，精力旺盛，宋人惊叹不已。《全宋文·范祖禹文》："惟潞国公辅四朝，功格上下，垂五十年。事载册书，由今观之，邈若古昔。天锡之报，寿考康宁。八十有七而聪明不衰。自汉以来，辅相之臣，福禄之盛未有如此比者。虽三代而上，唐虞之际，历选贤哲，无几人焉。"

文彦博成为北宋政坛上的常青树，而他的老朋友司马光，却因二十多年编纂巨著《资治通鉴》，耗尽心血，过早地成为一个风烛残年的小老头。

第二十六章　莫逆之交司马光

司马光砸缸、文彦博灌水浮球的故事，世人皆知。

同朝为官，志向相同，性格各异，亲密无间，忠心为国，相得益彰。

以天下为己任，是他们共同的理想，他俩绝对是一对治世精英。

让我们把时间跨度回到九百年前，听听他俩的故事。

宋元丰八年（1085）三月初七，年仅三十八岁的神宗驾崩。驾崩前，他没有来得及册立太子，高太后做主，九岁的赵煦继位，成为北宋第七位皇帝。皇帝年幼，高太后垂帘听政，辅助治理国政。

说是辅政，其实说话算数的是高老太太。

高太后明白自己肩负的历史重任，她一向反对王安石变法，如今要改变国家衰变的命运，必须首先选择一个贤能的执政大臣。她选中的这个人，就是与王安石水火不容、远离朝廷十一年之久的司马光。

这实在是个英明伟大的决策。

大臣们对于高太后的做法，欢欣鼓舞，赞扬她是"解民于倒悬"的"女中尧舜"。

宋元祐元年（1086），司马光被任命为尚书左仆射兼门下侍郎，全面主持朝政。

此时的司马光，六十七岁，须发全白，老眼昏花，牙齿掉光，说话漏风漏气，走路举步维艰。也许是感到时日不多，也许是彻底否定王安石新法的时候到了，司马光怀着对新法的仇恨烈火走马上任。

当时朝廷主要执政者仍是坚持新法的骨干成员。为首的是尚书左仆射兼门下侍郎王珪。他被称为取圣旨、领圣旨、得圣旨"三旨"宰相。三个副宰相是右仆射蔡确、知枢密院事章惇、尚书左丞韩缜，史书上列为"三奸"。

这三个人，是敢为天下先的猛人，敢于挑拨离间，敢于痛下杀手，敢于倒海翻江，敢于把宋朝的江山推到谷底。

蔡确看到，朝廷大权掌握在坚定反对新法的高太后手中，变法派必然会遭到致命打击，于是恶意挑拨，散布谣言，说高太后要废黜哲宗，另选皇帝。

不作死，不会死。蔡确自作死，下场可想而知。

三人中最勇猛的要数章惇，关于此人，说来话长。

章惇（1035—1106），字子厚，号大涤翁，性格轻率傲物，进士及第出身。执掌朝柄后，成为高举新法大旗的铁血宰相，他贬斥旧党，阴邪残酷。

史籍记载，章惇和苏轼曾经是推心置腹、亲密无间的好朋友。

在"乌台诗案"中，无数的人对苏轼落井下石，唯有章惇冒天下之大不韪，挺身而出为苏轼说公道话。

对于章惇的江湖义气，苏轼很是感动，赞扬其"奇伟绝世，自是一代异人"。

一次，一同出去游玩，来到一个溪边，对面是陡峭的山壁，下面是万丈悬崖。

章惇笑着对苏轼说："咱俩到对面石壁上写诗，如何？"

苏轼恐高又怕死，连连摆手不去。章惇一看，你不去，我去。于是，他来到悬崖边，拽着一根老藤荡了过去。

踩着险石，章惇毫无惧色地掏出笔墨，在峭壁上写下了"苏轼、章惇到此一游"，然后，又抓住老藤，荡了回来。

苏轼吓得出了一身冷汗，感叹道："日后你若掌权，一定杀人不眨眼。"

章惇问起缘故，苏轼回答道："一个连自己性命都不在乎的人，还能把别人的性命当回事吗？"

在权力和利益面前，人是会变的。为了飞黄腾达，有的人会变得抛弃道德底线，毫无人性。对于威胁他权力的人，也会毫不留情打击。章惇就是这样的典型。

章惇当了宰相，成为变法派新党的领袖。原本和苏轼亲密无间的章惇不见了，取而代之的是一个六亲不认、心如铁石的魔鬼。他任意蹂躏、欺凌一切人，没有人敢阻止。

苏轼天天反对新法，强烈要求废除新法，是坚定反对变法的主将。对于这样的人，章惇不给你点颜色，那才叫见了鬼。人间奇迹就此开始，从此对苏轼无休止的惨无人寰的打击拉开了序幕。

苏轼曾在一年之内连升六级官阶，成为三品大员。又在一年之内，飞降六个官阶，变成戴罪之身。先后被贬到英州（今广东省英德市）、惠州（今广东省惠阳市）、儋州（今海南省昌化军）、常州（今江苏省宜兴市）。

在章惇的"关照"下，苏轼被一步步推到万劫不复的深渊……极度虚弱的他再也经不起折腾，最终在常州黯然病逝。

这个结局，告诉我们一个真理，在这个世界上，只有永恒的利益，没有永远的朋友。

当然，章惇除掉的仅仅是苏轼，那不是奇迹，将那些反对新法的官员全部驱逐出京，才是真正的奇迹。

把章惇一伙打趴下驱逐出朝廷的，就是高老太太。

高太后果断恢复祖宗法度，废除新法，回归旧法。命令官员不得对百姓贷款，不得对百姓强征赋税。她虚心纳谏，兢兢业业，远离小人，不敢有丝毫松懈。她虽然没有武则天那样出名，但也是一个成熟的政治家。她很清楚，作为执政者，必须对大宋江山负责，治理好国家才是硬道理。她果断黜退了无恶不作的章惇一伙。

蔡确罪有应得，被流放兴州（今广东省新兴县），死于贬所。

章惇罪不可恕，被流放到雷州（今广东省雷州市），死于贬所。雷州是著名的蛮荒之地，在那里十有八九回不来。雷州老百姓知道章惇是迫害苏轼致死的恶人，对他嗤之以鼻，连民房也不租给他居住。

任命司马光的情形很有趣。司马光是被高太后派武装兵士从家中请到官衙里去的。之所以用这种方法，是唯恐他接到任命之后会延迟赴任，甚至会辞谢不就，也是不得已而别开生面了。

怀着渴望废除新法的迫切心情，司马光走马上任。他清楚地知道，此时的国家元气已衰，富弼、韩琦已是往者。那一代的人才，有的惩处，有的流放，有的因病因老而死，还有的遭谋害而亡。新法已经实施了十五六年，要拨乱反正彻底翻天任重道远。

司马光做的第一件事，出乎一切人的意料。他上书朝廷，请求将文彦博召回，而且坚持官职要居文武百官之首。奏折写道："彦博勋德爵齿，远在臣前，今恩制已除左仆射，若以彦博行尚书左仆射，臣受右仆射，则事体俱正。"[①]

司马光认为，文彦博辅政三朝，治国理政经验丰富，功勋卓著，无人可比。请他出山，国家才有希望焕发生机。

然而，这一请求，朝廷并未采纳。

原因很简单，文彦博职位已达到最高峰，年龄也太老了，八十多岁还能够担负起繁重的国家事务吗？

司马光憋了一肚子气，文彦博身体强健，精力充沛，比我身体还好，这还用担心吗？于是写了第二封奏书，奏书写到：彦博"沉敏有谋略，知国家治体，能断大事。自仁宗以来，出将入相，功效显著，天下之所共知也。年逾八十，精力尚强。"[②]

---

① （宋）李焘：《续资治通鉴长编》卷三七四，转引自侯小宝《文彦博评传》，四川大学出版社 2010 年版，第 127 页。
② （宋）李焘：《续资治通鉴长编》卷三六八，第二十五册，第 8854—8855 页。

现在有品，有才，有德，有浩然之气的只有文彦博了。他相信，只要他和文彦博同心同德辅佐皇帝，国家就会冲破黑暗，迎来光明。

司马光的提议，依旧未得到采纳。高太后告诉司马光自己的担心：

其一，文彦博的官品已高过当朝宰相，职位无处安排；

其二，年逾八旬，难以担负繁重政务；

其三，皇帝是个孩子，文彦博复出恐功高震主。

司马光性格倔强，他认准的事，决不放弃。

史籍记载，有一回，司马光跟苏轼争论国事，司马光坚持己见。苏轼的意见，司马光连听都不听。苏轼气极了，一边脱官帽，一边大骂道："真是个司马牛！司马牛！"

司马光坚信，只有和文彦博合作谋事，才能挽救国家。我的提议是为朝廷好，你怕这怕那，难道就不考虑国家前途命运吗？

他的牛劲又上来了，毅然第三次递上奏折，列举周朝的姜太公、周公，唐代的郭子仪、裴度等年高有德的贤臣出任辅相的事例。

窃唯彦博，一书生耳，年逼桑榆。富贵已极，夫复何求！非有兵权死党可畏惧也。假使为相，陛下一旦欲罢之，止烦召一学士，授以词头，白麻既出，则一匹夫耳，何难制之！有震主之威，窃恐防虑太过也。若依今官制，用之为相，以太师兼侍中，行左仆射，亦有何不可？傥不欲以剧务烦老臣，则凡常程文书，只委右仆射以下签书发遣，惟事有难决者，方就彦博咨禀，在陛下临时优礼耳。自古国家藉其才谋，致仕复起者，盖非一人，何为不可？彦博今年八十一，朝廷不过得其数年之力耳，愿急用之。臣但乞为门下侍郎，彦博为政，庶亦时有小补。今不以彦博为首相，而以臣处之，是犹合骐骥而策驽骀，弃玙璠而收珷玞，臣窃为朝廷惜之。[1]

① （宋）司马光：《奏书》，李焘《续资治通鉴长编》卷三六八，第二十五册，第8854—8855页。

四朝柱石文彦博

司马光这回铁了心，执意要请文彦博出山。

他想起孔子的一句话："道不行，乘桴浮于海。"你再不赞成我的主张，我就打道回府了。

高太后被司马光的坚持与执着所感动，出于对文彦博过去卓越政绩的了解，最终同意文彦博复出。

此时，文彦博虽然身体硬朗，精神矍铄，但也毕竟是耄耋之年，他自己也担心力不从心。

司马光忙得不亦乐乎，刚说服朝廷，又得动员文彦博。

"老哥，为了天下苍生的幸福，我们再合作干上几年，这辈子也就死而无憾了！"司马光如此劝道。

经历了多次宦海沉浮和风风雨雨之后，文彦博本想晚年享受儿孙满堂的天伦之乐，平和度过自己的一生。司马光的一番话，他的激情又一次被点燃。

宋元祐元年（1086）四月，文彦博被授太师，平章军国重事，成为北宋历史上首位被委任平章军国重事这一显赫官衔的大臣。

消息传到辽国，辽主告诫群臣道："宋朝奉行仁宗旧政，又起用了老成正士文彦博，国势必将昌盛，汝等切勿生事。"

这一年，文彦博已是八十一岁高龄。

这一对贤臣，很快进入了拨乱反正的工作状态。他们夜以继日，废寝忘食，仅用二十天的时间就废除了青苗法、免役法。

就在此时，传来王安石在南京去世的消息。

神宗去世后，王安石在金陵作诗哭悼"老臣他日泪，湖海想遗衣"，赞美神宗"一变前无古，三登岁有秋"。如今，他也随神宗而去了。

司马光、文彦博虽然与王安石政见不同，仍然对他的后事"优加厚礼"，苏轼起草赠予他"太傅"敕书。除了没给王安石封谥号，一切丧事都按规矩办，风光体面。

在宋朝，恩荫是官员的特权，品级越高，恩荫的指标就越多。像王安石这种情况，可以给予恩荫，也可以不给。王的亲属有七人获恩荫，确实够意思了。

文彦博和司马光对待政敌这样宽宏大量，显示了政治家的气度和胸怀。假如换了是王安石，会怎样做，只有天知道了。

司马光每天拼命工作，他努力创造太平盛世的奇迹，努力让老百姓过上美好生活。他的一生，都在为这一切努力并奉献着。然而，与蒸蒸日上的国家相反，他的身体却江河日下，越来越差。四个月后，也就是元祐元年（1086）九月，与文彦博共同执政仅17个月的司马光在上朝时心力交瘁，突然晕倒在地，被抬送回家。

弥留之际，司马光口中念念不忘的仍然是国家大事。

为政四十八年，清廉正直、崇尚务实，耗费二十五年心血编纂《资治通鉴》的司马光走了。他和诸葛亮一样，是活活累死的。

《宋史·司马光传》记载："身殉社稷，躬亲庶务，不舍昼夜。宾客见其体羸，举诸葛亮食少事烦为戒。光曰：'死生，命也。'"临终前，他长叹道："四害未除，吾死不瞑目矣！"

司马光的离去，使文彦博感到格外寒冷与孤独。高太后悲恸欲绝，史称"哭之恸"。哲宗也流下了伤心的眼泪。

司马光和文彦博、范仲淹同持一个秉性，是一群至死不渝的忠臣，是一群坚信"君使臣以礼，臣使君以忠""民为重，君为轻，社稷次之"的人。

在这些君子心中，永远的信念是"士以天下为己任"。面对奸佞之人，他们毫不留情；国家危难，他们挺身而出，置个人荣誉、身家性命于度外，即使粉身碎骨，也心甘情愿。

司马光丧礼按照国家重臣最高礼遇举办。皇帝和太后亲自吊祭。朝廷赠予司马光"太师"称号，封温国公，赐一品服。司马光丧礼之日，文彦博前去吊唁，他两眼泪痕，喉头哽咽，站在灵柩前行礼。

司马光享受的哀荣和范仲淹一样，谥号"文正"，这是至高无上的人臣美谥。

李焘《续资治通鉴长编》卷三百八十七记载，司马光逝世后，"京师之民皆罢市往吊，画其像，刻印鬻之，家置一本，饮食必祝焉。四方皆遣人求之京吊，时画工有致富者。及葬，四方来会者盖数万人，哭之如哭其私亲。"司马光是为天下老百姓的幸福累死的，老百姓敬仰他，纪念他，他们像对自己的亲人那样，送他最后一程。司马光在九泉之下，感受到这一切，也会觉得自己这一生没有白活。这就是正义的力量。

回到家中，文彦博凝视着司马光的画像，不禁想起了与司马光相交的历历往事。

三年前的一个春天，司马光在洛阳发起真率会。

那时，乌云笼罩，在对政事无可奈何之时，群居诗会也是一种无声的反抗。

司马光邀集朋友举办宴会，大家欢歌笑语，吟诗赋词，饮酒作乐。

文彦博应邀参加，作《近闻有真率会呈提举端明司马》：

> 近知雅会名真率，率意从心各任真。
>
> 颜子箪瓢犹自乐，庾郎鲑韭不为贫。
>
> 加笾只恐劳烦主，缉御徒能困倦宾。
>
> 务简去华方尽适，古来彭泽是其人。[①]

司马光作《和潞公真率会诗》：

> 洛下衣冠爱惜春，相从小饮任天真。
>
> 随家所有自可乐，为具更微谁笑贫。
>
> 不待珍馐方下箸，只将佳景便娱宾。
>
> 庾公此兴知非浅，藜藿终难作主人。[②]

---

① （宋）文彦博：《近闻有真率会呈提举端明司马》，文彦博《文潞公集》卷七《律诗》，山西人民出版社2008年版，第96—97页。

② （宋）司马光：《和潞公真率会诗》，《温国文正司马公文集》卷一四，第96函，第5册，第12页。

文彦博是朝廷重臣，同时，也是大孝子，因政务繁忙，他没法每年都回乡祭祖，忠孝难以两全。

宋皇祐元年（1049），文彦博托付好友司马光操办，将父母之墓从老家介休迁往河南府伊阙县（今罗村）。司马光应文彦博之邀，把迁葬看作义不容辞的分内之事。他一路风尘来到文彦博故乡介休，在这个有着千年历史的古邑，留诗一首：

> 汾晋地形美，古今多巨贤。
> 况承勋烈后，宜有庆灵传。
> 著位登朝右，声华出众先。
> 起家从此始，圭组遂蝉联。[1]

仁宗赐文潞公家庙寺额，文泊为"教忠积庆"，耿氏为"永福"。司马光为文彦博父作《文太师挽词三首》，王尧臣作神道碑文。文彦博了却了尽孝心愿。

家庙落成后，请谁写碑文呢？古人讲究"今之德行文辞为人信者"。作者名气要大，德行要好，而且要与主人关系密切，文彦博选择了司马光。

司马光名气大，他对自己有严格的规定，在他一生中，他只写了几篇墓志铭，而且都有特别的理由。文彦博是他敬慕的人，也是他的真挚友人，司马光欣然接受，洋洋洒洒写了长篇《文潞公家庙碑记》。碑文介绍文彦博家族源流与立庙始末，成为研究文彦博的重要史料。如今，同声相应、同气相求的朋友走了，文彦博陷入空前的孤独，他连续写了四首《司马温公挽词》，深切缅怀这位同乡和挚友。

---

[1]（宋）司马光：《文太师挽词三首》，《温国文正司马公文集》卷八，第96函，第4册，第9页。

四朝柱石文彦博

其一

莫逆论交司马丈，君心知我我知君。

同谋同道殊无间，一死一生今遂分。

八十衰翁如槁木，一千余日是残曛。

前途若有相逢处，尚以英灵解世纷。

其二

留滞周南十五年，成书奏牍过三千。

东山方起为霖雨，大厦俄倾叹逝川。

密有忠言如药石，别加优礼赐貂蝉。

两宫痛悼皆临奠，祇为皋夔志未宣。

其三

昔有乡贤阳道州，亦闻比近有松楸。

新阡便合开三径，同气相求好并游。

其四

傅岩旧迹今犹在，兼与安平祖庙邻。

贤相裔孙还卜宅，先畴吉土是归真。[1]

---

① （宋）文彦博：《司马温公挽词》四首，文彦博《文潞公集》卷八《挽词》，山西人民出版社 2008 年版，第 104 页。

第二十七章　耆英会

宋元丰三年（1080），文彦博拜太尉，复判河南。他曾两次主政河南府兼西京留守，与洛阳有着深厚感情。

西京洛阳，自古就是文人雅士赋诗唱和、畅抒心志、涵养性情的聚会之地。历史上这里曾举办过有名的金谷园会、绿野堂会等诗会活动，对后世诗坛产生了积极影响。

文彦博推崇唐代大诗人白居易的诗歌，更仰慕他远大的政治抱负和理想。白居易晚年退居洛阳，初心不改，忧国忧民，勤于政事，做了许多利国利民的事情。文彦博在人生轨迹、理想追求、个人情感上多和白居易相似。白居易致仕后在洛阳淡泊悠闲的"香山九老会"诗唱，给文彦博留下深刻印象，也成为文彦博所仰慕的一种生活方式。

来到洛阳，文彦博暂时避开了朝廷日趋激烈的政治纷争，事务较少，闲暇较多。于是沿着白居易当年的游览路线，游览香山、乾元寺、燕川、平泉庄等历史遗迹，踏寻前贤足迹，抒发感悟，创作诗歌，与诗友相聚唱和，成为他的一种生活乐趣。

　　龙门寺是白居易与胡杲、吉胶、刘真、郑据、卢慎、张浑、卢真、狄兼谟九老集会的地方。当年，他们在这里成立"香山九老会"，远离尘嚣，忘情山水，坐禅听经，悠闲自得。

　　文彦博来到龙门寺，仰慕白居易的这段风韵雅事，朗声高诵：

　　　　空门寂静老夫闲，伴鸟随云往复还。
　　　　家酿满瓶书满架，半移生计入香山。①

　　这首诗正是白居易的《香山寺二绝》之一。

　　文彦博对白居易推崇备至，对香山九老会仰慕不已，有意效仿白居易"香山九老会"，集中一些德高望重的文人士大夫创办洛阳耆英会。"凡所为慕乐天者，以其志趣居易的推崇和仰慕"，都可参加。

　　其时，韩琦已去世。富弼与一些反对王安石变法的大臣，已纷纷退出政治旋涡定居洛阳。

　　与王安石水火不容的司马光，因为不愿意再在朝廷为官，此时也正在西京御史台编纂《资治通鉴》。

　　宋元丰五年（1082）一月，洛阳耆英会成立。入会资格是"士大夫老而贤者"，年龄七十岁以上，原则是"洛中旧俗，燕私相聚，尚齿不尚官"。

　　耆英会在资胜院一大厦内，设"耆英堂"。司马光作《洛阳耆英会序》。

　　文彦博效仿白居易《九老图》，请当时最著名的画家郑奂，逐一给参加的人画像，上面每人赋诗一首，挂在其中。

　　十三名会员官职、姓名和年龄：

　　开府仪同三司、守司徒、武宁军节度致仕、韩国公富弼，字彦国，年七十九岁。

　　开府仪同三司、守太尉、河东节度使、判河南府兼西京留守司事、潞

---

① （唐）白居易：《香山寺二绝》，汤华泉《白居易诗选》（注评），中州古籍出版社2011年版，第249页。

国公文彦博，字宽夫，年七十七岁。

尚书司封郎中致仕，席汝言，字君从，年七十七岁。

朝议大夫致仕，王尚恭，字安之，年七十六岁。

太常少卿致仕，赵丙，字南正，年七十五岁。

秘书监致仕，刘几，字伯寿，年七十五岁。

卫州防御使致仕，冯行己，字肃之，年七十五岁。

太中大夫、充天章阁待制，楚建中，字正叔，年七十三岁。

司农少卿致仕，王慎言，字不疑，年七十二岁。

宣徽南院使检校太尉、判大名府，王拱臣，字君贶，年七十一岁。

太中大夫，提拳崇福宫，张问，字昌言，年七十岁。

龙图阁直学士、通议大夫、提举崇福宫，张焘，字景元，年七十岁。

端明殿学士兼翰林侍读学士、太中大夫司马光，字君实，年六十四岁。

司马光未到七十岁，属于晚辈，他很想参加，又不好意思，被列入是文彦博再三邀请的。

文彦博和司马光情谊非同一般。司马光来洛阳后，居住的是留守司破旧房子，虽享受三品待遇，地位显赫，但不许干涉政务。到任当晚，文彦博设宴为之洗尘。因隔墙有耳，不便谈论公务。文彦博知道司马光是个工作狂，只是叮嘱他要爱惜身体，不要过度劳累。

实施新法后，知县、知州可以住在衙门后院，其他官员都要自己买房或租房。

司马光只能自己买个小院，房子过于低矮，夏天热得喘不过气来，请人在房间内掘出一个地下室，司马光戏称"凉洞"。

文彦博时常过来探望司马光。看到他在如此环境下著书，十分伤感，每次都会带来一些礼物。编纂《资治通鉴》工程浩大，司马光一人所为，连个助手也没有。文彦博深为不平，上书神宗，才派来几名散官助理。

文彦博、富弼、吕公著、范镇这些老朋友的到来，给司马光带来不少欢乐。虽然政治环境恶劣，有一种被"世之所弃"的感觉，但他们有共同的信念，相信光明迟早会到来。

有了文彦博一班朋友的关怀，司马光日夜不休地工作，在无数个灯火通明的夜晚笔耕不辍，舍弃自己的家庭和娱乐，付出健康，只是为了完成古往今来伟大的著作。

文彦博一心想让司马光放松一下，便告诉他，当年白居易举办的九老会，有个叫狄兼谟的年龄也不到七十岁。

接着讲了一个故事。他任北京留守时，派官员到辽国公干。官员回来说，辽帝大宴群臣，有杂剧助兴。其中有一小品：一衣冠之士，见到财物就抢。有人从后面用棍子打他，他大呼曰：司马光打人！挥棍者是司马光，抢财者喻指王安石。

宋朝的变法与反变法，在辽国演绎成强盗与捕盗的小品。司马光听后开怀大笑。

文彦博说，你在夷狄都这么有名，耆英会怎么能少了你呢？文彦博的一番话说服了司马光。

受文彦博委托，司马光撰写耆英会规定：

一、序齿不序官；

二、为具务简素；

三、朝夕食不过五味，菜果脯醢之类，共不过二十器；

四、酒巡无算，深浅自斟，主人不劝，客亦不辞；

五、逐巡无下酒时，作菜羹不禁；

六、召客共用一简，客注可否于字下，不别作简；

七、会日早赴，不待速；

八、右有违约者，每事罚一巨觥。

八条大意是：

一、聚餐中只论年龄，不论职务高低，没有官场俗套，大家都轻松；

二、聚餐时，要求餐具简朴，不得用金碗银筷讲排场；

三、主人请客，每顿主菜不得超过五种，或许就是早期的四菜一汤。至于佐酒的果脯、肉酱之类小碟，总数不得超过二十碟，类似于今天餐桌上的冷盘，看似多，但品种极普通，非珍馐，量亦很少；

四、座次按年龄排，酒壶按顺序递，倒多倒少、饮多饮少自便，东道主不得强行劝酒，宾客也无须勉强，量大尽兴，量少随意；

五、酒倘未喝完，桌上菜肴却已一扫而光，此时可补充一些菜汤；

六、节约纸张，简化程序，轮到谁请客，东道主只用一张通知单，下列主客的字，如文彦博只写宽夫，司马光只写君实。派人逐家传递，客人是否能出席，只需在字下签注即可；

七、聚餐之日，客人要按时出席，不等不催；

八、上述规定，谁若违反，如迟到、答应来而不来、主菜超过四菜一汤等等，无论主宾，违反一次，即罚酒一大杯。

规定体现了耆英会的节俭美德，对豪华相尚、俭陋相訾的官场奢靡之风，是一种自觉抵制。

耆英会中富弼最年长，第一次聚会在他的富郑公园举行。此园是洛阳数一数二的名园，豪华气派。富弼开头后，然后按年龄顺序轮流做东。

邵伯温与周敦颐、张载、程颢、程颐、司马光并称为北宋"道学六先生"，其时居住洛阳，目睹聚会场景。《邵氏见闻录》："诸老须眉皓白，衣冠甚伟，每宴集，都人随观之。"

耆英会充满欢声笑语。这些退休高官时常在彼此家中相会，饮酒、进餐、笑嬉、作诗，在陶然佳境中过活。

文彦博诗曰：

> 九老唐贤形绘事，元丰今胜会昌春。
>
> 垂肩素发皆时彦，挥尘清谈尽席珍。
>
> 染翰不停诗思健，飞觞无算酒行频。
>
> 兰亭雅集夸修禊，洛社英游赏序宾。
>
> 自愧空疏陪几杖，更容款密奉簪绅。
>
> 当筵尚齿尤多幸，十二人中第二人。[1]

---

[1]（宋）文彦博：《耆英会诗》，文彦博《文潞公集》卷七《律诗》，山西人民出版社 2008 年版，第 95 页。

四朝柱石文彦博

富弼：《耆英会》。文源阁《四库全书》卷四九。诗曰：

> 顾我年龄虽第一，在公勋德自无双。
>
> 不推行业终难敌，富贵康宁亦可降。

冯行己诗曰：

> 书称五福寿为先，有德人方得寿延。
>
> 自愧栎樗非远器，谁应齿发亦遐年。
>
> 立身官未三公贵，推老名陪二相贤。
>
> 喜把衰容模梵宇，惭无纤效勒燕然。
>
> 当时遭遇承陶冶，今日光荣预燕筵。
>
> 从此洛城增胜概，又新重作画图传。[1]

楚建中诗曰：

> 二相谟猷烂史编，诸公才业过前贤。
>
> 好图仪像传来世，何事顽疏亦比肩。[2]

席汝言诗曰：

> 壮岁尘埃禄事牵，老归重到旧林泉。
>
> 曾无勋业书青史，偶向康宁养老年。
>
> 自分杜门居陋巷，敢期序齿预公筵。

---

① （宋）冯行己：《耆英会》，《宋诗纪事》卷一二，第 315 页。
② （宋）楚建中：《耆英会》，《宋史·楚建中传》，第三十册，第 10667—
10668 页。

更惭形秽才凉薄，不称图真接世贤。①

王尚恭诗曰：

端朝凤望两台星，圭组参差又十人。

八百乔年余总数，一千熙运遇良辰。

席间韵语皆非俗，图上形容尽得真。

胜事主盟开府盛，误容衰薄混清尘。

服许便衣更野逸，坐从齿列似天伦。

二公笑语增和气，夜久盘花旋发春。②

赵丙诗曰：

新春鼎洛燕英髦，主礼雍容下庶僚。

二相比肩官一品，十人华发事三朝。

星阶并列瞻台曜，尊酒时行把斗杓。

东颍庸夫最无状，也将颜面趁嘉招。③

刘几诗曰：

司徒硕德今无比，太尉殊勋固绝伦。

偶以暮年陪盛宴，喜将白发照青春。

八公有秽山空著，四皓当衰心且伸。

---

① （宋）席汝言：《耆英会》，《宋诗纪事》卷一二，第313页。
② （宋）王尚恭：《耆英会》，《宋诗纪事》卷一二，第314页。
③ （宋）赵丙：《耆英会》，《宋诗纪事》卷一二，第315页。

元老相望疏迹在,不应此会愧前人。①

王慎言诗曰:

相印貂冠桼六符,华颠高会侍臣俱。

不将官职夸乡里,唯尚年龄入画图。

履道清欢追故事,伫瞻阴德见訏谟。

叨陪几杖真荣观,珪璧丛中问碔玞。②

王拱辰诗曰:

退居旧相国元老,十年还政瀍之涯。

康宁富贵备五福,灵宝盛气如虹霓。

昔年大对继晁董,登科赐第同一期。

紫垣步武既通接,金沙里闬还邻比。③

张问诗曰:

槐庭二老乐尧仁,盛集高年洛水滨。

华衮具瞻虽礼绝,白头序齿却情亲。

清闲几席同禅院,山野巾裘似隐沦。

尊酒椒香才过节,池塘草色已催春。

白公酣畅吟哦内,卫武康强笑语频。

岂独丹青传不朽,潜欣风俗欲还淳。

芝田鹤戏调形健,莲叶龟游纳息匀。

① (宋)刘几:《耆英会》,《宋诗纪事》卷一二,第315页。
② (宋)王慎言:《耆英会》,《宋诗纪事》卷一二,第315页。
③ (宋)王拱臣:《耆英会》,《宋诗纪事》卷一二,第296—298页。

商皓寂寥拘小隐，汉疏局促止家人。

莫因气貌疑丹灶，自有光阴寄大椿。

复得兼谟为重客，恐遗元爽在编民。

神仙可学今方信，道术相忘久益真。

满座交欢祝眉寿，群生五福托鸿钧。①

张焘诗曰：

洛城今昔衣冠盛，韩国园林景物全。

功在三朝尊二相，数逾九老萃群贤。

当时乡社为高会，此日居留许款延。

多幸不才陪履舃，更惭七十是新年。②

司马光诗曰：

洛下衣冠爱惜春，相从小饮任天真。

随家所有自可乐，为具更微谁笑贫。

不待珍馐方下箸，只将佳景便娱宾。

庾公此兴知非浅，黎藿终难作主人。③

　　耆英会第二年，文彦博又组织了同甲会。会员是中散大夫程珦、朝仪大夫司马旦、司封郎中席汝言，都是七十八岁，每人赋诗一首。文彦博诗曰：

四人三百十二岁，况是同生丙午年。

①（宋）张问：《耆英会》，《宋诗纪事》卷一二，第316—317页。
②（宋）张焘：《耆英会》，《宋诗纪事》卷一二，第316页。
③（宋）司马光：《耆英会》，《宋诗纪事》卷一四，第368页。

四朝柱石文彦博

招得梁园同赋客，合成商岭采芝仙。

清谭亹亹风生席，素发飘飘雪满肩。

此会从来诚未有，洛中应作画图传。①

范纯仁羡慕四位硕德前辈的家庭小聚，赋诗道：

四公眉寿复均年，此会前修未省传。

筋力轻安同少壮，风标潇洒似神仙。

分司东洛荣难并，聚德西豪事莫肩。

今夕天官应有奏，老人星彩近台躔。②

当年九月，文彦博又组织了"洛阳五老会"。"五老"分别为范镇、张宗益、张问、史炤，均为德高望重的老臣。在这次诗会上，文彦博作《五老会诗》：

四个老儿三百岁，当时此会已难伦。

如今白发游河曳，半是清朝解绶人。

喜向园林同燕集，更缘樽酒长精神。

欢言预有伊川约，好作元丰第四春。③

有些人看来，这帮志同道合的老头，无非是聚在一起吃吃饭，写写诗，聊聊天，打发日子，热闹一番。

其实，绝非如此，另有深意。

①（宋）文彦博：《作同甲会》，文彦博《文潞公集》卷七《律诗》，山西人民出版社 2008 年版，第 97 页。

②（宋）范纯仁：《上文潞公同甲会》，《范忠宣集》卷四，转引自侯小宝《文彦博评传》，四川大学出版社 2010 年版，第 190 页。

③（宋）文彦博：《五老会诗》，文彦博《文潞公集》卷七《律诗》，山西人民出版社 2008 年版，第 95 页。

他们在历经无数腥风血雨、宦海沉浮之后，在严酷的政治环境中，仍然有着共同的政治理想，仍然有坚强的斗争意志，仍然认为在这个世界上有正义和公理。以诗会方式进行交流，发出自己的声音，是一种无声的抗争。

他们相信，无论得意、失意，抑或失落，都无所谓。只要活着，那帮人就得小心点，就不舒服，他们仍然是维护正义坚不可摧的力量。

他们告诉天下，我们已别无所求，我们的理想，从来没有放弃过，别看你们一时得意，我们绝不妥协。直到生命的最后一刻，我们依然会坚持下去。

这就是文彦博，一个真正的文彦博。

举办同甲会不久，文彦博听到老朋友富弼病逝噩耗，顿时泪流满面，悲痛不已。

富弼，字彦国，河南（今河南省洛阳市）人。他同文彦博同榜进士。两人志同道合，共同辅政，屡建懋勋，文彦博十分敬重这位比他年长两岁的兄长。

文彦博与富弼的友谊，那是患难见真情。

富弼听到文彦博二次外判大名府，深为这位老友鸣不平。当时，他已因与王安石政见不同致仕，爱莫能助。他知道文彦博要去大名府路经嵩山少林寺，便派人送去一副轻便、雅致、坚固的游山器。文彦博十分感动，当即作诗一首，表达对曾经和自己一起实现报国之志，但如今离散在外的老友的深切思念。诗云：

> 公以心如水，开轩俯碧涟。
>
> 尝虚济川楫，却就钓璜渊。
>
> 北倚平崧阁，南临种黍田。
>
> 缘经冶城望，到此却怀贤。[1]

---

[1]（宋）文彦博：《游碧涟堂偶作寄致政司空相公富，聊布所怀》，文彦博《文潞公集》卷四《律诗》，山西人民出版社 2008 年版，第 70 页。

文彦博同样时刻关注富弼，他在河南府任上听到富弼拜相，立即作诗祝贺。诗云：

> 雅章追念柏台游，屈指今逾二十秋。
> 初奉南床持大宪，后陪东阁告嘉猷。
> 心如金石同谋国，路出风波免覆舟。
> 闻欲坚随赤松去，拟携灵寿从留侯。[①]

两位耆宿同居洛阳，经常一起议论国是，以诗唱和，品茗赏花，互赠礼物。

文彦博所居燕居堂，植有十余株红梨，是做扶杖的优质美材。文彦博令人做成扶杖，赠给富弼。

两人同是爱花之人，每逢牡丹盛开，富弼都会亲自挑选名贵花朵赠给好友。

两人并肩战斗几十年，一同出生入死。如今，分道扬镳，阴阳两隔，文彦博脑海里不禁浮现出一幕幕往事。

那年，辽国在宋朝边境驻扎大量军队，威逼宋朝割让关南十县土地。朝廷选择多位使臣前往谈判，他们都认为辽国人不好对付，不敢前行。

富弼对仁宗说："人主忧虑，臣下耻辱，臣下不敢爱惜生命贪生怕死。"主动请求出使辽国。

富弼抵达辽国，舌战群儒，据理力争，坚决拒绝割地无理要求，只同意增加一些岁币。富弼态度强硬，辽国无奈妥协，富弼为宋朝挣足了面子。

仁宗深为富弼大智大勇所感动，拔擢他任枢密直学士。他坚辞不任。他说，国家有难，理应挺身而出，怎么能因此而加官晋爵呢？

富弼任青州知州兼任京东路安抚使时，河朔发生大水，大批流民涌入

---

① （宋）文彦博：《答青州相公二首》，文彦博《文潞公集》卷四《律诗》，山西人民出版社 2008 年版，第 59 页。

青州。富弼劝导当地百姓拿出粮食，腾出房屋，安排流民。为了让这些人生存下去，下令凡荒山野岭、森林池塘，都可以让他们自行种植或养殖。

第二年，麦子成熟，他给流民发放救济粮，共救活五十余万人。

富弼认为王安石变法，财利聚集于朝廷，而有害于百姓，坚决反对。二人多次辩论，双方水火不容。后来富弼干脆要求告退。神宗问道："你告退，谁能够代替你？"富弼推荐文彦博。神宗沉默不语，很久才说："王安石怎样？"富弼直言："德不配位，才不胜职！"

王安石一派以违抗圣旨为名，剥夺他的宰相爵位，贬任汝州太守。

王安石仍不甘心，对皇帝说，富弼阻碍新法之罪，情如尧舜时"四凶"，如果不加以重罪，又怎能遏制其他奸邪之辈？

言外之意，是要置他于死地。好在神宗明白，富弼是个贤德之人，没有理会。临行前，富弼依旧挺立不屈，他掷地有声告诉神宗："新法，我不知晓，不能用来在我的州县实行，否则，我就回洛阳养病！"

一个正直无私、敢于和变法死磕到底的人走了，正人君子们唏嘘不已，纷纷书写文章予以纪念。文彦博更是久久不能释怀，他彻夜未眠，接连写下五首悼诗。

太尉韩国文忠富公衷词

其一

蚤擅才名重，天资德望崇。

大勋缘定策，美利在和戎。

一代推人杰，三朝倚栋隆。

音容虽已矣，永誉更无穷。

其二

晁董经邦策，皋夔济世贤。

频坚挂冠请，未及纵心年。

蚤遂赤松伴，晚参黄蘗禅。

悬车垂一纪，筑室冠三川。

潇洒山中相，优游地上仙。

尊荣兼寿考，五福在公全。

其三

我愧才无取，公常问不能。

白麻曾并命，黄阁遂同升。

调燮彝伦叙，将明庶绩凝。

如仁今奄忽，昭代失良肱。

其四

去年春作耆英会，一坐簪绅仰典刑。

今日共嗟天不慭，惟瞻英范在丹青。

其五

达观定知无怛化，常情未免怆离魂。

邛山土厚虽埋玉，遗烈余芬万古存。[1]

　　文彦博创办志趣高逸的洛阳耆英诗会，与唐代白居易香山九老会在内容和形式上都有相似之处，但是所处历史背景不同。在当时极为复杂的社会背景下，洛阳耆英诗会旨趣更加复杂，内涵更加丰富，意义更加深远。洛阳耆英诗会承唐启宋，继往开来，延续了唐宋时期的文化潮流风尚，也在特殊历史环境下，巧妙而智慧地将自己匡世报国的政治理想与追求，以学术文化中心的诗会旨趣形式，与变法派继续分庭抗礼，表达了他们始终

---

①（宋）文彦博：《太尉韩国文忠富公哀词》五首，文彦博《文潞公集》卷八《挽词》，山西人民出版社2008年版，第105页。

坚守的兼善天下的不渝之志。

耆英会声名远扬，在历史上传为佳话。而文彦博对洛阳百姓无微不至的体察和所做的大量实事，更为人们称颂，时人称赞"虽惠化遍天下，靡有不周，而在洛为多"。洛阳百姓自发组织在洛阳资圣院为他设立生祠，司马光取神宗送文彦博御制诗中的"伫瞻"二字，题写堂名，命名为"伫瞻堂"，生祠内塑文彦博像，冠剑伟然。祠堂建成后，每天都有许多民众前来参拜。难怪神宗在诗中由衷赞叹"西都旧士女，白首伫瞻公"。

第二十八章　伫瞻堂

洛阳，"千年帝都，牡丹花城"。

"洛阳地脉花最宜，牡丹尤为天下奇。"牡丹栽培始于隋，盛于唐，宋甲天下。它雍容华贵、国色天香、富丽丰茂，寓意吉祥富贵、繁荣昌盛，是华夏民族兴旺发达、美好幸福的象征。

文彦博生活情趣浓厚，对牡丹情有独钟。他在自己宅院中培育种植了多种珍品牡丹，每逢春日，红、白、粉、黄、紫、蓝、绿、黑各色繁花盛开，他便邀约朋友来到院中，烹一壶鲜醇甘冽的新茶，品茗赏花，竞睹芳容。

文彦博饶有兴趣地给那些奇异牡丹取名，如女真黄、二色红、玉楼春、涧仙红、玉玲珑、文公红等。

陆游《天彭牡丹谱》："文公红者，出于西京潞公园，亦花之丽者。其种付蜀中，遂以文公名之。"[1]

---

[1]（宋）陆游：《天彭牡丹谱》，《生活与物丛书》，上海古籍出版社 1991 年版，第 60 页。

牡丹盛开，他亲自挑选采摘名贵的花朵寄赠好友，并创作了很多牡丹诗。

家园花开与陈太师饮茶同赏呈刘伯寿楚正叔张昌言

今朝自赏家园花，浓艳繁英粗可夸。

外监上坡俱不至，紫园仙客共烹茶。[1]

近以洛花寄献斋阁，蒙赐诗五绝褒借，今辄成五篇，以答来贶

左魏牛黄数十枝，洗妆添色又新奇。

金刀剪送三城去，聊助山翁宴习池。[2]

文彦博两次被贬离开朝廷，主政河南府，洛阳成为他最好的退居之地和庇护之所。

洛阳美丽的牡丹，善良的民众，使他完全融入了这方热土，洛阳赢取了文彦博的心。他无微不至地关注民间疾苦，也赢取了洛阳人的心。

"洛阳亲友如相问，一片冰心在玉壶。"洛阳百姓没有忘记文彦博在洛阳兴修水利、赈灾救灾、兴办教育、培育人才、惩治贪官那些事。在他们心目中，文彦博山西介休人，事实上是河南洛阳人，主政于洛阳，安家于洛阳，立家庙于洛阳。

北宋京都大量生活物资依赖江南漕运，汴河成为联系中原和江南的运输大动脉。

汴河"半天下之财赋，并山泽之百货，悉由此路而进"，全国各地的物资源源不断地运抵京都，保证物资供应。

---

[1]（宋）文彦博：《家园花开与陈太师饮茶同赏，呈刘伯寿、楚正叔、张昌言》，文彦博《文潞公集》卷七《律诗》，山西人民出版社2008年版，第96页。

[2]（宋）文彦博：《近以洛花寄献斋阁，蒙赐诗五绝褒借，今辄成五篇，以答来贶》，文彦博《文潞公集》卷七《律诗》，山西人民出版社2008年版，第97页。

金朝名士郦权在张择端《清明上河图》题跋："何事东南最阗溢，江淮财利走舟车，车毂人肩困击磨，珠帘十里沸笙歌。"

诗句深刻刻画了当时发达的市场经济，也正是便利的漕运和东南的繁盛富饶，繁荣了北宋"珠帘笙歌"的服务行业。

汴河作为人工河，主要靠引黄河水作为补给。黄河泥沙淤积，经常发生河道堵塞和决堤。"汴河之于京城，乃是建国之本"，汴河无疑关系着大宋王朝的国运昌盛。

宋元丰二年（1079），神宗命撤开黄河改引洛水入汴河，这就是历史上著名的"导洛通汴"工程。

然而理想丰满，现实骨感。洛河水量远不足黄河充沛，也无法维持汴河通航所需，冬季引入洛河水，同样面临结冰无法通航的局限。结果，投入巨大，收效甚微。

负责实施的都水监为保证汴河水量，断绝洛水，以此突出工程功效，洛河干涸。邵伯温《邵氏闻见录》："禁伊、洛水入城，诸园为废，花木皆枯死，故都形势遂减。"洛阳百姓生产生活受到严重影响。

都水监只为皇帝负责，自己是既得利益者，百姓有水没水与他无关。

文彦博发现这种情况，深感不安。他十分清楚，那些好大喜功的人报喜不报忧，神宗根本不知道真相。趁着朝中宦官刘惟简到达洛阳之机，文彦博领他实地查看，并对他讲道："今之水官，尤为不职，容易建言，侥幸恩赏。朝廷便为主张，中外莫敢异议，事若不效，都无谴罚。臣谓更当选择其人，不宜令狂妄辈横费生民膏血。"

文彦博托刘惟简转达神宗，请求下令使洛水进入洛阳。刘惟简回京，如实汇报。神宗立即下令复引洛水进入洛阳。

洛水回归，洛阳恢复水上交通。清明时节，洛河船只络绎不绝，首尾相接，两岸一派运输繁忙景象，舟船满载着粮食、物资，飞掠过村舍、集镇、田园。农田灌溉恢复如初，洛水滋润着万顷良田。农村家家有流水修竹，浓翠欲滴，绿野平林，烟水情远。有了洛水，洛阳物资丰富，市场繁荣。

经历了断水苦痛之后，映入眼帘的景象，洛阳老百姓又怎能不感谢文彦博这位勤政爱民的父母官呢？

宋元丰四年（1081），春夏之际连降大雨，麦子损伤严重，百姓自给尚不足，而朝廷仍按丰年足量收取赋税。

文彦博上书《奏西京伤事》，请求减免赋税：

臣体重量得西京畿内诸县，今春以来，麦苗极盛，有望丰登。无何自四月五月中直至收获之际，大雨频并，继日不止，遂至颇损麦苗，所存者三四分，须且趁时收割上场，所冀收拾残余，粗救饥困。臣体访得所收多者仅及三四分，日有人户经官披诉苗伤，又缘官吏拘文，为已收割在场，及有持竹了者，不以为凭，须得存留。查苗在地，方可验覆。今若不与检放，必致人户逃移。今夏多雨害稼，众所明知难为巧诈，伏望朝廷特降指挥，下本路转运司，仔细体量，实有灾伤，即早与减放分数，所贵人户不致逃移。更望朝廷矜察，早降指挥。①

宋元祐五年（1090）春，洛阳发生干旱，久不降雨，百姓生活艰苦。

文彦博上书《奏久旱乞不追扰事》，请求恤民。

正如神宗诗中所言："西都旧士女，白首伫瞻公。"在留守西京洛阳的日子里，文彦博为百姓办了不少实事，赢得百姓钦仰。但是，遇到搜刮民财侵犯百姓利益的事，却坚决抵制，寸步不让。

那一年，西夏发生宫廷政变，皇太后梁氏夺取政权。其他各部族首领拥兵自重，西夏局势大乱。

西夏统军主帅禹藏花麻不满梁太后专权，暗地致书宋朝官员，请宋朝发兵攻打西夏，自己率军做内应。

神宗大喜过望，下令兵分五路进攻西夏，在宁夏银川一带会合。由宦官王中正做总指挥。

---

①（宋）文彦博：《奏议》，文彦博《文潞公集》卷二十五《奏议》，山西人民出版社 2008 年版，第 250 页。

王中正出征准备时，神宗口谕：中正所需钱物，可以不计多少，画时应副。

王中正官阶很低，但仗着是钦差大臣，派头十足，颐指气使。他每到一地，狮子大开口，要钱要粮要物，如果敢反抗就拳脚相向，搞得地方鸡犬不宁。那些地方官都低三下四地围着他转，不敢有丝毫怠慢，要什么给什么。当他率军途经洛阳时，又打出"圣上口敕"，面见文彦博要求抽调兵马和钱粮。

文彦博一贯反对身体不全的宦官执掌军权，也对他们平时飞扬跋扈极为痛恨。他一脸正色，对王中正说道："所说圣上口谕，空口无凭，这么大的事，应以圣上书面诏书为准。"

一向骄横的王中正，在德高望重、威严冷峻的潞公国面前，碰了钉子，脸色苍白，灰溜溜走了。

文彦博有自己的信仰和原则，只要为国家，为百姓，其他什么都不在乎。

正如他自己所言"老臣愚忠忧国之心不能自己，不敢自默，不言乃是负国"。

听说五路大军讨伐西夏，文彦博坐不住了。他明白，宋朝刚刚经历了一场大败，不宜再次出战，而应以逸待劳，休养生息，筑城修垒，加强防御体系。再则，将三十六万大军让宦官统率，指望他打胜仗，根本不靠谱。

懂得"潜规则"的人清楚，皇帝金口玉言，决策即便错误，也必须放弃原则，背离良知。

文彦博不是这样的人，由始至终，无论在朝廷还是地方，他都站在国家的高度，权衡利弊，坚持自己的主张。他正气凛然，上书《论西事》。

一个被调离到地方的官员，能够胸怀大局，时刻关注时局大事，为国操劳，这样的人，少之又少。文彦博就是这样的人。奏折开门见山，表达了四个意见。

第一，劳师远征西夏决策错误。数路进军，军粮不继，疲于供给。西北气候寒冷，士兵不适，一旦交战，伤亡惨重。

第二，立即停止西夏用兵。陕西国库积蓄钱粮已消耗殆尽。

第三，重视边备，选拔将校，训齐师徒，修治器械，储时糗粮，养威练卒，不草率主动出击。

第四，战事导致百姓流离，冬麦多未下种。希望朝廷以天下为度，以苍生为心，安抚百姓，休其疾痛，补其疮痍，使得苏息。

文彦博直言，劳师远征对国家、对百姓危害极大，宋朝虽然也取得一些小胜，但西夏主力仍很强大，再次西征，过度征兵、征粮，给政府带来沉重负担。

实践证明，文彦博判断是正确的。

这次出征，五路大军总计三十六万余人，史称"元丰五路伐夏"。其结果，正如文彦博所料，宋军不是大败，而是溃败、惨败。

败报消息传回朝廷，好大喜功的神宗"涕泣悲愤，为之不食""早朝，对辅臣痛哭，莫敢仰视"。一把鼻涕一把泪，饭也不吃，觉也不睡。第二天上朝，眼肿得血红。群臣都不忍看皇帝。

过了些日子，神宗才冷静下来，痛定思痛，幡然醒悟，感叹道："朕于是乎愧于文彦博矣。"他给文彦博写了一份朋友般言辞恳切的自我反思手诏：

　　自远相见，忽经两年，春暄乡北，平安前继。阅所论关中事，宜悉至诚，恻怛之意，非累朝心膂之臣，忧国如家之深，曷能倦倦如此？寤寐忠家，不忘于怀。朕涉道日浅，昧于知人，不能图任将帅，以天赐可乘之机，上为祖宗殄灭一方世仇，深为厚颜。爰自六军还塞，将士已殚劳，黎民已告退，今日之势岂复可远举深入哉？惟固境自完而已。[1]

神宗能够深刻反省自己决策失误和用人不当，也算是一代明君了。不过，这只能是个迟到的反省。

---

[1]（宋）赵顼：《手诏》，文彦博《文潞公集》卷二十五《奏议》，山西人民出版社 2008 年版，第 247 页。

神宗一朝，后来一直无意再主动攻打西夏，而是采取文彦博主张的"夏攻宋守"的军事策略。

不久，新的情况发生。守边的官员入秋后，又秘密派兵深入西夏境地，运送粮草，准备袭击。

这些情况，朝廷无从知晓，纯粹是给国家添乱。文彦博意识到穷闹腾带来的危害，又及时给神宗上书，指出：

此必是边臣希功，规为侥幸，开陈端绪，诳惑朝廷，料敌不精，致有挠败。进此计者，陛下不必知其人，乞行显诛，以戒今后干赏谄利之辈，免致向去更误朝廷大事。望以今年二月二十五日，诏书大旨密谕边臣，严设备谕，固境自完。来则御之，去勿远逐。[1]

接到奏折，神宗被提醒了，现在这样做，是给西夏挑起战争寻找借口，急忙下诏严禁边将轻举妄动。

《宋史·文彦博传》："国家当隆盛之时，其大臣必有耆艾之福。推其有余，足芘当世。……仁人之言，其利博哉！"

文彦博为政以德，正如老子《道德经》中所说："上德不德，是以有德。下德不失德，是以无德。"大意是说，具有上品德行的人，即使做了功德的事，但在自己心中，并不觉得是有德，而是觉得应该。下品德行的人，做了功德，便把自己的功德当作一种资本，邀功请赏。

文彦博真诚为民，以仁养民，深深感动了洛阳百姓。遗爱愈厚，念之愈切。平日人们相处尚投桃报李，有恩必报，而一个好官造福一方，温暖润泽百姓，人们又怎能轻易淡忘了他呢？

中国的老百姓都喜欢拜神，祈雨拜龙王，求子拜娘娘，平安拜城隍，各有所求。但洛阳人认为，只有文彦博能护佑这一方土地，他们自发组织

----

①（宋）文彦博：《奏折》，文彦博《文潞公集》卷二十五《奏议》，山西人民出版社 2008 年版，第 248 页。

在资圣寺为文彦博设立生祠，塑像瞻拜。

老百姓心里的好官与坏官的衡量标准，其实非常简单。

老百姓的心里有一杆秤，对于一个人物的评价，他们没有那么多的顾及，也不会明白朝廷那些利害关系，只会用最简单的最原始的标准衡量，辨别善恶。

能够为民请命，能够替百姓说话，能够体恤百姓疾苦，真正为百姓干实事，让老百姓得到实惠，就是一个好官。

百姓们请来京城有名的建筑师、雕塑家和画家，为文彦博建祠塑像画壁画，他们觉得文彦博对洛阳人的恩情，享受此等高规格的礼遇当之无愧。

司马光兴冲冲赶来祝贺。他将神宗诗中赞誉文彦博的"仁瞻"二字，隶书于榜，命名为"仁瞻堂"。还应众乡民之请撰写了《仁瞻堂记》。

一时之间，仁瞻堂成了洛阳的头号新闻。

在洛阳期间，文彦博结交了一些理学家朋友，有邵雍、程颢、程颐等，文彦博彬彬有礼对待他们。程颐在洛阳讲学，想找一块幽静宽敞的地方办学，他试着给文彦博写了一封信：

颐窃见胜善上方旧址，从来荒废，为无用之地。野人率易，敢有干闻，欲得葺幽居于其上，为避暑著书之所。唐王龟创书堂于西谷，松斋之名，传之至今。颐虽不才，亦能为龙门山添胜迹于后代，为门下之美事。可否，俟命。①

程颐不敢有太大奢望，能在上方寺盖几间房，容纳学生上课就行。

文彦博敬重他的学术声望，立即回信道：

先生斯文己任，道尊海宇，著书立言，名重天下。从游之徒，归门甚盛。

①（宋）程颐：《上文潞公求龙门庵地小简》，《全宋文·程颐文》第八十册，第277页。

龙门久芜，虽然葺幽，岂能容之？吾伊阙南鸣皋镇，小庄一址，粮地十顷，谨奉构堂，以为著书讲道之所，不惟启后学之圣迹，亦当代斯文之美事。无为赐价，惟简是凭。①

　　信中说，你为国育才，学生又那么多，选的那个地方那么小，伊阙南鸣皋环境优美，我给你良田十顷（一千亩），作为办学之所。

　　鸣皋南望九皋山，东临伊水，因《诗经》"鹤鸣于九皋，声闻于天"而得名。能在此建堂办学，做梦都想不到，程颐感动得落泪了。

　　文彦博特事特办，为程颐修建了"伊皋书院"。此后，程颐在这里传道授业近二十年，四方学子纷至沓来，"讲易学、授理学，求教者日夕盈门"，"学者出其门最多，渊源所渐，皆为名士"。广为人知的"程门立雪"的故事即发生在此处。

　　程颐父亲程珦去世后，文彦博上书《奏程珦葬事》，称"珦素履清介，守分安贫。

▲ 程颐上文潞公书碑

身没之后，家事索然，只有一子程颐素蕴学行。今其父之亡，窘于襄事，伏望圣慈特赐矜悯，优与赙恤"。文彦博为其亲题墓志"明道先生"，希望后人继承发扬儒家文化。

　　文彦博在洛阳的威望越来越高，就连朝廷大臣的后代，遇到难事也会找上门求助。

　　元丰五年的一天，大臣宋敏求的儿子宋庆曾带着《河南志》找到文彦博，

---

①（宋）文彦博：《复简》，程鹰等《二程故里志》，河南大学出版社1992年版，第16页。

请求将此书帮忙刻印。

宋敏求是燕国公宋绶之子，曾担任史馆修撰、集贤院学士、龙图阁直学士、翰林学士、知制诰，学识渊博，家藏书富，编著有《唐大诏令集》《长安志》《东京志》等。

他编著的《河南志》二十卷，体例完备，史料翔实，司马光评价说，这部方志堪称一部博物志。

宋庆曾告诉文彦博，四年前父亲在弥留之际对他说："我已经等不到书籍出版那一天了，你日后可以去找潞国公大人，他会帮忙的。"

文彦博对宋敏求印象很深，知道他是"熙宁三舍人"事件之一，是一个正直敢言之士，自然乐成其事。他让同在洛阳的司马光也助一臂之力，为其作序。有了文彦博和司马光的鼎力相助，《河南志》顺利刊行。这本《河南志》到明末清初，已经散佚，学者徐松又将其重新辑录。后被称为《元河南志》。

当时，社会上流传这样一句话：富弼最有气节，韩琦最有胆识，文彦博最有威望。《文彦博传》："文彦博立朝端重，顾盼有威，远人来朝，仰望风采，其德望固足以折冲御侮于千里之表矣。"

文彦博事君以忠，养民以仁，为皇帝、皇太后、大臣们所爱戴，为老百姓所敬仰，政声和威望也赢得夷族人的仰慕。

有一次，契丹派遣使者耶律永昌、刘霄来访。苏轼奉诏接待使者，带领使者觐见皇帝。

看到站在殿门外的文彦博，苏轼介绍说："这位就是你们想见的文潞公！"使者问苏轼文彦博的年龄，苏轼据实告之，使者赞叹道："多么健壮啊！"苏轼又说：今天你们只看见文潞公的外貌，没有听到他说话。他综理各种事物，即便是精明能干的年轻人也比不上；他融会贯通古今知识，即便是有专长而自成一家的人也有不及之处。使者连连拱手以示敬意，并佩服地说：天下异人也！

西羌是中国古代西部一个古老的民族，他们以畜牧业为主，北宋时与中原经常发生政治和经济联系。

　　宋元祐六年（1091）七月，文彦博接到哲宗一份特殊的诏书，叫"赐马诏书"。诏书说，西羌首领温溪心欲将一匹骅骝马送给文彦博，请求边境官员奏请哲宗。哲宗很高兴，也希望两国友好往来，下诏同意文彦博将马领取。

　　西羌所赠的骅骝马为一匹黑鬃黑尾的红马，极其珍贵。为何要赠名马给文彦博，诏书说得很明白，"唯我宗臣，名震夷落"。

　　文彦博上书：

　　臣今蒙圣恩以马赐臣，实恐有异故常，特启新例。臣决不可受。伏望圣慈特赐寝罢已行之命。谨具奏闻。[1]

　　文彦博历经四朝，师表万民，名闻四夷，西羌赠马，表达了夷族人对他的推崇。文彦博却认为，名马作为国礼，应该赠给朝廷，作为臣子，不能违背祖制。

　　在文彦博眼中，这些都是平凡小事，然而事情虽小，影响却很大。时任国史院修撰范祖禹道出了其中蕴含的哲理："是以外至四夷，敬仰公名，或瞻望而叹息，或闻风而献马，此岂可以声音笑貌使之然哉。盖其阴德之所被者广，仁声之所及者远。"[2]

　　①（宋）文彦博：《奏状》，文彦博《文潞公集》卷三十七《辞免》，山西人民出版社 2008 年版，第 357 页。
　　②（宋）范祖禹：《太师堂记》，《全宋文·范祖禹文》，第九十八册，第 287—288 页。

第二十九章 信念与风采

司马光逝世后，辅政使命落到文彦博一个人身上。老骥伏枥，志在千里。这位八十一岁的老人，一如既往充满活力，殚精竭虑地主持朝廷政务。

朝廷给予他特殊礼遇与恩宠，六天一入朝，同太后皇帝商量国事；每个月给皇帝讲两次课。

当时，朝廷人才青黄不接，新选官员大多没有基层工作经验，脱离实际，只会"倾耳而听，企踵而望，争求冒进"。文彦博认为，如此整个官员体系无法发挥职能，社会会陷入一种恶性循环。他提议选人标准应为"正权衡、明赏罚、抑贪冒、进贤能"，希望制定严格选任制度。为了引起重视，文彦博特地整理他曾给神宗上书的有关选拔人才的奏章。

文彦博注重起用中和官员，举荐富绍庭（富弼之子）、王钦臣、孔文仲、张守约、包绶（包拯之子）、唐义问（唐介之子）。此外，还有平民出身的优秀人才杨文举、田瑜、李九言、盖平等。这些人后来都成为国家栋梁。

文彦博重视提高官员执政能力，建议按照前朝先例，给官员发放《儒行·中庸篇》《文武臣七条》，作为行为准则。

四朝柱石文彦博

天下治乱系宰相，君德成就责经筵。

哲宗由学识渊博的大臣当帝师，轮流讲解经史及为政之道。

讲课为两个学期，春季自二月到五月，冬季从中秋到冬至。

文彦博给小皇帝讲课，依然像对仁宗、英宗、神宗那样忠实行事。

文彦博明白，现在是高太后掌权，但迟早要还政于小皇帝，国家未来寄托在小皇帝身上。他希望小皇帝将来大有作为，励精图治，让天下老百姓过上好日子。

辅之以道，导之以德。他对年幼的皇帝彬彬有礼，每次讲课，总是恭顺地站立一旁侍奉，耐心讲解。小皇帝过意不去，多次请他坐着讲，他都叩头予以谢意。

朝廷规矩就是这样，再小也是皇帝。王安石坐着给神宗讲课，破坏规矩，遭到大臣们弹劾。万历小皇帝十岁登基，宰相张居正是他的老师。有一次，万历读《论语》，将"色勃如也"读成"色背如也"，张居正厉声喝道："这个字读勃！"吓得小皇帝直打哆嗦。

文彦博授课，面对的是一个小学一二年级的孩子，照本宣科，一味解释经义的方法，效果微乎其微。他亲自编写教材，以讲故事的形式阐发经义劝勉哲宗，引导他关心百姓疾苦，善于辨别邪恶正直，明白政事得失，希望他成为儒家治天下的一代明君。

哲宗喜欢听文彦博讲故事。文彦博用生活中的小事启发诱导他，看到点滴进步，就及时表扬鼓励。

盛夏的一天，酷热难耐，哲宗没有像以往让小太监为自己扇风，而是从一大堆各式各样的扇子中挑选了一把普通的纸扇自己扇起来。事情微不足道，但对"九五之尊"的皇帝来说，却是了不起的进步。文彦博立即上前道贺。

高太后赞叹："老成大臣用心终是与人不同。"

文彦博特意从汉唐历史中节录出十一则名人故事，编写后进呈给哲宗，供哲宗观览。以史为鉴，劝勉哲宗要勤俭、崇德、善用官吏、善于纳谏、任贤戒欲等。

文彦博创作的这本少儿读物，喜闻乐见，为什么要这么做，为什么不能那样做，明明白白，清清楚楚。小皇帝就这样一天天茁壮成长。

此时朝廷并不平静，不同的政治势力拉帮结派，一场内斗正在激烈地进行。

以程颐为首的祖籍在洛阳，号为洛党。

以苏轼为首的祖籍在四川，号为蜀党。

以刘挚、刘安世为首的祖籍在河北，属古代河朔地区，号为朔党。

洛党、朔党联合起来猛烈攻击蜀党。他们如同鸡蛋里挑骨头一般，挑苏轼奏章里的"毛病"，弹劾他在奏章里"诽谤先朝"，并将文彦博、范纯仁也列为蜀党。

高太后历经英宗、神宗两朝，政治经验丰富。她怒斥道："彦博不舍昼夜，躬亲庶务，心系天下，岂是什么蜀党？从前范仲淹、韩琦、富弼同执政柄，被诬为朋党，导致三人外调。你们无中生有，可恶至极！"

高太后把他们痛骂了一通，严词警告，再敢诬陷文彦博、苏轼，就撵出朝廷，永不录用。

在高太后威慑下，诬陷文彦博的人，乖乖闭嘴了。

昔日盟友相继故去，文彦博也常常感到孤独和力不从心。宋元祐二年（1087）到元祐五年（1090）间，文彦博陆续上书，请求告老引退。

报告呈上，御批："今正使卿当其国政，推诚委用，君臣同体，所求难从所便。更不消再上封章乞退，所请宜不允。"

御批中更有严厉措辞："卿自为谋则善也，独不为朝廷惜乎？"

高太后确实不同意，朝廷那么多事情，我应付不了。

引退不成，文彦博要求降低自己的官禄，免去次子贻庆理转运判官和五子居中宗正寺簿职务，高太后也不同意。

文彦博执政几十年，不停地忙活，不停地工作，付出了许多心血，也获得许多成就。在他心目中只有一个目标，就是一心为国，自己的付出是应尽的责任，而索取坚决不能要。

文彦博上书："于臣私计，实为不便，决不敢当。"

　　文彦博之所以名留青史，是因为他从来不谋私利，公私分明，光明磊落，始终坚守君子风范。

　　高太后和皇帝都不同意文彦博致仕，朝中大臣也都希望他继续留任。大家一致认为，文彦博在朝是极为重要的，需要他做的事情还有很多很多，以他的功勋，对外足以威慑西夏，使之不敢轻举妄动；对内可以镇服四方，稳定朝局。这样的人，朝廷再也找不出第二个。

　　朝廷回复文彦博的诏书是苏轼起草的，诏书写道：

　　卿出入四世，师表万民，无羡于功名，而有厌于富贵。其所以忘身徇国，舍逸而就劳者，岂有求而然哉？凡以先帝之恩，生民之故也。卿之在朝，如玉在山，如珠在渊，光景不陈，而草木自遂。去就之际，损益非轻。昔西伯善养老而太公自至，鲁穆公无人子思之侧而长者去之。卿自为谋则善矣，独不为朝廷惜乎？①

　　文彦博请求致仕没有批准，朝廷又照顾他将六日一入朝，调整为十日一赴朝，特别免除了一切礼节，准许其孙搀扶入朝。

　　直到四年后的元祐五年（1090），朝廷见这位老人日夜操劳，益显老态龙钟，实在不忍让他继续操劳，才批准了致仕请求。

　　即便如此，朝中一些大臣仍然上书，请求挽留文彦博继续留任。

　　给事中兼侍读的范祖禹，品行高洁，他再次请求挽留文彦博，他在奏书中说：

　　彦博年八十五，归休私第，可谓美矣，若为朝廷计，则不可使轻去朝廷。京师及四方军民，久服彦博之名。彦博虽老，卧置京师，足以为重。今尤

---

　　①（宋）苏轼：《赐太师文彦博乞致仕不许批答口宣（元祐二年三月二十九日）》，《苏轼文集》卷四一，转引自侯小宝《文彦博评传》，四川大学出版社 2010 年版，第 132 页。

宜得老成之人，以服天下之心。①

文彦博对大臣们想让自己留任的心情十分理解，但已力不从心。他在诗中表达了自己复杂的心情：

睢阳五老图

辅政何时退省闲，清平告老谢冠簪。

两朝耆宿真英武，一代谋谟实在桓。

太史尚瞻星有烈，小民犹念德无寒。

谁知我辈登枢要，严貌冰威祇肃看。②

此时，他向往过一种宁静自在的晚年生活。

文彦博五年来呕心沥血治国理政，高太后视他为真挚友人，哲宗怀有敬慕之心，他们打心眼里舍不得文彦博离开。

宋元祐五年（1090）正月，哲宗在玉津园设宴为文彦博饯行。

玉津园是皇家园林，幽静深邃、林木繁茂，景色优美。

哲宗亲临，旗幡招展，百官相随。文彦博身着艳丽服装，坐在主桌上，诸位大臣纷纷上前敬酒，场面十分壮观。

四月，哲宗在琼林苑再次为文彦博赐宴饯行，三省、枢密院官员前往送行。早春时节，春风融融，田野上片片新绿，大地清丽如画，处处焕发着勃勃生机。

范纯仁《迎文潞公再谢重事归洛》：

河阳洛下春游盛，两处风光属一家。

---

① （宋）范祖禹：《乞留文彦博札子》，《全宋文·范祖禹文》，第九十八册，第105页。

② （宋）文彦博：《睢阳五老图》，《两宋名贤小集》卷七，转引自侯小宝《文彦博诗校注》，三晋出版社2014年版，第428页。

> 不独都人瞻几杖，笑迎唯有满城花。①

苏颂《开府潞公太师得谢西归，谨赋七言四韵诗五首拜送》：

> 君臣一德千龄际，柱石三朝四纪中。
> 天下重轻常系望，膝前谋议不言功。
> 位高少有名兼美，体健方知福更隆。
> 谩道汾阳贵且寿，若论勋考亦惭公。②

宴席间，大臣们依依惜别，再次敬酒致敬。

文彦博将自己的一生无私地奉献给他所热爱的国家和人民，这样的荣誉，当之无愧！

文彦博终于可以安享晚年了。然而，回到洛阳看到灾后百姓的苦难生活，他心中又不免燃起阵阵激情……

---

① （宋）范纯仁：《迎文潞公再谢重事归洛》，《范忠宣集》卷五，转引自侯小宝《文彦博评传》，四川大学出版社2010年版，第134页。

② （宋）苏颂：《开府潞公太师得谢西归，谨赋七言四韵诗五首拜送》（其四），《苏魏公集》卷一一，转引自侯小宝《文彦博评传》，四川大学出版社2010年版，第134页。

第三十章　悟道

　　宋元祐五年（1090）四月二十九日，耄耋老人文彦博致仕回到西京洛阳。

　　操劳一生，颐养天年，享受天伦之乐。文彦博此时的心情，应该是欣慰的。

　　春天是希望的季节，它带给人们的是芬芳艳丽的花朵，是蓬勃新绿的草木，更是对一年丰衣足食的美好憧憬。

　　文彦博满怀激情寄托美好愿望，希望老天洒播甘甜的雨水，滋润万物，让老百姓有一个好年景。

　　然而洛阳在这个希望之春，却被干旱无情笼罩。

　　田间地头，刚刚破土而出的嫩芽早已枯死；枝头树梢，青翠欲滴的嫩叶收拢了身躯，过早凋零……

　　河床干涸，井水干枯，龟裂的大地仿佛历经风霜老人脸上的皱纹，那么清晰而深刻，那么无奈而哀伤。

　　文彦博看到，成群难民正在逃荒，老弱病残拄着拐杖沿街乞讨……

　　文彦博紧皱双眉，这样的惨状，皇帝了解吗？朝廷大臣又知道多少？

文彦博一夜无眠，连续写下了《奏勤恤民隐事》《奏久旱乞不追扰事》等多份奏折，请求朝廷勤恤民隐，以救旱荒。奏章写道：

臣于四月二十九日至西京，见本京进奏官申状，录报皇帝太皇太后诏书以历时灾旱，宿麦几尽，秋稼未立，上轸圣念引咎归己，特减常膳。有以见圣心焦劳，得尧汤罪己应天之义。然臣尚在都下，每见东西使命询其雨泽、稼穑，次第多云，近已得雨，苗稼滋茂。臣既出京到洛，见缘路民田宿麦、秋稼悉如圣诏所及，深虑向去小民艰食，即聚为寇盗，伏望严敕监司觉察守令勤恤民隐，勿致烦扰，及督责巡检县尉，屏除贼盗，令境内清肃，人户安居，救荒之政，各在疚心诸事预防，庶无后患。①

文彦博是出了名的严于律己、公私分明的人，皇帝大臣都称他"廉吏之人""贤臣表率"。致仕后，朝廷念及他一生尽忠报国，年老体弱，破例仍按宰相级别再加一份公使钱。文彦博知道后，深感不安，一连三次上书谢辞："臣以受之无名，又无前例，即所赐自臣为始，更启后人之例，殊不自安，不可冒受。"

所谓公使钱，就是公务招待费。如今，自己赋闲居家，怎能再继续享受这种待遇呢？这不是带头破坏朝廷规矩吗？

文彦博一生，举荐无数优秀人才，扶持他们走上重要岗位，为国效力。可是轮到自己儿子正常升职，他坚决拒绝了。

史料记载，次子贻庆被提拔为兵部郎中、集贤殿修撰。文彦博闻讯，接连十一次上书："臣去岁获解重任，今者臣男及叙迁撰职，决不敢祗受。"

文彦博致仕居洛阳，朝廷将他的子孙五人予以提拔，安置在河南府，以便就近照顾他。他上书请求只留第七子，其余仍保留原职。

---

① （宋）文彦博：《奏折》，黄淮、杨士奇等《历代名臣奏议》卷二四五，转引自侯小宝《文彦博评传》，四川大学出版社 2010 年版，第 134—135 页。

自古以来，小人得志后，无非就是贪财、贪权、贪色，贪得无厌。文彦博却始终保持着功不言禄、不图私利的廉高之风。

文彦博对家人几近苛刻，对故去的老臣却百般呵护。

富弼身患重病，没有来得及缴纳马费就去世了，负责此事的官员催理此事。文彦博知道后，立即上书建议免去这笔费用。

文彦博如此真诚对待故友，富弼定会在九泉之下感到欣慰。

宋元祐七年（1092）二月，文彦博来到阔别十九年的河阳（今河南省孟州市西），故地重游。

老百姓听说当年的父母官回来了，扶老携幼，欢呼雀跃。

史籍记载："父老睹公仪形，拥道欢呼，如见父母。"

春天的河阳微风柔和，空气清新，万紫千红的花儿在春雨的沐浴下，怒放在大地上，红似火，白如云，黄胜金，绿犹玉。文彦博独坐园中，诗情顿发，给留守相公尧夫写下一首诗：

> 河阳满县花称好，仰望山川难比肩。
> 留钥惠诗锵玉振，采毫洒墨灿星联。
> 樽前毕集邹枚客，舟上同登李郭仙。
> 伊叟依刘心更切，柴车促驾即言还。①

当时，他的六子文及甫主政河阳，为迎接父亲的到来，他把父亲当年的住处修葺一番，命名为"太师堂"。

苏轼参观居所后，题写匾额"德威"，作《德威堂铭》，文中写道："……退居于家，而人望之如在廊庙，可不谓德威乎？……"

范仲淹次子范纯仁，极为尊敬父亲的这位好友，文彦博重游河阳，范纯仁亲自陪同，赋诗：

---

① （宋）文彦博：《谢留守相公尧夫惠书及诗，意爱勤重》，《文潞公集》卷七《律诗》，山西人民出版社 2008 年版，第 90 页。

安车乘兴赏春妍，荣盛欢康世莫肩。

旧舍讼棠重蔽芾，昔游昼锦复蝉联。

子孙拥节迎家府，稚艾争途看寿仙。

堪叹三川疲病守，陪公不及望公还。[①]

文彦博兴致勃勃，遍访河阳名山大川、名胜古迹，回想当年自己在河阳的点点滴滴，一股热流油然而起，赋诗：

一

自别三城十九年，重来旧迹总依然。

鲤庭兼是鱼符守，戏彩承颜慰目前。

二

河桥洛宅近相望，三月花时日又长。

暂整安居来子舍，为吾特启太师堂。[②]

在中国历史上，可以发现凡真正建功立业、学养深厚的大人物，其内心深处都有一个静谧的心灵港湾，能隐能出，能动能静，收放自如。

文彦博晚年，向往过一种平静而丰富的生活。他经常去寺院参禅礼佛，结交高僧大德，和他们成为知心朋友。他与宗教的故事，在他的诗歌里有体现，同代人的笔记里也有记载。

北宋是一个佛道兴盛的时代。儒家主张自强不息，道家强调自然规律，佛家宣扬慈悲为怀。佛道文化和儒学也一起融入文彦博的生活当中。

在那个文化繁荣而政治疯狂的时代，文人士大夫只能是以进为儒，以

---

① （宋）范纯仁：《送潞公游河阳河清》，《范忠宣集》卷五，转引自侯小宝《文彦博评传》，四川大学出版社 2010 年版，第 137 页。

② （宋）文彦博：《题河阳太师堂二首》，文彦博《文潞公集》卷七《律诗》，山西人民出版社 2008 年版，第 91 页。

守为道，以退为佛，结交佛道朋友，是司空见惯的事。

先讲讲苏轼和僧人朋友佛印的故事。

佛印以风流潇洒、富有机智出名。他和苏轼为后人留下了很多故事，其中最著名的要数这两个。

第一个故事：问佛。

有一天，苏轼跟佛印参禅礼佛，苏轼突然问道："在大师的慧眼中，吾乃何物？"

佛印道："在贫僧眼中，施主乃我佛如来金身。"

苏轼见佛印身材臃肿，便调侃道："在我眼中，大师乃是一坨牛粪。"

佛印大师一点也不生气，平静地说道："佛由心生，心中有佛，所见万物皆是佛；心中有牛粪，所见皆化为牛粪。"

第二个故事：求人不如求己。

一天，两人去游一座寺院，走进前殿，看见两个面貌狰狞的巨大金刚像——这是两尊护法神，在门口把守大门。

苏轼问："这两尊佛，哪一个重要？"

佛印回答："当然是拳头大的那个。"

到了内殿，他俩看见观音像，手持一串念珠。

苏轼问："观音自己是佛，还数手里那些念珠何用？"

佛印回答："噢，她也是像普通人一样祷告佛呀。"

苏轼又问："这是何故？她是观音菩萨，为什么向自己祷告？"

佛印说："你知道，求人难，求人不如求己呀！"

文彦博早年和华严洞僧人有一些交往。他是受到华严洞老影响才信仰佛教的。

文彦博初入朝时，华严洞老特来与他告别。

文彦博不解地问道："法师已老，将往何处？"

法师说："入灭去。"

文彦博初以为戏言，也未在意。待法师走后，便派人前去探望，法师果然已圆寂。

文彦博对法师能预知自己的死期感到很吃惊。焚尸时，他又亲往临视，结果看到烧出许多舍利，感觉到佛法其实不虚。他用琉璃瓶盛了法师的舍利，捧回供奉，从此皈信佛法。

还有一次，他去龙安寺参拜圣像。只见圣像已坏，掉落在地上。他只好退出。

一旁高僧很奇怪，问，官家为何不作礼？

文彦博说，像已坏，为何要作礼？

高僧说，这就好像官路上有人掘土为像，智者知路土，凡人谓像生。后来官御行，还将像填路。像本不生灭，路也无新故。

文彦博有所感悟，从此以居士身份晨香夜坐，念阿弥陀佛，发愿"愿我常精进，勤修一切善。愿我了心宗，广度诸含识"。据说，他后来曾与净严法师召集十万人一起念经。

如如居士为他赠偈语：知君胆气大如天，愿结西方十万缘。不为一身求活计，大家齐上渡头船。[1]

这个故事如同民间传说一样，不能完全确有其事，也不能完全证实确无其事。

在那个时代，佛禅基本上属于一般知识信仰，士大夫圈子里几乎是"不学禅，无以言"。范仲淹、富弼、欧阳修、司马光、苏轼、黄庭坚、王安石等都喜好谈禅。

文彦博文集中有很多与佛门禅师往来的诗篇："以幻能除幻，居尘不染尘。略于歌舞地，聊现宰官身。有法犹为滞，无心乃是真。还将所得趣，试问悟空人。"[2]这首诗可以说是他人生失意时以佛性自遣的写照。

---

① （宋）陈扬炯：《中国净土宗通史》，引自《居士分灯录》卷下，江苏古籍出版社 2000 年版，第 458 页。

② （宋）文彦博：《昨夜饮散未眠，偶成拙颂，录呈武功寺丞，若犹未弃，无惜开示》，《潞公文集》卷六，文渊阁《四库全书》，台湾商务印书馆 1986 年影印本，第 624 页。

文彦博送洛阳乾元寺住持诗："清伊兹南来，长波极渺茫。所谓筏喻者，利己如桥梁。"①借佛典禅意，表达人生应该像河岸的桥梁，为行人提供便利，广施恩泽于天下众生。这也是他对社会、人生的一种感悟。

宋代也是道教繁荣的时期。在云谲波诡的政治环境中，一些士大夫遭遇各种挫折，转而追求清净无为慰藉心灵。

文彦博在河南登封紫云洞、会稽山山麓洞观结交了多名道士朋友。登临彼处，红尘名利、烦心俗事一下子在烟霞世界里烟消云散。文彦博有感而发，创作了一些带有道教色彩的诗歌。

月泉

繁花低荫泉声潺，绿竹瑶池映碧澜。

苍木翠松遮宿鹤，一轮秋月落林间。②

诗中的泉、竹、松、鹤意象无不体现出适意自然的道家情怀。

文彦博一生按照最高标准践行自己的政治理想，然而，在特殊的政治背景下，他无奈于现实，只好怀着矛盾的心情，期待时局变化。谈禅礼佛，成为精神寄托和心灵归宿。

文彦博晚年儒佛道思想共存，主导思想仍是儒家思想。他和高僧大德以诗唱和，仅是用来消弭失落的心绪，其深藏在内心深处旷世报国的理想却并没有就此而泯灭。

此时，已经羽毛丰满的哲宗，因一直不满意高太后垂帘听政，再次起用了章惇、曾布、蔡京之流奸党执政，又一场暴风骤雨降临了，文彦博再次受到残酷的打压。

---

①（宋）文彦博：《送乾元寺住持实大师》，文彦博《文潞公集》卷三《古律诗》，转引自侯小宝《文彦博评传》，四川大学出版社2010年版，第179页。

②（宋）文彦博：《月泉》，清乾隆版《济源县志》，转引自申利《文彦博年谱》，四川出版集团巴蜀书社2011年版，第199页。

第三十一章　名冠党籍

　　文彦博二次致仕，应该享受平静舒适的生活。面对朝廷仍然复杂的局势，他一如既往关注，始终坚信信念，热切期待一个光明的时代到来，因为高太后是最高执政者。

　　然而，等来的却是高太后病逝的消息。

　　高太后与哲宗共同理政八年。这八年，大宋王朝姓"高"。哲宗每天上朝，坐在龙椅上摆摆样子就行，一切由高太后安排。

　　按说，这一切很美好，哲宗应该感到满足和舒适。其实不然，在他坐在皇位上的每一个白天，睡在龙床的每一个夜晚，有一件事情总是缠绕在心头。

　　在一切都美好的掩盖之下，一颗仇恨的种子在发芽成长，八年的祖孙感情将要画上句号，真正的原因只有一个——权力。

　　在权力面前，从来没有亲情。

　　我已经十八岁了，我是大宋王朝至尊无上的皇帝。这个位置只属于我一个人，凭什么国家大事都由你们摆布？赵家的天下还得我赵某说了算。

高后精明一世，病重时，她已经感到朝廷有股暗流涌动。她知道哲宗虽然年龄小，各种蛛丝马迹却显示出他在隐忍。她预料到，哲宗亲政后，肯定会改变朝政格局。

去世前一月，她就暗示执政大臣："老身殁后，官家年少，容易受迷，望各位用心保护。"说完不由泪下。喘息一阵后，又道："日后官家必不会信各位所言，各位宜早做退出准备。"

宋元祐八年（1093）九月，高太后病逝。宋史评价其："临政九年，朝廷清明，华夏绥定。……自是内降遂绝，力行故事，抑绝外家私恩。文思院奉上之物，无问巨细，终身不取其一。人以为女中尧舜。"

文彦博闻此噩耗，多日悲伤，作挽词悼念：

> 九年四海被清晖，瑞彩重轮照殿帏。
>
> 间日视朝觐旰食，未明思政事宵衣。
>
> 存心庶务劳千虑，决意真游厌万机。
>
> 下士颙颙望霄汉，仙舆直指厚陵归。[①]

憋屈了八年的哲宗，终于等来了时机。高太后活着，他无能为力，现在人死了，该是改弦易辙的时候了。

新的一天开始了，哲宗坐在皇帝的宝座上，俯视着这个帝国的一切，之前和祖母那些不愉快似乎还历历在目，但一切都过去了。对于他而言，今天的阳光是明媚的，他得到了属于自己的一切，他要开始亲理政事了。

司马光、文彦博废除了青苗法、免役法、市易法、食盐法，可眼前财政仍然赤字。

刚刚还沉浸在兴奋状态的他，屁股还未坐热，就遇到这个难题。

哲宗多次召见文彦博，询问他如何让国家富强的问题。文彦博总是回

---

① （宋）文彦博：《宣仁圣烈皇太后挽词》，文彦博《文潞公集》卷八《挽词》，山西人民出版社 2008 年版，第 101-102 页。

答，要有仁爱之心，要防止小人专权，要起用青年新秀。

在哲宗眼中，道德治国没错，可理想和现实毕竟距离太远了，远水解不了近渴。国家都穷成这样了，这样下去，老百姓不造反才怪。燃眉之急是一个字：钱！

不当家不知柴米贵。司马光、文彦博儒家的那一套道德伦理说教，哲宗很不满意。这时他想起了父皇神宗的变法，想起了治国有术的王安石。

他要一展拳脚施展自己的政治抱负，要彻底摆脱太后的影响，要改变日益颓废的国家命运，要建立一套全新的执政班子，以一个崭新的面貌和形象，开创一个属于自己的新时代。

他要让大宋帝国在他的手中兴盛起来，去实现自己的梦想，一个富国富民的梦想。在这个崭新的时代里，是不需要那些老臣的，不管这个老臣是谁，统统都不需要。

哲宗亲政干的第一件事，就是重用王安石的门徒章惇、曾布等新党成员，组建新的核心领导班子，继续实行变法。

第二件事，就是改年号为"绍圣"，表示要继承父皇神宗之志，全面恢复新法。

一直处于劣势的支持变法派陆续登台，这时他们已经变成一个保护名利、嗜杀成性的官僚集团。他们恢复变法派制定的一切规章制度，排挤打击元祐党大臣，实施"元祐党禁"。不管是谁，只要不跟新党成员一条心，统统一网打尽，罢官、贬官、追夺已经去世大臣的赠谥，一场愈演愈烈的政治斗争铺天盖地而来。

变法派给文彦博的罪名是：背负国恩，不思报效，诋毁政事，怨疾先朝。

哲宗错了？想法没错，做法大错特错！他的致命错误，在于这些人根本没有什么治国妙招，有的只是狼子野心和疯狂报复。

新党举动有多疯狂，让我们看看他们干的几件事情：

第一件，仅仅一年时间，总共抄了800多个旧党官员的家。

第二件，刨坟挖墓。

刨死去旧党官员的墓，砸烂棺木，砸烂墓碑，鞭笞尸体，夷祠堂为废墟，甚至死了还被"流放"，诗词文章被列为禁书。

第三件，废除封号。

废除所有旧党的封号，追回死后的谥号。这还不解恨，连高太后的"宣仁圣烈"谥号也要废黜。

从司马光死后的遭遇可见一斑。

1. 剥夺谥号和所赠碑匾额。

2. 神道碑被砸得粉碎。

3. 碑亭、祠堂等建筑被夷为平地。

4. 开棺暴尸（幸亏哲宗未准）。

5. 《资治通鉴》被列为禁书，若不是有神宗的御制序做保护伞，连版本都会被毁掉。

6. 贬为清远（今广东省清远市）军节度副使。

章惇一伙得意地笑了，他们要让天下人知道，不管是谁，反对新法，绝对让你死无葬身之地。

就在这时，又一个重要人物出场了。

他曾于元祐四年（1089）去过文彦博的家乡介休，拜谒介之推和郭泰，游览绵山风光，留下《题介子祠》《游绵山》两首诗，赞美介子推的美德和绵山秀丽景色。

他叫张商英，时任左司谏，此时他居然干了一件火上浇油的事。

他对哲宗说："愿陛下无忘元祐时，章惇无忘汝州时。"

这句话无疑是一颗重磅炸弹，提醒老臣文彦博还在，应该——斩草除根。

一语惊醒梦中人。文彦博是所有旧臣中资格最老、威望最高的人，不除掉这个老顽固，天下绝不会安宁。

张商英凭着这句话，最终官至尚书右仆射。

此时的文彦博已是九旬老人，但仍是他们的眼中钉肉中刺。

更为恶毒的是，他们准备将文彦博和司马光一样，贬逐到千里之外的岭南，置于死地，以绝后患。

大厦将倾，如今元老重臣只留下文彦博一根大柱。这根柱子依然坚实挺立，虽然已经出现裂纹，但还是岿然不动，苦苦支撑。他每日关注着朝廷发生的事情，感受着疯狂时代的喧嚣，思考着国家、人民的前途命运。他明白自己将走到生命的尽头，可他觉得无愧生命，无愧青史。

流放不成，那就贬官。文彦博被降为太子少保。这还不解恨，他的曾孙义常缘任五台主簿，主簿也就是政府部门的一个小吏，也不放过，免职回家！

此时的大宋朝廷，无论洛党、蜀党、朔党，一个不留，只剩得一班魑魅魍魉了。

宋绍圣四年（1097）五月十六日，这一天，虽经御医全力抢救，文彦博也没有敌过生老病死的自然法则，在西京洛阳，文彦博在家人和朋友的祝福声中，安然病逝，享年九十二岁。

至此，一代圣贤，终于陨落……他平静安详、光明磊落地离开了这个世界。

文彦博去世后，葬在洛阳南六十里府店，即今天洛阳市伊川县城关镇罗村西。

虽然黑色恐怖笼罩大地，正义的大臣和善良的百姓，仍然从四面八方赶来凭吊，他们站在文彦博的遗像前，鞠躬行礼，敬献供品，挥泪送别。

鞠躬尽瘁，死而后已。文彦博的伟大形象，像一座丰碑，永远铭记在人们心中。

宋元符三年（1100）正月，二十五岁的哲宗离开了这片专属于他的土地。为打造一个强盛的国家，他错误地再

▲ 伊川文彦博墓

度实施新法，使这个国家陷入一片混乱，这就是最终的结局。

哲宗之死，标志着一个新的时代即将开始。

哲宗的异母弟端王赵佶登上皇帝宝座，成为北宋第七位皇帝。徽宗继位后，神宗正室皇后向氏"权同处分军国事"。

向氏出身名门，是真宗时期著名宰相向敏中的曾孙女。她地位尊贵，处事果断，威望崇高。

向氏认为，文彦博四朝元老，德高望重，功劳卓著，那些都是莫须有的罪名。她执政后，平反冤假错案，追复以文彦博为首的三十三名元祐党人的官职。

文彦博恢复太师开府仪同三司、潞国公等职。

徽宗对向太后非常感恩，因为是向太后力排众议让他当上皇帝的。

徽宗对向太后极其敬重孝顺，也表现出一副知书达理、励精图治的姿态。确实，徽宗刚登基时，也算是一位明君，他生活节俭，明辨是非，善于纳谏。为了表明自己的治国志向，徽宗将年号定为"崇宁"，熙宁是神宗变法时的年号，隐示尊崇熙宁之志，重新变法。

赵佶继承皇位并不顺利，反对最为激烈的是宰相章惇。他随口说了一句大实话："端王轻佻，不可君天下！"说过也就忘了，可这句话却深深地烙在徽宗心上，嚣张的气焰最终把章惇送上一条不归路。

向太后死后，徽宗下令，章惇劳苦功高，另有任用——即日出发，去修皇陵。

这个新的职务是山陵使，负责修筑皇陵、安放先帝灵柩工作的总指挥。

这事很蹊跷，修皇陵应该是工部尚书的事，章惇作为首席宰相，怎么说都不用他亲自去修皇陵。这项工作再重要，毕竟宰相要干的工作太多，也就是挂个名。这回不同，你专管修皇陵，别的不用操心。

徽宗召见章惇，先是夸奖了一番，章惇听得心潮起伏。忽然，徽宗话锋一转，很郑重地说："修先帝陵事关重大，别人干，朕不放心，只有爱卿最合适。"

皇帝把话说到这份上了，章惇无奈，只能苦笑了。

四朝柱石文彦博

章惇护送灵柩去陵园，恰逢天降大雨，道路泥泞不堪，装皇帝棺椁的车陷入一个大泥潭，弄了一整天也没弄出来。

天黑了，雨还在下，士兵们折腾得又累又饿，章惇只好让大家休息，明天再搬。

这事传到皇宫，立刻有官员弹劾章惇，让先帝在荒郊野外的雨水中过夜，大逆不道。

徽宗愤怒了，你反对我当皇帝，还把先帝撂在荒郊野地里。是可忍，孰不可忍！抓住这个把柄将他发配到岳州。没过多久，章惇接到第二道圣旨，要他继续南下，目的地是蛮荒之地广东雷州。

骄横一时、不可一世的章惇最后死在那里。

徽宗起用了"以书画达于禁中"的宠臣蔡京为右丞相。正是这个奸臣，将大宋推入万劫不复的深渊。

蔡京有一个绝活，那就是字写得好。一向目中无人的大书法家米芾，也亲口认为自己的字不如蔡京。

蔡京字写得好，不等于做人做得好。他是个"天资凶谲，舞智御人"的权奸小人，对皇帝阿谀奉承，溜须拍马，极尽能事。

生活上，他忽悠皇帝腐败奢侈，尽情享受。政治上，他驱除异己，凡是顺从他的，全部升迁；凡是忤逆他的，统统罢黜。翻手为云，覆手为雨，公开结党营私，不可一世。

林语堂曾指出："倘若中国历史上要找一个时期以其极端的残暴混乱著称，则非蔡京当政时期莫属。"

在蔡京的怂恿下，文彦博又被降为太子太保。

蔡京载入史册的一件事，就是宋朝历史上大名鼎鼎的"元祐党人碑"事件。为了彻底消灭所有政敌，蔡京以阻碍变法为由，罗列了一份"元祐奸党"名单，上报徽宗。

在徽宗的支持下，蔡京在端礼门立碑，刻文彦博、司马光、苏轼等一百二十人名于其上，诬为奸党。后人称其为"党人碑"。文彦博被列为文臣第一名。

　　两年之后，蔡京觉得还不过瘾，重新罗列元祐党籍，共三百零九人，又立碑刻石于朝堂，后人称其为"党籍碑"。文彦博被列为文臣第二。

　　为了扩大影响，蔡京亲自书写"党籍碑"，命全国各州、县立于衙门门前。

　　碑上还刻有这么一段话：此三百零九人及其子孙，永远不得为官，不许留在京城，不许擅自入京。皇家子女亦不得与此"黑名单"上诸臣之后代通婚，倘若已经订婚，要予以取消。有过婚姻的，全部解除。

　　很明显，蔡京就是要让反对党的人蒙羞，将他们一网打尽，斩尽杀绝，永世不得翻身。

　　文彦博一生为国尽忠，匡扶社稷，去世后又遭受如此残酷迫害，许多正义人士为他愤愤不平，可是在奸臣当政的茫茫黑暗中，光明何处去寻？人们只能感慨一番。

　　天道不公，家父有冤，文彦博第六子文及甫大为不服，立志要为父亲申冤。

　　文彦博有八个儿子，分别是恭祖、贻庆、齐贤、保雍、居中、及甫、维申、宗道。其中，六子及甫最有作为。他曾任朝奉郎、充集贤殿修撰、权管勾西京留司、御史台、骑都尉等职。

　　文及甫熟悉官场规则，也很清楚为父亲申冤给自己带来什么后果。但为了还父亲一个清白，他多次勇敢上奏"明其父功"。奏折一次又一次石沉大海。文及甫没有气馁，没有放弃对正义的追寻，依然坚定前行。他多次请求面见徽宗。经过许多周折，徽宗亲自接见了他。徽宗本打算应付一下了事，可是文及甫毫无畏惧，侃侃而谈，并将神宗褒奖文彦博嘉祐中定策之功的诏书面呈给他。

　　只要努力，一切皆有可能。

　　这位被后世称作"千秋艺术巨匠，一代可怜昏君"的徽宗，登基前只对书法、丹青、蹴鞠、豢养禽兽、莳弄花草有浓厚兴趣，根本不关注朝廷大事，所以他对文彦博了解很少。他专门找来文彦博的遗著文章阅读，越读越敬佩他的谋国之忠，越读越敬佩他的大智大勇。

　　就在此时，发生了一件了不得的大事，上天似乎也在为文彦博鸣不平。

　　宋崇宁五年（1106）正月，皇宫遭到雷击，徽宗从梦中惊醒。他枕着雷鸣，听着雨声，看着烈火，畏惧不已。一声炸雷将文德殿东墙上的元祐党人碑断裂为二。

　　皇帝是天子，礼法讲究天人感应，发生这种灾祸，暗示皇帝失德，上天对他的降怒谴责。

　　一向痴迷道教，自称"教主道君皇帝"的徽宗认为这是上天在诅咒他，派人在深夜时分偷偷把碑毁掉了。

　　文及甫的执着，上天的警告，终于使徽宗良心发现。政和四年（1114）四月，徽宗下诏："文彦博可除罪籍，复旧官与所得恩泽，仍与付国史院载其实，以为尽忠任职之功，可追赠太子少保。"

　　一月后，徽宗又追复文彦博为太师。

　　宋政和五年（1115）七月，徽宗特赐文彦博谥号"恭烈"。

　　宋政和八年（1118）正月，又改赐文彦博谥号"忠烈"。

　　谥号是对官员的盖棺定论，文彦博这颗政治巨星终于恢复了本质的闪亮光芒。

　　北宋灭亡后，金人对文彦博颇为敬仰，四下寻找其文集、书籍与子孙。文彦博七子维申老年杖屦出城，金人给予衣服、珠玉，复归旧宅。

　　历史是无情而公正的，那些诋毁忠诚的人，恰恰让自己成了遗臭万年的历史罪人。

　　在文彦博第六子文及甫曾经居住的河南伊川县白沙文村和江西会昌县保存的《文氏通谱》中，刻印有文天祥父亲文革斋和文天祥的画像，记载文天祥是文彦博的九世裔孙。

　　文天祥是一名铁骨铮铮、豁达豪迈、名闻天下的民族英雄。在蒙古族大举南下的形势下，他积极领导抗元，最终因势单力薄，被元军所俘。他坚贞不屈，英勇就义。生前写下流传千古的《过零丁洋》《正气歌》。文天祥去世后，明代宗朱祁钰追谥他为"忠烈"。

　　关于文天祥是文彦博九世裔孙之说，《文彦博评传》《文潞公诗校注》的作者侯小宝先生有不同看法。他认为，据现有史料和相关研究，文天祥

▲ 介休文公祠

和文彦博的先祖分别为不同的姓氏渊源。文天祥出自"庐陵文氏"，他在自己的文集中亲述"庐陵文氏来自成都"，是西汉蜀守文翁后裔。文彦博祖脉"文氏"最早是在五代由"敬"而改。二者虽都姓"文"，渊源不同。

文彦博和文天祥为国尽忠的精神千古不朽，一并在大地流传。后人赞颂他们的对联有：

竭忠体国，尽节勤王。

洛邑耆英出将入相，庐陵正气取义成仁。

上联概述文彦博的历史功绩，下联颂扬文天祥的民族气节。

逝者已逝，曾敏行《独醒杂志》卷六言简意赅地概括了文彦博一生：

文潞公，汾州人，年九十二薨。更事四朝，洊历二府，七换节钺，位将相五十余年，平章事四十二年。历任侍中、司空、司徒、太保、太尉，

四朝柱石文彦博

再知秦州、大名、永兴，五判河南府，两以太师致仕，为本朝名臣福禄之冠。①

南宋史学家王称在《东都事略》中评价："彦博出入四世，名倡九牧，神明所相，寿考康宁，近世以来，一人而已。"②

那位大宋王朝最大的奸臣、六贼之首的蔡京，最终被流放到岭南。路经长沙，老百姓不卖给他"食饮之物"，最后"腹与背贴"，饿极而死。死后连副棺材都没有，以布裹尸草草埋葬在乱石之中。

这正应了唐代李丹那句名言："天堂无路则已，有则君子登；地狱无门则已，有则小人入。"

蔡京，千秋之罪首，万死不足恕。

历史无情地证明一条颠扑不破的真理：那些与国家与人民利益背道而驰，权倾一时的胜利者，可以为所欲为，登峰造极，为自己建造一座富丽堂皇的宫殿，而把他的对手踩在脚下。但历史的暴风骤雨迟早会把它冲倒，变成一堆废墟。而失败者也会凭借自己正义的力量、崇高的思想、伟大的人格，重新屹立在历史的舞台上，他们的形象将不可磨灭地永远留在人们的记忆中。

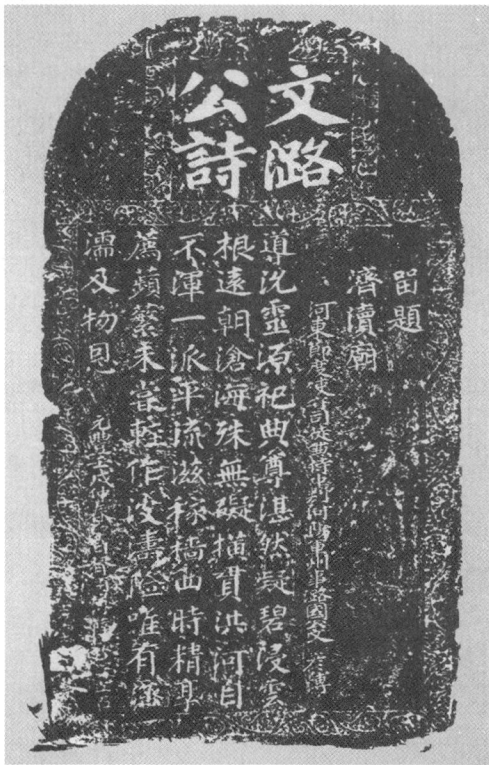

▲ 文彦博留题济源庙碑拓片

①（宋）曾敏行：《独醒杂志》卷六，转引自侯小宝《文彦博评传》，四川大学出版社 2010 年版，第 139 页。
②（宋）王称：《东都事略》卷六七《文彦博传》，文渊阁《四库全书》，台湾商务印书馆 1986 年影印本，第三八二册，第 434 页。

第三十二章　彪炳青史

文彦博一生，波澜壮阔，光彩照人。

两度拜相，两度被劾。

枢相九年，竭忠体国。

身在江湖，心系朝堂。

如玉在山，如珠在渊。

正人君子褒他，奸佞小人贬他。

理想坚定，终生不渝。

誉不为喜，毁不为沮。

不世功勋，名留千古，终成圣贤。

只因清气留人间，才有人夸颜色好。

宋神宗赵顼，北宋第六位皇帝。其诗曰：

赐文彦博致仕

四纪忠劳著，三朝闻望隆。

享兹难老祉，报在不言功。

富矣勋弥大，居焉貌甚冲。

西都旧士女，白首仁瞻公。①

司马光（1019—1086），字君实。仁宗朝进士，翰林学士。致力编纂《资治通鉴》史学巨著。哲宗朝主政，尽废新法。逝后赠太师、温国公，谥文正。其诗曰：

效赵学士体成口号十章献开府太师

八十聪明强健身，况从壮岁秉鸿钧。

功名富贵古亦有，无事归来能几人。②

和君贶题潞公东庄

嵩峰远叠千重雪，伊浦低临一片天。

百顷平皋连别馆，两行疏柳拂清泉。

国须柱石扶丕构，人待楼航济巨川。

萧相方如左右手，且于穷僻置闲田。③

富弼（1004—1083），字彦国，举茂才。历任集贤相、昭文相、司空。封郑国公、韩国公、祁国公。谥文忠。其诗曰：

---

① （宋）赵顼：《御制诗》，见顾炎武《求古录》，（清）康熙版《介休县志》（艺文志下），山西人民出版社2012年版，第229页。

② （宋）司马光：《效赵学士体成口号十章献开府太师》，转引自申利《文彦博年谱》，四川出版集团巴蜀书社2011年版，第283页。

③ （宋）司马光：《和君贶题潞公东庄》，转引自申利《文彦博年谱》，四川出版集团巴蜀书社2011年版，第203页。

伏承留府太尉相公就敞居为耆年之会承命赋诗

西洛古帝都，衣冠走集地。

岂惟名利场，骤为耆德会。

大尹吾旧相，旷怀轻富贵。

日兴退老游，台阁并省寺。

予惭最衰老，亦许预其次。

遂俗省仪容，烂然彤绘事。

闽峤访精笔，鲛绡布绝艺。

今复崇宴衎，聊以示慈惠。

幽居近铜驼，荒敞仍湫底。

塞路移君庖，盈车载春醴。

献酬互相趣，观处不知止。

商岭有四翁，晋林惟七子。

较我集诸贤，盛衰何远尔。

兹事实可矜，传之为千祀。[1]

韩琦（1008—1075），字稚圭。天圣五年进士。治军威名，为相功勋。两定大计，辅立三朝，封魏国公，赠尚书令，谥忠献。其诗曰：

次韵答判河阳文潞公述相洛所居之胜

玉椀高居众所夸，三川推甲一何嘉。

前兼胜势韩王第，右枕名区洛尹衙。

此宅吾乡聊庇族，悔违公语卜邻家。

纵思却作招来户，脚重难营老小车。[2]

---

① （宋）富弼：《留守府太尉相公就居为耆年之会承命赋诗》，转引自申利《文彦博集校注》《律诗》，中华书局2016年版，第415页。

② （宋）韩琦：《次韵答判河阳文潞公述相洛所居之胜》，（清）文渊阁《四库全书》，《全宋诗·韩琦诗》，第六册，第4102页。

次韵和文侍中题韩晋公《村田歌舞图》

韩画颜书世绝珠，铃斋时足奉欢虞。

跋题应命诚羞涩，不是跳龙卧虎徒。①

苏辙（1039—1112），字子由。嘉祐年进士。历任尚书右丞、门下侍郎等。唐宋八大家之一。逝后赠太师、魏国公，谥文定。其诗曰：

送文太师致仕还洛三首

国老无心岂为身，五年朝谒慰簪绅。

元臣事业通三世，旧将威名服四邻。

遍阅后生真有道，欲谈前事恐无人。

比公惟有凌云桧，岁岁何妨雨露新。②

次韵刘贡父题文潞公草书

鹰扬不减少年时，墨作龙蛇纸上飞。

应笑学书心力尽，临池写遍未裁衣。③

王珪（1019—1085），字禹玉，举进士甲科。历任参知政事、集贤相。封岐国公，谥文恭。其诗曰：

琼林苑御筵送致政太师潞国文公归西洛

祖燕催移玉殿班，都人齐向苑傍看。

①（宋）韩琦：《次韵和文侍中题韩晋公〈村田歌舞图〉》，（清）文渊阁《四库全书》，《全宋诗·韩琦诗》，第六册，第4112页。

②（宋）苏辙：《送文太师致仕还洛三首》（其一），涵芬楼《四部丛刊》初编，苏辙《栾城集》卷一六，第一一一函，第六册，第17页。

③（宋）苏辙：《次韵刘贡父题文潞公草书》，涵芬楼《四部丛刊》初编，苏辙《栾城集》卷一五，第一一一函，第六册，第17页。

古来少有三师退，天下曾将大器安。

绿野春深花更好，石楼夜午月应寒。

尘埃抖擞无余事，却忆磻溪旧钓竿。[①]

依韵恭和圣制俯同太师文彦博玉津园赐宴席上述怀

上苑张瑶席，春风万象新。

谁知挂冠客，曾是钓璜人。

感遇归真主，勋劳念老臣。

曲成双凤舞，酒入百花醇。

日月恩华满，朝廷喜气均。

天章照黄发，异数极君仁。[②]

刘挚（1030—1097），字莘老，嘉祐年进士。两任台谏，高居宰执。著《忠肃集》。谥追赠太师。其诗曰：

上洛都文太尉二首

其一

庆历承平巳庙堂，三朝勋业遍旗常。

昔虽郭令曾忧畏，今比留侯更寿康。

赐饩饔人移玉食，宠行天藻烂云章。

想公胜觉西都乐，门外逍遥绿野乡。

---

　　①（宋）王珪：《琼林苑御筵送致政太师潞国文公归西洛》，厉鹗《宋诗纪事》卷一五，转引自申利《文彦博年谱》，四川出版集团巴蜀书社 2011 年版，第 274 页。
　　②（宋）王珪：《依韵恭和圣制俯同太师文彦博玉津园赐宴席上述怀》，《全宋诗·王珪诗》第九册，第 5951—5952 页。

其二

诏书新出未央宫，始识谋深别有功。

就第愿陪唐九老，临轩方册汉三公。

翩翩雏凤仙山上，两两阶星祖帐中。

贵齿尚贤圣朝事，可须归兴羡冥鸿。①

苏颂，字子容，福建人，仁宗庆历二年（1042）登进士第，广涉古籍，治绩斐然，历任刑部尚书、吏部尚书、尚书右丞、宰相。著有《苏魏公文集》。《苏魏公文集》卷一一记载：

恭和御制赐太师致仕文彦博五言六韵诗一首

晓日清明霁，华林物色新。

诏颁慈惠宴，恩厚老成人。

衮冕三川客，杯觞四府臣。

献酬同饱德，恺乐尽含醇。

帝惜营丘去，民思尹氏均。

宸章一褒贵，道不愧如仁。

恭和御制赐太师致仕文彦博七言四韵诗一首

出处逢时道不殊，当年功立老间居。

来膺冕绂三公命，归奉云章五色书。

社稷元臣名已遂，山河雄镇宠仍疏。

琼林诏饯衣冠盛，岂止都门百两车。

范祖禹，字淳甫。北宋著名史学家、文学家、诗人，曾参与编撰《资

---

①（宋）刘挚：《上洛都文太尉二首》，刘挚《忠肃集》，文渊阁《四库全书》，台湾商务印书馆 1986 年影印本，第一〇九九册，第 663 页。

治通鉴》，撰有《唐鉴》《帝学》《仁皇政典》，诗文集被称为《范太史集》。《范太史集》记载：

文潞公生日

天监仁皇德，惟时岳降神。

英资备文武，贤业富经纶。

梦频求岩野，于畋载渭滨。

三朝瞻上宰，四海入洪钧。

谟烈重光启，枢衡万化新。

珪璋扶日月，剑履上星辰。

述职分东陕，宣威震北垠。

长城万里远，奠枕四夷宾。

自昔登储后，惟公秉国均。

川河赖舟楫，霜雪儿松筠。

阊阖朝黄道，云龙对紫宸。

忠勋藏庙祏，异礼冠臣邻。

风雨王城会，烟花洛苑春。

麾幢近泉石，衮绣出埃尘。

照社祥光盛，充闾庆旦臻。

御炉熏黼黻，天厩辍麒麟。

帝念深元老，邦基属柄臣。

公虽慕前哲，天欲觉斯民。

左右萧何手，安危晋国身。

济时归寿域，遐算等灵椿。

　　张耒，字文潜，号柯山。北宋文学家，与秦观、黄庭坚、晁补之为苏门四学士。著作有《柯山集》《张右使文集》《宛丘集》等。《宛丘集》记载：

上文潞公生日

盛德元勋绝等伦，麟符虎节冠宗臣。

灵椿上古身千载，一柱明堂力万钧。

伐叛豹韬威尚凛，刊名金鼎铸来新。

风谣四海占贤相，笑咏山川是主人。

万里山河供气概，九秋雕鹗入精神。

光华稷契无穷誉，强健乔松不老身。

坐锁熊罴瞻绣衮，燕居松鹤伴纶巾。

只应便是神仙事，方丈蓬莱却未真。

范纯仁，字尧夫，范仲淹次子。北宋政治家，宰相。著作有《台谏论事》《边防奏议》等文集。其诗曰：

和文潞公席上

夏木清阴合，公当雅燕开。

前轩鸣脆管，密席列英才。

坐久风逾快，欢多日易颓。

应门荣一顾，丝阁愧常陪。

绕客烧银烛，垂莲醮玉杯。

醉归应倒载，远胜习家回。[①]

①（宋）范纯仁：《和文潞公席上》，（清）乾隆版《介休县志》卷十三《艺文》（诗），山西人民出版社 2012 年版，第 364 页。

文潞公谢事洛归二首

其一

云汉成章湛露晞，都门宴饯羽觞飞。

谢安不复东山起，争似阿衡得谢归。

其二

相国东郊迓帝师，经幢交映碧参差。

都人共喜安舆到，正是余花可惜时。①

效宫词体上文太师十绝（其一）

三纪中书更有谁，致君尧舜似皋夔。

频年力请方归第，天子临轩册太师。②

送潞公游河阳河清

安车乘兴赏春妍，荣盛欢康世莫肩。

旧舍讼棠重蔽芾，昔游昼锦复蝉联。

子孙拥节迎家府，稚艾争途看寿仙。

堪叹三川疲病守，陪公不及望公还。③

①（宋）范纯仁：《文潞公谢事洛归二首》，（清）乾隆版《介休县志》卷十三《艺文》（诗），山西人民出版社 2012 年版，第 364—365 页。

②（宋）范纯仁：《效宫词体上文太师十绝》，（清）乾隆版《介休县志》卷十三《艺文》（诗），山西人民出版社 2012 年版，第 365 页。

③（宋）范纯仁：《送潞公游河阳河清》，范纯仁《范忠宣集》卷五，第一一〇四册，第 588 页。

题潞公翰墨卷后

四朝勋业载旗常，九十精神正寿康。

燕翼自当传百世，岂徒书法付诸郎。①

黄庶（1018—1058），性嗜书，受知于文彦博。以文彦博荐历青州通判，知康州，卒于康州任上，为政有治声。次子黄庭坚。其诗曰：

陪丞相游石子涧

宾吏亲携涧底行，潺湲风递似相迎。

只应山鬼知公意，乞雨新添瀑布声。

涧下禽鱼识上台，听泉履迹遍苍苔。

岩边不欲踟蹰久，只恐商王梦远来。②

袁桷，字伯长，号清容居士。元代学官，书院山长。在二十余年中，朝廷制册，历臣碑铭，多出其手。《清容居士集》卷十七《赞》：

赫赫潞公，不震不动。

威以服戎，宽以济众。

宏渊雅誉，磅礴肆著。

圣年登庸，具正百度。

孙承恩，字贞复，号毅斋。明代正德年间任礼部尚书。其书法遒劲，善画人物。著作有《历代圣贤像赞》《孙承恩集》等。《古像赞二百零五首，其一五三〈文潞公〉》：

①（宋）范纯仁：《题潞公翰墨卷后》，（清）乾隆版《介休县志》卷十三《艺文》（诗），山西人民出版社2012年版，第365页。

②（宋）黄庶：《陪丞相游石子涧》，黄庶《伐檀集》卷上，第一〇九二册，第769页。

休休元臣，堂堂大耄。

端雅静重，镇压浮躁。

危疑定策，社稷之功。

天下异人，夷使改容。

李廷机，字尔张，号九我，明万历年间进士，官至吏部尚书、东阁大学士、太子太保。为政以清、慎、勤著称。李廷机《五字鉴》《宋纪》记载：

良臣文彦博，贤宰欧阳修。

公心同协政，奸党绝交游。

杨伯柯，字直甫，明代万历年间任四川按察司佥事，诗文家。著作有《左传摘疑》《正名录》《诗古文集》等。其诗曰：

文潞公

潞公真天人，四朝仰耆德。

临民多惠政，立朝有典则。

两与定策功，敢贪为己力。

出入五十年，乐善常不及。

年高德弥懋，综理恒抑抑。

外使瞻令仪，改容而却立。

匪直一代光，百世钦励翼。

蜀中奇锦进，公如日月蚀。

介也诚直臣，公论则过激。

公量真休休，力请还故职。

嗟彼赠行诗，詈公为奸匿。

　　兴观群怨体，恐不类此逼。

　　一倡众和之，毋乃近潏潏。①

　　程万钟，明末清初浙江常山人，进士，清康熙十二年（1673）任介休知县。
其诗曰：

源水流膏

　　狐岐蓊郁涌源泉，流到春深更沛然。

　　谁作三渠分圣水，尽将千顷注绵田。

　　闲中夜静天河落，石上朝看瀑布悬。

　　无事桔槔同雨路，此方岁岁卜丰年。②

　　王一魁，陕西洋县人，明代万历年间介休知县，莅政清勤，其间兴修
洪山水利、水规、水法、水管、水事以息讼端，撰《新建源神庙碑记》。
其诗曰：

源泉

　　县治东南三十里，有泉出山下，名源泉。分东、中、西三河。余为浚
渠均流，溉田万亩，且著约束以息争端，民甚便之。又改建源神祠宇，祠
前起楼曰"鸣玉"，又构轩于左曰"趋稼"。赋诗以纪之。

其一

　　三河北去是横汾，目极平川几派分。

---

　　①（明）杨伯柯：《文潞公》，（清）康熙版《介休县志》卷八《艺文志下》，
山西人民出版社2012年版，第234页。

　　②（明）程万钟：《源水流膏》，（清）康熙版《介休县志》卷八《艺文志下》，
山西人民出版社2012年版，第244页。

远岫连天都入画，回风吹浪动成文。

决渠竞注知时雨，奋锸俄兴触石云。

为问田家何事业？休将游惰误耕耘。

其二

倚山楼阁郁崔嵬，蜃气疑从海上来。

入槛泉声鸣珮玉，当檐树色落樽罍。

将雏野雉高还下，驱犊农人去复回。

欲向秋风重寓目，离离禾黍绣成堆。[①]

王士禛，号阮亭，别号渔洋山人，顺治间进士，官至刑部尚书。编选《唐贤三昧集》。著《池北偶谈》。其诗曰：

谒文忠烈公祠

精神如破贝州时，晚节犹能动四夷。

天遣不同韩富没，姓名留冠《党人碑》。[②]

李生栋，山西高平人，乾隆年间介休县训导。其诗曰：

胜水春膏

狐岐山下涌泉源，百道萦回树里村。

既溯三河文相泽，犹怀万历史侯恩。

---

① （明）王一魁：《源泉》，（清）嘉庆版《介休县志》卷十三《艺文》（诗），山西人民出版社 2012 年版，第 533—534 页。

② （清）王士禛：《谒文忠烈公祠》，（清）嘉庆版《介休县志》卷十三《艺文》（诗），山西人民出版社 2012 年版，第 536 页。

微微练影晴如曳，虢虢春流静不汹。

环翠楼头频眺望，一湾斜抱碧波痕。①

王佑，字天孚，号田夫，清代乾隆年间介休文苑名士，著作有《拟古草堂诗抄》，为"绵上四三人"之一。其诗曰：

寻利民泉

岩前石溪水，曲屈抱荒村。

村人便浣汲，亦复滋田园。

我来濯其足，聒耳声潺湲。

缘溪一乘兴，因以穷其源。

逶迤六七里，不觉到山根。

古路罕人迹，野碓空自喧。

谷风吹不息，急湍势欲奔。

风水时相遭，澎湃难具论。

仰视白云际，峭壁不可援。

徘徊盘石上，回首日已昏。

返景乱流水，远天见烧痕。

暮矣不能前，怅然还柴门。②

宋廷魁，字其英，号竹溪，别号竹溪居士、竹溪山人、了翁，清代乾隆年间介休张良村人。为名诸生，著作有诗文《竹溪诗文集》《雪籁集》《鹤鸣集》，小说《粉妆楼全集》，戏剧《竹溪山人介山记》等。其诗曰：

①（清）李生栋：《胜水春膏》，（清）乾隆版《介休县志》卷十三《艺文》（诗），山西人民出版社 2012 年版，第 410 页。

②（清）王佑：《寻利民泉》，（清）嘉庆版《介休县志》卷十三《艺文》（诗），山西人民出版社 2012 年版，第 567—568 页。

临鹭鹭泉

半亩新波涨碧池，轻风吹暖縠纹迟。

年年两岸春如画，杨柳旗开上巳时。①

　　王谋文，字达溪，浙江山阴人。王阳明七世孙。清乾隆年间介休知县，明敏练达，纂修县志，振兴学校，建绵山书院，创纪念介子推、郭泰、文彦博"崇报祠"。其诗曰：

文潞公祠

异人天下识，今喜见丰标。

冕服隆千载，功名冠四朝。

梁尘栖乳燕，阶雨长兰苕。

涑水遗文在，心香正未遥。②

　　石博，清康熙《介休县志》刊其诗三首，生平不详。其诗曰：

文潞公

文家间闬表城东，泽衍千秋庙祀隆。

将相一身归国是，经权参出代天工。

殊方受马嘉怀远，世德题碑表教忠。

更有谁同荣寿考，锡诗赐宴百年翁。③

---

　　①（清）宋廷魁：《临鹭鹭泉》，（清）嘉庆版《介休县志》卷十三《艺文》（诗），山西人民出版社2012年版，第569页。

　　②（清）王谋文：《文潞公祠》，（清）乾隆版《介休县志》卷十三《艺文》（诗），山西人民出版社2012年版，第441—442页。

　　③（清）石博：《文潞公》，（清）康熙版《介休县志》卷八《艺文志下》（诗），山西人民出版社2012年版，第250—251页。

降纬，清代介休人，康熙年间举人。博学，工古文，有史才，曾参与编修《介休县志》。其诗曰：

文潞公

宋室休明代，名臣事业昌。

君恩浓雨露，台衮足芬芳。

气切青蒲谏，风清狴犴霜。

推忠迈萧宰，定策建储皇。

经国勋名壮，救时道术彰。

醵寒兰省晚，诗赐睿篇香。

感慨伤新法，屏营惜旧章。

旬宣来召虎，长策见张良。

夏主奔西极，妖星落剑铓。

北门余卧护，中叶仰谦光。

高视伊周地，俯惟翰墨场。

耆英嘉会远，洛水尚汤汤。[①]

潞公

潞公何如者，异人代罕觏。

勋业闻四夷，奇锦词空奏。

道交邵与程，功懋韩与富。

元老真耆英，党籍名益茂。

洛中近帝居，乃以养眉寿。

千秋存桑梓，年年陈俎豆。[②]

---

①（清）降纬：《文潞公》，（清）康熙版《介休县志》卷八《艺文志下》（诗），山西人民出版社 2012 年版，第 252 页。

②（清）降纬：《潞公》，（清）嘉庆版《介休县志》卷十三《艺文》（诗），山西人民出版社 2012 年版，第 546 页。

曹学闵，字孝如，号慕堂。清乾隆十九年（1754）进士，官至内阁侍读学士。著作有《紫云山房诗文稿》等。其诗曰：

宋神宗赐文潞公诗石刻

元丰失道升群佞，王蔡纷纷执朝柄。

伟然硕果推潞公，灌灌老夫留正性。

河阳出判移魏都，身在外台如弃屏。

偶然入赞缮礼成，优进公阶行赐庆。

连章乞退仍慰留，改守洛郊被新命。

琼林锡宴宠其行，祖道簪裾互辉映。

宫中宝器出侑觞，更有宸章发高咏。

君臣唱和一时荣，仿佛赓扬际全盛。

流传贞石几摩挲，零落遗闻光志乘。

当时中外多名臣，曲说何为惑主听。

如公闻望冠三朝，曷不畴咨授国政。

赐诗虽美奚足言，裕陵遗恨渻雅正。[①]

雷大兴，清代阳高（今山西省阳高县）人，乾隆二十八年（1763）任介休教谕。其诗曰：

读文潞公传

元老威仪肃凤鸾，飞章弹劾本无端。

结交果属由奇锦，唐介何因亦贬官。[②]

---

① （清）曹学闵：《宋神宗赐文潞公诗石刻》，（清）嘉庆版《介休县志》卷十三《艺文》（诗），山西人民出版社2012年版，第553页。

② （清）雷大兴：《读文潞公传》，（清）嘉庆版《介休县志》卷十三《艺文》（诗），山西人民出版社2012年版，第555页。

任大廪，字愚庠，号西郊，清代乾隆年间介休石屯人。庠生，工诗，五言尤挺然秀出，为"绵山四山人"之一。著作有《爱余诗屋诗稿》《文集》《明史倚声集》等。其诗曰：

潞公里

我生潞公里，夙仰潞公贤。

四朝历政府，主幼臣益虔。

危疑起仓猝，持重谋安全。

凛凛大臣节，宫禁宁羶缘。

奈何风闻误，飞劾多牵连。

勋名埒韩富，洛社推耆年。

异人间世出，高风犹孤寒。①

侯兴霖，介休人。清嘉庆三年中举，官河南太康、汲县知县。其诗曰：

文潞公

将相五十年，九龄梦帝予。

天下之异人，诚哉辽使语。

勋业不胜书，大节安宫府。

最难心休休，召谏过善补。

福德郭汾阳，千古峙文武。②

郑起昌，清道光年间人。编纂《阳曲县志》。其诗曰：

① （清）任大廪：《潞公里》，（清）嘉庆版《介休县志》卷十三《艺文》（诗），山西人民出版社2012年版，第570—571页。
② （清）侯兴霖：《文潞公》，（清）嘉庆版《介休县志》卷十三《艺文》（诗），山西人民出版社2012年版，第595—596页。

文潞公祠

独坐安宫禁，危疑仗上公。

降生南极老，卧护北门雄。

谳狱召持法，题衔许鞠躬。

为凭勤转饷，已识善从戎。

贝破精神炯，廷推福德隆。

省兵操远策，奖士励高风。

蜀锦兴谣诼，商盘勒事功。

宣麻岩阙庆，值宿主臣融。

愒奄争先断，诛奸靖内讧。

召还容直谏，援立让群工。

祖制批根坏，天心奋舌通。

诤言殊灌灌，柄国竟梦梦。

密勿赓歌罢，倾斜羽翼攻。

去仍开幕府，谪亦眷宸衷。

硕果三朝旧，灵光九秩崇。

壮惊辽使久，耄慨党人终。

氏族夸绵上，耆英绘洛中。

仙班元祐选，地望涑川同。

信史荣名在，贻谋令子蒙。

辞章求石刻，翰墨羡纱笼。

庄已荒千亩，祠方拓一弓。

冠裳瞻肃穆，几席想渊冲。

颜额提封潞，摩碑赐谥忠。

太平真将相，勋业盖穹窿。①

---

① （清）郑起昌：《文潞公祠》，（清）嘉庆版《介休县志》卷十三《艺文》（诗），山西人民出版社 2012 年版，第 609—610 页。

明代嘉靖年间，礼部侍郎吕柟奉朝廷之命，查定三晋名贤，以便让晋省名贤奉祀于"统晋省而设"的河东书院。

吕柟对省内历代名人反复查定，最后认定"无斑垢"名贤有二十四人。这其中独介休就选定了介之推、郭林宗、文彦博三人。从此以后，介休为"三贤故里"，名闻遐迩。

1934 年，山西省文献委员会出版《文潞公集》四十卷，1986 年，再次由山西省古籍整理出版小组影印梓行。2016 年，郑州大学文学院申利博士编著的《文彦博集校注》列入国家社科基金资助项目成果，由中华书局出版。

民国时期，介休的文庙悬挂着这样一副对联：

川岳钟灵绵山胜水之间应多杰士；

典型在望有道潞公而后讵少传人。

这副对联，一直激励着青年学子自强不息。

文彦博的故事到此结束了。我们借用辛弃疾的一段话，概括文彦博的一生。"所不朽者，垂万世名；孰谓公死，凛凛犹生。"

文彦博是介休人的骄傲，他的精神永存！

介休市委市政府高度重视历史文化遗产，为弘扬文彦博精神，投资七百余万元，复建文公祠。建筑面积九百四十八平方米，占地一千八百七十四平方米。

文彦博二十五代孙文斌斥巨资完成彩画、雕塑、壁画、楹匾联、碑碣等。

今日的文公祠，三脊两院过道厅式建筑，典雅端庄，气势宏伟，其间陈列着他的生平事迹、各种版本的著作，以及历代后人为纪念他而绘制的书画、研究成果等。

今天，当我们再度步入文公祠，映入眼帘的是司马光题写的"竚瞻堂"、文彦博题写的"敬仲堂"匾额，宋代文府悬挂的"尚武健体风云三尺剑，崇文修身花鸟一牀书"楹联。

瞻仰文彦博头戴长翅乌纱帽、身穿官服、面容威严、一身正气的塑像，使人感到文彦博浩然之气仍历历在目，他仿佛在向人们诉说着那段波澜壮阔的历史……

如今，那座由《平妖传》流传千古奇特的祆神楼依然矗立，已被列为国家重点文物保护，成为研究祆教文化的珍贵建筑文化遗产。

纵观文彦博的一生，他是建功立业的人，也是以思想品行影响后人的人。他的自强精神、爱国之情、为民情怀、忠君之道、道德操守，彰显了伟大胸怀、伟大品质、伟大精神，永载史册。

一千年过去了，文彦博依然保持着他那稳健持重的神态，似乎从来都没有离去过，俯瞰着这片孕育他生命的沃土，俯瞰着他曾用生命和热血浇灌的大好河山。

我坚信，即使再过一千年，无数浮华散去，文彦博依然会屹立在这里，依然会因他的以天下为己任的政治品格和精神风貌而被世代传颂。

文彦博俯无愧于百姓，仰无愧于国家。他的一生是伟大的一生，这个不需要任何人去肯定，也不是任何人可以否定的，因为他的一生就如同他的那首诗一样，坦坦荡荡，壮志凌云。如今这首诗仍旧在诉说着他的心声，萦绕千载，响彻寰宇：

> 死节古来虽有矣，大都死节少如公。
>
> 惟图救主重围内，不惮焚身烈焰中。
>
> 龙准有因方脱祸，猴冠无计复争雄。
>
> 如何置酒咸阳会，只说萧何第一功。[1]

---

[1]（宋）文彦博：《题纪太尉庙》，文彦博《文潞公集》卷四《律诗》，山西人民出版社 2008 年版，第 58 页。

四朝柱石文彦博

附录

附录一

文潞公年谱

真宗景德三年至乾兴元年

（1006—1022）

1006 丙午　　一岁

腊月初二，降生。

1010 庚戌　　五岁

树洞灌穴取球、数红豆黑豆记得失之年不确，笔者以为当为五六岁时事，暂系于此。

1018 戊午　　十三岁

公随父文洎监征阆州，问学于龙昌期。自号南极真子。

《四川通志》：彦博少从父宦蜀，谒江渎祠，祠官梦神告曰："明日有宰相来。"公笑曰："宰相不敢望，若为成都，当使庙貌一新。"至是，果然。

仁宗天圣二年至嘉祐八年

（1024—1063）

1024　甲子　　十九岁

公师从孙复，时父文洎通判南京。

1026　丙寅　　二十一岁

公少年好游，文洎责怪之，不敢回家，读书于张望家。时文洎任白波三门发运使属官。

公从史炤学。史炤之母言文彦博后必大贵。

公参加乡试，九月中举人。

在京，与包拯相友甚厚。有诗寄之。

1027　丁卯　　二十二岁

公入京参加省试，有诗寄之。

枢密直学士刘筠为主考官。公登进士甲科一等，授大理评事。知绛州翼城县。翼城任上，惩治地方黑恶势力，邑中无敢肆横者。

同榜进士有王尧臣、韩琦、吴育、赵概、包拯、梅挚等。

1028　戊辰　　二十三岁

翼城任上，公择地新修孔庙。修河亭并亲书岁月榜于檐上，后改称此亭为"潞公轩"。

1029　己巳　　二十四岁

公组织修绛州翼城县至圣文宣王庙。

1030　庚午　　二十五岁

至圣文宣王庙成，公作碑记。

公受命以殿中丞，知榆次县。

1031　辛未　　二十六岁

公到达榆次任。

公戏题诗《初知榆次县题新衙鼓上》。

1033　癸酉　　二十八岁

公追慕西晋咸宁榆次县令荀浪政绩，修建"思凤亭"。

公作《思凤亭记》《思凤亭诗》。

公任殿中丞，知并州榆次县，权通判汾州。

公处理家乡介休水利纠纷，将洪山泉分东、中、西三条河渠，始开三河，赢得"三分胜水，造福乡里"美誉。

公入汴京任监察御史，迁殿中侍御史。

1034 甲戌　二十九岁

公以太常博士，通判兖州。

1037 丁丑　三十二岁

公经御史中丞张观荐，迁监察御史。

宰相吕夷简荐，公转殿中侍御史。

文洎卒，公丁父忧。

1040 庚辰　三十五岁

公守丧期满还任殿中侍御史。

公于河中府（今山西省永济市）置狱审刘平案，诛黄德和，为刘平、石元孙昭雪，保全刘平两百多家眷性命。

公上疏朝廷，将军队指挥权和执行军法权真正交给统军将领，允许主帅"便行军令"。

公任河东转运副使，故旧迎之，有诗纪之。

1041 辛巳　三十六岁

子承父志，公率麟州军民修复唐代运粮旧道，益其储粟。西夏来犯，知城中粮饷充足，退出。

1042 壬午　三十七岁

六月，公迁吏部员外郎、天章阁待制、河东路都转运使。

十月，公以龙图阁直学士、吏部员外郎、知渭州（今甘肃省平凉市）兼泾原路都部署、经略安抚缘边招讨使。

十一月，公为秦凤路都部署，经略安抚招讨使，兼知秦州（今甘肃省天水市）。史载："文彦博知秦州，在边二年，有威名，夏人不敢犯塞。"

1043 癸未 三十八岁

（今陕西省庄浪县境内）修水洛城，公以为不便。

1044 甲申 三十九岁

公为枢密直学士、户部郎中、知益州。

公入蜀途中，题诗筹笔驿。

1045 乙酉 四十岁

士卒突发骚乱，公临事不乱，果断处理带头闹事士卒。

公请立法训练本路兵。

益州岁饥，米价昂贵，公设立十八处低价出售，市场价格稳定。

1046 丙戌 四十一岁

公奏请朝廷每月及时拨充益州交子务，以防坏却此法。

公与张贵妃之父为世交，贵妃伯父张尧佐曾为公父门客，贵妃认公为伯父。公夫人献张贵妃灯笼锦。

1047 丁亥 四十二岁

公为右谏议大夫（负责谏正朝廷及部门缺失、百官任用不当的谏院长官），枢密副使（主国家国防事务的副职官员），改任参知政事（副宰相），王则兵变，公两次请缨平贝州。

1048 戊子 四十三岁

仁宗任公河北宣抚使，明镐副使。公请军事专行，诏许。

王则被俘，兵变平息。贝州改恩州。

平定有功，公擢升礼部侍郎、同平章事、集贤殿大学士。

欧阳修贺公拜相。

杜衍贺公拜相，公有诗谢之。

公数推明镐之功，权三司使明镐为参知政事。

1049 己丑 四十四岁

公为父母墓自山西介休迁葬洛阳，乞罢重任，未许。公托付司马光迁葬事。

司马光为公父作挽词。王尧臣作神道碑文。仁宗亲飞白赐坟寺额。

公加封吏部侍郎、昭文馆大学士，监修国史。

公获仁宗评价："蹈危机而不顾，临大事而有谋。比与翊于政途，旋对司于时柄。百姓遂耕桑之乐，二边无兵革之虞。唯时谟明，实朕倚属。"

公与枢密使庞籍力主冗兵，立军令状，"万一果聚为盗贼，二臣请死之"。诏裁陕西保捷兵，放归三万五千余人，省兵钱二百四十五万，陕西民力稍苏。

1050　庚寅　四十五岁

公建议大飨明堂之礼。公为大礼使，加封礼部尚书。公奏大飨明堂制度，撰明堂乐章。奉命与宋庠、高若讷、王洙等编修《大飨明堂记》。

1051　辛卯　四十六岁

公等编写完成《大飨明堂记》二十卷、《纪要》二卷。自是，明堂之礼有制可依。仁宗作序， 命刊刻成书。

公举荐张瑰、王安石、韩维，皆以恬退。

唐介弹劾公，言显用张尧佐，阴结张贵妃。公请退。

魏泰伪以梅尧臣之名作诗，诋毁公。

公罢为吏部尚书、观文殿大学士、知许州（今河南省许昌市）。

仁宗诏公遇大朝会许缀宰臣班。

1052　壬辰　四十七岁

公许州建私家园林，被称为"丞相园林"。

贾昌朝接替公知许州。

公题范仲淹书《伯夷颂》卷后。

公将园林赠予贾昌朝，园林更名"曲水园"。

公接范仲淹知青州。

青州龙兴寺老柏院公亲书青州布衣张在诗作。

1053　癸巳　四十八岁

七月，公为吏部尚书、观文殿大学士、知秦州。

八月，公为忠武节度使、知永兴军（今治所陕西省长安区）兼秦凤路兵马事。

公上奏建议将秦州军队分屯于永兴、泾原、环庆三路，便于随时调遣，相互增援。

公礼遇张载，聘之为学官。

1054　甲午　　四十九岁

公与天章阁待制、陕西都转运使梅挚，武康军节度使、并州知州韩琦诗文唱和，抒发尽忠报国决心。

1055　乙未　　五十岁

智息陕西铁钱风波。公卖自家丝帛，只收铁钱，不收铜钱，以示铁钱不废。

公奏请提高铁价，以绝私铸铁钱事。

六月，公为吏部尚书，平章事，昭文馆大学士兼译经润文使，与户部侍郎、平章事、集贤殿大学士富弼一同为集贤相。

1056　丙申　　五十一岁

仁宗突发急病不能理政，公与富弼威坐宫禁，夜宿宫中，以防有变，稳定朝局。

贾昌朝勾结宦官诬告富弼，怂恿天文官上言太后听政，公破其阴谋，奏状入怀，机智保护富弼和皇后。

公与富弼等乞立仁宗立宗实为嗣。

公奏请唐介迁户部员外郎。

欧阳修、吕景初等上书请罢狄青枢密使，公言：狄青忠谨有素，不欲出之。公奉命监修国史。

公建言重定《本草图经》。

公作《寄友人包兼济》。

1058　戊戌　　五十三岁

公上奏于河南府营创私庙。

郭申锡、张伯玉弹劾公，所言不实，皇帝下诏斥责。公罢为河阳三城节度使、同平章事，判河南府，兼西京留守。

富弼赠公游山器一副，甚为精致，有诗纪之。

1059　己亥　　五十四岁

十月，朝廷在太庙举行袷祀大礼，公封潞国公。

公在洛阳游览名山大川和名胜古迹，创作大量记游诗歌。

秋，家庙建成。

1060 庚子 五十五岁

二月，公以检校太师、同中书门下平章事、潞国公、充保平军节度使、判大名府，兼北京留守司事，充大名府路安抚使。

公路经嵩山少林寺，题写《宿少林寺》，有刻诗为证。

1062 壬寅 五十七岁

公改镇成德，迁尚书左仆射、判太原府。

公复保平军节度使、移判河南府。

1063 癸卯 五十八岁

二月，继母申氏卒，封"鲁国太夫人"，公丁忧。韩琦撰《祭文潞公太夫人文》。

三月，仁宗驾崩，太子赵曙继位，是为英宗。

英宗治平元年至治平四年

（1064—1067）

四月，英宗赐公与富弼仁宗遗留物。

四月，英宗起复公同平章事、成德军节度加冠军大将军、左金吾大将军，公三次上表，坚辞不受。

1065 乙巳 六十岁

公复以故官判河南府。

四月，公除侍中、镇淮南，判永兴军。

七月，公由淮南节度使、检校太师兼侍中除枢密使兼群牧制置使。

1066 丙午 六十一岁

英宗病重，公请求立长子赵顼为嗣。

1067 丁未　　六十二岁

正月，英宗崩，赵顼即位，是为神宗。

正月，公为尚书左仆射，检校司徒兼中书令。

九月，公为司空。

神宗熙宁元年至元丰八年

（1068—1085）

1069 己酉　　六十四岁

富弼罢判亳州。荐公为相。

陈升之拜集贤相。公有意退出，神宗不允，令公班于陈升之之上，公拒。

1070 庚戌　　六十五岁

王安石变法。奏《言青苗钱》，言青苗法"广图利息，不顾道理"，请罢之。

王安石别置审官西院，夺公权。

公奏国家承平，当刑用中典。

1071 辛亥　　六十六岁

公言"祖宗以来法制，未必皆不可行"，主张稳健改革。

公针对王安石，言当以静重为先，间采众论，慎于更张。

1072 壬子　　六十七岁

契丹军队向北宋辖地推进，王安石认为应当克制忍耐，公主张寸土必争。

公言国马不可少，反对保甲养马。

公奏市易司与民争利。

1073 癸丑　　六十八岁

公再言市易司监卖果实，有损国体，敛民怨，乞罢。

王安石与韩绛协力排挤公，公罢枢密使，以守司徒兼侍中、河东节度使，判河阳（今河南省孟州西）。

史籍记载，公"身虽在外，而帝眷有加"。奉旨前往济源济渎庙祈雪、谢雪祭祀。

河阳、济源遭旱灾，公上书《乞免夫》，奏请免河阳夫役，体恤百姓之艰。

公出资于洛阳龙门山胜善寺建药寮，捐医书百卷及医疗器物，免费为民治病。

1074 甲寅　　六十九岁

王安石罢相知江宁府。

公移判大名府，修大名府城事。精心训练军队。严令注意刺探辽人军情。

公奏请追夺治河不力官吏赏赐，请求免除灾民租税。

公上奏言浚川耙疏通运河河道劳民伤财，无益于事。

公抑李稷、汪辅之。

1075 乙卯　　七十岁

三月，答神宗咨北方事。言中国御戎，守信为上。用兵之道，兵应者胜。重视边备。

公请修大名府楼橹（用以瞭望敌军动静的无顶盖高台）。

公作《药准》《节要本草图》。

韩琦卒，公作挽词悼念之。颂赞韩琦之勋绩，回顾二人之交谊。

苏轼上公书，论榷盐事，论悬赏治盗事。

1076 丙辰　　七十一岁

寒食日，公专程赴压沙寺悼念韩琦。

公赏识黄庭坚之才，留任北京国子监。

公题超然台诗寄苏轼。

1077 丁巳　　七十二岁

黄河水势急猛，公请固护堤防。

公言开运河之患。

1079 己未　　七十四岁

十月，曹氏崩，公挽词悼之。

十二月，苏轼"乌台诗案"结案，公有书相赠。

1080 庚申 七十五岁

公陪神宗祭祀大典，神宗赐茶药。

公兼侍中、守太尉、开府仪同三司，河东节度使、判河南府。

公坚辞河东、永兴军两镇节度使。

公以河东节度使、守司徒、兼侍中，判大名府加太保，行太原尹、上柱国、潞国公，食邑二万三千六百户。

公诚待唐介之子，唐义问为门下之士。

神宗御制诗赐公。

公与范镇、张宗益、张向、史炤举办五老诗会。

公请求洛水进洛阳城。

1081 辛酉 七十六岁

洛阳诸县遭遇水灾，公请求减免赋税。

洛阳百姓自发组织在洛阳资圣院为公建生祠，司马光命名"伫瞻堂"，作《伫瞻堂记》。

宦官王中正肆意征集钱粮，公拒绝。

公上书《论西事》，建议停止再度西夏用兵。

元丰五路伐夏惨败，宋神宗手诏公，深刻反省决策失误。

1082 壬戌 七十七岁

正月，公慕白居易九老会为洛阳耆英会。

公为牡丹命名。

公为司马光求散官编纂《资治通鉴》。

公将鸣皋庄园及地十顷赠予程颐。

1083 癸亥 七十八岁

六月，富弼薨，公作诗悼念。

十月，公以河东节度使、守太师、开府仪同三司致仕西京洛阳。

公组织洛阳同甲会。

公应邀参加司马光真率会。

1084　甲子　　七十九岁

神宗置酒垂拱殿，赐御樽宴亲劝公。

神宗手谕公留过清明再还洛阳，为其备二舟。

神宗询问公养生之道。

清明日，神宗玉津园为公再次赐宴。

归洛阳日，神宗琼林苑赐宴，赐诗公。

自京乘舟还洛，感念帝恩，公有诗纪之。

1085　乙丑　　八十岁

神宗崩，哲宗继位。公挽词悼念。

哲宗加封公为司徒（正一品）。

程颢卒，公题其墓曰"明道先生"。

哲宗元祐元年至元符三年

（1086—1100）

1086　丙寅　　八十一岁

司马光主持朝政，三次荐公于朝廷文武百官之首。

公为太师、平章军国重事，序位宰臣之上。公成为中国历史上首位被敕封为此官衔的大臣。

公亲自编写汉唐历史故事，劝勉哲宗以史为鉴。

公举荐富绍庭、包绶、唐义问。皆擢用。

契丹使者誉公"天下异人也！"

司马光卒，公赠挽词四首，深切缅怀。

公乞罢次子贻庆五子居中恩赏。皆从之。

公乞明堂之赐减半。皆从之。

1087　丁卯　　八十二岁

三月，请求致仕，诏曰"卿自为谋则善矣，独不为朝廷惜乎？"公不敢复言。

诏命公六日一赴朝为十日一赴朝。

诏命公特免一切拜礼。公辞之。

十二月，公请求致仕。

1088 戊辰 八十三岁

公复求致仕，诏要以天下为任。

公举包绶，授少府监丞。

1089 己巳 八十四岁

正月，妻王氏卒。

公乞赐臣僚《儒行中庸篇》《文武臣七条》。

十月，公累乞致仕。

十二月，诏候中春允公致仕之请。

1090 庚午 八十五岁

公乞抚恤程珦。

二月，公以开府仪同三司、太师、充护国军，山南西道节度使复致仕洛阳。

二月，哲宗玉津园赐公宴。

四月，哲宗琼林苑饯送公。范纯仁作贺诗。

五月，洛阳大旱，公上奏《奏勤恤民隐事》《奏久旱乞不追扰事》，请求勤恤民隐。

1091 辛未 八十六岁

西羌献马于公以敬，公拒。

公辞子文及甫进职。

八月，西夏生事，公奏请缓之，加强边备。

1092 壬申 八十七岁

公赴河阳，文及甫为父修葺旧居，称"太师堂"。苏轼作铭，题匾额"德威"。

1093 癸酉 八十八岁

九月，宣仁太后崩，公挽词，表哀悼之情。

1094 甲戌　　八十九岁

年近九十，公有垂暮之感。

1095 乙亥　　九十岁

吕惠卿为资政殿大学士。

1096 丙子　　九十一岁

蔡京为翰林学士。

1097 丁丑　　九十二岁

二月，章惇党人操纵降授公太子少保致仕。

追夺公曾孙文常缘五台主簿官职。

公诸子解官侍养。

五月四日，公薨，享年九十二岁。葬于洛阳县南六十里府店保（今伊川县城关镇罗村西北），有墓冢，冢前有碑。

哲宗诏公诸子并令解官侍养。长子恭祖徙居不详；次子贻庆被诬下狱而死；三子齐贤徙居江西吉水；四子保雍徙居山东兖州府泗水县；五子居中徙居福建漳州；六子及甫徙居陕西凤翔府岐阳县，后移西安府礼泉县；七子维申徙居云南独山州；八子宗道徙居湖广黄州麻城县。

1100 庚辰

五月，哲宗崩。徽宗继位，诏复公河东节度管内观察处置等使、太师、开府仪同三司、太原尹、潞国公。

徽宗建中靖国元年至政和八年

（1101—1118）

1101 辛巳

五月，追降公太子太保。

九月，公名字被刻入"元祐党人碑"。

四朝柱石文彦博

1102 壬午

蔡京擅权，复追降公为太子太保。

九月，徽宗令天下监司长吏厅各立"元祐奸党碑"，共一百二十人，公列第一。

1103 癸未

徽宗重定"元祐党人碑"，共三百零九人，公列第二。

1105 壬酉

正月，徽宗毁"元祐党人碑"。

1114 甲午

文及甫上奏"明其父功"。

四月，徽宗复公旧官与所得恩泽。追赠太子少保。

五月，又追复公为太师。

1115 乙未

文及甫面呈神宗褒奖公诏书于徽宗。

七月，徽宗特赐公谥"恭烈"。

1118 戊戌

正月，徽宗 改赐公谥"忠烈"。

附录二

参考书目

［1］ 文彦博著，郝继文标点：《文潞公集》（上下册），山西人民出版社2008年版。

［2］ 侯小宝著：《文彦博评传》，四川大学出版社2010年版。

［3］ 林语堂著：《苏东坡传》，湖南文艺出版社2018年版。

［4］ 江永红著：《司马光传》，作家出版社2015年版。

［5］ 张立新、贾平著：《狄青传》，北岳文艺出版社2019年版。

［6］ 介休市志编纂委员会：《介休市志》，海潮出版社1996年版。

［7］ 程如峰著：《包公传》，黄山书社1994年版。

［8］ 曹星原著：《同舟共济·清明上河图与北宋社会的冲突妥协》，浙江大学出版社2015年版。

［9］ 文彦博著，侯小宝校注：《文潞公诗校注》，三晋出版社2014年版。

［10］ 太原市政协编：《三晋名胜》，山西古籍出版社1998年版。

［11］ 苏轼著，李之亮注析：《苏轼词选》，中州古籍出版社2017年版。

［12］ 周义敢著：《苏门四学士》，上海古籍出版社1983年版。

［13］ 邓广铭著：《王安石》，陕西师范大学出版社2009年版。

［14］ 张晓珉著：《宋朝果然很有料》，中国工人出版社2017年版。

［15］ （元）脱脱等撰：《宋史》，中华书局1977年版。

[16] 介休市旧版《县志》整理标断重印委员会编：《介休县志》，山西人民出版社 2012 年版。

[17] 任秀红主编：《品悟晋中》，北岳文艺出版社 2018 年版。

[18] 申利著：《文彦博年谱》，四川出版集团巴蜀书社 2011 年版。

[19] 申利著：《文彦博集校注》（上下册），中华书局 2016 年版。

[20] （宋）司马光：《传家集》，四库全书本。

[21] （宋）韩琦：《安阳集》，四库全书本。

[22] （宋）范纯仁：《范忠宣集》，四库全书本。

[23] （宋）苏颂：《苏魏公文集》，四库全书本。

[24] （宋）王珪：《华阳集》，四库全书本。

[25] （宋）范祖禹：《范太史集》，四库全书本。

[26] （清）石麟、储大文：《山西通志》，四库全书本。

[27] （宋）邵伯温著，李剑雄等点校：《邵氏闻见录》，中华书局 1983 年版。

[28] （宋）李焘：《续资治通鉴长编》，中华书局 1990 年版。

[29] 程如峰撰：《论包公文化的由来与发展》，《江淮论坛》1997 年第 3 期。

[30] 张晋平编：《晋中碑刻选粹》，山西古籍出版社 2001 年版。